KB148509

알아두면 쓸데 있는
유쾌한 상식사전

— 언어·예술 편 —

알아두면 쓸데 있는
유쾌한 상식사전 — 언어·예술 편 —

초판 1쇄 발행일 2019년 7월 17일
초판 4쇄 발행일 2021년 10월 18일

지은이 조홍석
펴낸이 박희연
대표 박창흠

펴낸곳 트로이목마
출판신고 2015년 6월 29일 제315-2015-000044호
주소 서울시 강서구 양천로 344, B동 449호(마곡동, 대방디엠시티 1차)
전화번호 070-8724-0701
팩스번호 02-6005-9488
이메일 trojanhorsebook@gmail.com
페이스북 https://www.facebook.com/trojanhorsebook
네이버포스트 http://post.naver.com/spacy24
인쇄·제작 ㈜미래상상

(c)조홍석, 저자와 맺은 특약에 따라 검인을 생략합니다.

개별 ISBN 979-11-87440-49-9 (04030)
세트 ISBN 979-11-87440-35-2 (04030)

* 책값은 뒤표지에 있습니다.
* 잘못된 책은 구입하신 곳에서 바꾸어 드립니다.

가리지날 시리즈 ❸

알아두면 쓸데 있는 유쾌한 상식사전

— 언어 · 예술 편 —

조홍석 지음

트로이목마 TROJAN HORSE

*일러두기

1. 이 책에 사용된 어휘는 대부분 국어사전의 표기법을 따랐으나, 일부 표현과 표기법은 재미를 위해 구어체 그대로 표기했음을 밝힙니다.

2. 이 책에서 영어 original을 한글 '오리지널'이 아닌 '오리지날'로 표기한 이유는, 저자가 쓰는 용어인 '가리지날(가짜 오리지날)'과 대응하는 용어로 쓰기 위함임을 밝힙니다.

3. 이 책에 사용된 이미지는, 모두 무료 이미지사이트에서 다운로드하거나, 유료 이미지사이트에서 구입하거나, 저작권 프리(free) 이미지이거나, 저작권료를 지불하고 저작권자에게 구입하거나, 저작권자 연락처를 찾아 허락을 구하고자 했으나 찾을 수 없어 출처 표기로 대체한 것들입니다. 혹시 이미지 저작권자가 추후에 나타나는 경우, 별도 허락을 구하도록 노력하겠습니다.

들어가며

독자 여러분, 안녕하세요.

지난 2018년 6, 9월에 각각 발간한 《알아두면 쓸데 있는 유쾌한 상식사전》- 일상생활 편 - 과 - 과학·경제 편 - 에 이어 세 번째 이 야기, - 언어·예술 편 - 을 출간하게 되었습니다.

《알아두면 쓸데 있는 유쾌한 상식사전》시리즈는 지난 9년여간 저의 지인들에게 보내던 '가리지날 시리즈'라는 글을 모아 만든 책 인데요, 이번에는 언어와 미술, 음악, 영상매체 관련 내용을 모았습 니다. '가리지날'이란 오리지날이 아님에도 오랫동안 널리 알려져 이제는 오리지날보다 더 유명해진 것을 의미하는 제 나름의 용어입 니다.

사실 요즘은 지나치게 전문화한 세상이어서 각자 자신의 분야는 잘 알지만 전체를 통찰하는 거대 담론이 사라지다 보니 서로가 자기의 입장에서 이야기할 뿐 타인의 시각이나 입장을 이해하기까지 오랜 시간이 걸리기도 합니다. 결국 이 세상 학문은 서로 연관되어 있고 의외의 곳에서 만나기도 하는데 말이죠.

세 번째 책에서도 여러분과 함께 언어, 예술 등 커뮤니케이션 관련 지식의 원천을 찾아 함께 떠나보고자 합니다.

1부는 언어에 대한 이야기입니다. 인류의 지식을 전파하는 유용한 수단인 언어와 관련된 슬픈 신대륙의 역사, 우리나라 영문 표기, 여러 나라 가리지날 단어, 우리나라 근현대사에서 우리말과 글에 관련된 잘 알려지지 않았던 이야기를 풀어보고자 합니다.

2부 미술은 주로 색상에 대한 고정관념과 조각상이나 미술품에 얽힌 가리지날에 대해 이야기해보고자 합니다. 색깔에 대한 이미지 중 오래된 원류와 최근 정반대로 뒤집힌 사례에 대해서도요.

3부 음악에서는 고전음악에서부터 현재에 이르기까지 음악의 발달이 사회경제적 흐름과 전혀 무관하지 않았다는 주제 속에서 잘못 알려졌거나 막연히 알고 있는 내용들에 대해 정리해보았습니다.

4부 영상매체(영화, TV)는 앞서 소개한 언어, 미술, 음악 등이 총 망라된 종합예술로서 최근 그 영향력이 더욱 커지고 있습니다. 그중 잘못 알려진 상식, 최근 유행 중인 시리즈 영화의 기원과 발달 과정에 대해 이야기해보고자 합니다.

저는 해당 분야의 전문가가 아닙니다. 그래서 아마도 제가 오랜 독서와 고민, 실제 사회생활에서 얻은 흥미 있는 지식의 융합 정보를 더 과감히 많은 지인들과 공유할 수 있었고, 또 '이런 좋은 내용을 왜 책으로 내지 않느냐'는 격려를 받아 '지식 큐레이터'로서 이제 더 많은 분들과 이야기를 나눌 수 있게 된 것 같습니다.

이 글이 누군가에게 발상의 전환을 이루는 계기가 되거나 서로가 상대의 입장을 이해할 수 있는 작은 인사이트가 되기를 기원합니다.

흔쾌히 책자 발간을 승인해주신 삼성서울병원 권오정 원장님과 구홍회 실장님, 여러 보직자 분들, 매번 인트라넷 칼럼에 댓글 남기고 응원해주신 삼성서울병원 가족 여러분, 커뮤니케이션실 동료 여러분, 책자 발간을 처음 권해주신 삼성경제연구소 유석진 전무님, 늘 든든한 인생의 멘토이신 삼성물산 서동면 전무님, 실제 책자 제작의 첫 단추를 꿰어주신 옥션 홍윤희 이사님, 여러 의견을 주셨으나 끝내 연을 맺지 못해 아쉬운 윤혜자 실장님, 저를 전폭적으로 믿고 책자 발간을 진행해주신 트로이목마 대표님, 책 출간을 응원해주신 부산 남성초등학교 17기 동기 및 선후배님, 연세대학교 천문기상학과 선후배동기님들, 연세대학교 아마추어천문회(YAAA) 선후배동기님, 성균관대학교 경영대학원 교수님들과 EMBA 94기 2조 원우님들, 삼성 SDS 홍보팀 OB, YB 여러분, 마피아(마케팅-PR 담당자 아침 모임) 회원님들, 우리나라 병원홍보 발전을 위해 고생하시는 한국병원홍보협회 회원님들, 콘텐츠 구성에 많은 의견을 제공해준 오랜 벗 연세대학교 지명국 교수, MBC 김승환 미래산업부장, 극지연구소 최태진 박사, 안혜준 회계사, 그 외에도 응원해주신 많은 친척, 지인들께 거듭 감사드리며, 주말마다 시간을 비워준 아내와 아이들에게도 고마움을 전합니다.

마지막으로 책 출간 소식을 기다리시다가 미처 보지 못하고 이제는 먼 여행을 떠나신 장인어른께 이 책을 바칩니다.

이제 독자분과 함께 언어·예술 분야에서 무심코 지나쳤던 수많은 가리지날을 찾아보고자 합니다.

자, 지금부터 색다른 지식의 고리를 찾으러 같이 떠나보시죠~.

"빈 페이지라 넣는 거 아니라능~"

차례

| 2부 | 미술

| 3부 | 음악

| 4부 | 영상매체

지난 1권과 2권에서 인류의 일상생활에 반드시 필요한 의식주 및 천문지리 분야 이야기와 함께, 이어서 파생된 스포츠, 교통, 경제에 대한 이야기를 해보았습니다.

하지만 이 같은 인류의 지식은 오랜 세월 동안 말로 전파되어 왔고 이후에 글자로 새겨져 후손들에게 전해오고 있기에 인류는 언어를 통해 문명을 유지, 발전시켜 오고 있다고 볼 수 있습니다.

그래서 사람은 태어나 "엄마, 아빠"를 부르기 시작한 후 엄청난 속도로 말을 익히게 되고, 배움의 길에 접어들 때도 언어부터 이해하도록 교육받는 것입니다.

보통 언어 관련 서적에선 맞춤법 바로 알기 등 딱딱한 내용이 많은데, 저는 언어와 관련된 슬픈 신대륙 역사, 우리나라 영문 표기, 여러 나라 가리지날 단어, 우리나라 근현대사에서 우리말과 글에 관련해 잘 알려지지 않았던 이야기를 풀어보고자 합니다.

1부
언어

01

메이플라워 호 영국인은
인디언과 어떻게 대화했을까요?

지금 전 세계는 영어 배우기 열풍에 휩싸여 있습니다.

　전 세계 인구 중 미국인은 4.3%, 영국인은 0.8%에 불과하나 이들
이 사용하는 영어의 영향력은 나날이 높아지고 있습니다. 특히 세상
모든 지식이 모이는 온라인 상의 콘텐츠 중 영어로 된 비율이 압도
적으로 높다 보니 오랫동안 콧대를 높이던 프랑스에도 영어 학원 포
스터가 곳곳에 나부끼고 있고, 우리나라에선 자녀의 유창한 발음을
위해 혀 밑 근육을 자르는 것도 서슴지 않은 적이 있었지요. 🐨

　하지만 400여 년 전 아메리카 원주민들에게 영어 배우기 열풍은
결코 기쁜 일이 아니었습니다.

미국의 건국 신화, 메이플라워 호 이야기

비록 역사는 짧지만 세계 최강대국으로 발전한 미국의 첫 이주민 이야기, 메이플라워 호 이야기는 아마 다들 아실 겁니다. 아~ 잘 모르신다고요? 암요. 남의 나라 건국 신화까지 외울 정도로 한가하진 않으시죠. 🐻

미국인들이 알고 있는 자기네 나라 건국 이야기는 이렇습니다.

"종교 박해를 받던 영국 청교도 102명이 1620년 믿음의 자유를 찾아 메이플라워 호를 타고 신대륙 아메리카로 건너와 뉴잉글랜드 메사추세츠 지역에 상륙해 천신만고 끝에 생존에 성공하자 추수감

메이플라워 호의
플리머스 상륙 묘사
(구글이미지)

사절을 지내며 첫 번째 미국 이주민이 되었다."

그런데…… 이 미국 건국 이야기에는 참으로 많은 가리지날(가짜 오리지날)이 숨어 있답니다.

우선 이들이 어떻게 아메리카로 오게 되었는지 살펴봅시다. 1609년, 영국의 일부 청교도 신도들이 조국을 떠나기로 결심합니다. 그 계기는 당시 영국 왕 제임스 1세(James I)가 영어 번역 성서인 '킹 제임스 성경(The King James Bible)'을 발간하고 전 국민들에게 영국성공회를 믿을 것을 강요했기 때문이었지요. 게다가 일요일에도 스포츠 게임을 허용하고, 셰익스피어의 든든한 후원자 역할도 했고, 농촌 축제를 장려하는 등 세속적인 태도를 보인 데 대해서도 반발했다고 하죠. 지금 시점에서 보면 지극히 현실주의자였던 제임스 1세는 독실한 신앙심을 가진 개신교 교도가 보기엔 타락한 군주 그 자체! 그래서 갈등이 이어지다가 제임스 1세의 아들인 찰스 1세(Charles I) 시절에 결국 청교도혁명이 일어나 1649년 왕의 목이 달아나게 되지요. 🐻

우리나라에선 종교 때문에 큰 갈등이 일어나지 않았지만 중세시대 유일신을 믿던 유럽과 중동 지역에선 우리가 상상하는 이상으로 종교가 일상생활에 깊숙이 침투해 있어서 개종을 한다는 것은 목숨을 바칠 각오를 해야 할 정도였어요. 그래서 종교로 인한 갈등으로 전쟁이나 학살이 종종 벌어졌습니다.

하지만 아직 개신교가 탄압받던 1620년, 일부 독실한 청교도들은 타락한 군주와 영국성공회가 지배하는 '헬영국'에서 살지 않겠다고 결심하게 되었다지요? 그래서 '젖과 꿀

첫 통합 영국 왕,
제임스 1세

이 흐르는' 가나안 땅을 향해 출발하던 모세와 같은 심정으로 1609년에 유럽 국가 중 처음으로 종교의 자유를 인정한 네덜란드로 이주하지만, 자녀들이 영어를 잊고 현지 문화에 동화되는 것에 위기를 느끼게 됩니다. 이에 신대륙 아메리카로 건너가 자기들만의 자치 지역을 만들자고 의견을 모아 출발하기로 합니다. 역시 자녀 교육 문제가 이때도 큰 이슈였군요. 🐻

그래서 영국의 신대륙 개척주식회사 중 하나인 플리머스 (Plymouth Plantation) 사와 계약을 맺고 영국 런던과 프랑스 보르도 사이를 오가며 포도주를 운반하던 낡은 화물선 메이플라워

(Mayflower) 호를 전세냅니다. 10년째 신대륙 곳곳에 정착촌을 만들지만 계속 실패하던 플리머스 사는 메이플라워 호에 이들을 태우고 가장 최근에 만든 정착촌 메사추세츠 바닷가 '뉴 플리머스'를 목적지로 삼아 항해에 나섭니다. 배를 몰고간 30명의 선원은 플리머스 사 소속 직원이었고요. 하지만 도착해 보니 이미 그 마을은 그 전 해에 도착했던 1차 이주민들이 다 사망한 유령마을. 헉! 망했어요. 👻

메이플라워 호를 타고 온 이들도 예정보다 오랜 66일간의 항해 끝에 겨울이 시작되는 11월에 도착하는 바람에 곧바로 극심한 겨울 추위에 고통받았고, 가져온 식량이 모자라게 되면서 102명의 이주민 중 일부가 질병과 영양실조로 사망하고 맙니다. 이 같은 암담한 상황에서 마을 주변에 살던 아메리카 원주민(인디언)들이 식량을 나눠 주어 겨우 목숨을 건지게 됩니다.

그런데, 이들 이주민과 인디언들이 처음 만났을 때 어떻게 이야기를 나눴는지 아세요? 영국에서 건너온 이주민이 인디언 말을 배워서 의사소통을 했을 거라고 생각하겠지만, 예상도 못한 놀라운 일이 벌어집니다.

당시 먹을 것을 찾아 헤매던 이들 미국인 선조 '필그림 파더스(Pilgrim Fathers)'가 우연히 한 인디언 청년을 만나게 되는데⋯⋯.

청교도 1 : "대체 먹을 것이 어디 있단플리머스? 다 굶어 죽겠메이플라워! 기획부동산 말을 믿는 게 아니었는데 오마이갓뜨."

청교도 2 : "앗, 저 앞에 인디언이 있뉴잉글랜드! 그런데 인디언에게

식량 좀 달라고 어떻게 말하지호산나??"

인디언 청년 : "Welcome to America! (우리 땅에 잘 이사왔다메리카!)
May I help you? (5월에 도와줄까?)"

청교도 1, 2 : "What? 어떻게 영국말을 할줄 아브라함? 5월이 아니라
지금 당장 도와주라필그림."

인디언 청년 : "오우, 왜 놀라고 그러십니메리카? 난 10년간 영쿡에
유학갔다 온 모던뽀이인디언~!"

　대체 이게 어찌 된 일이었을까요? 왜 느닷없이 거기에 영국 유학
을 다녀와 유창한 런던 킹스 잉글리시 발음으로 환대하는 인디언 청
년이 나타났던 걸까요? 🐻

아메리카 인디언 부족 분포도. 동쪽 위쪽에 왐파노아그 족이 살았어요.
(나무위키)

콜럼버스가 후추 직접 구매 루트를 뚫기 위해 인도를 찾아 떠났다가 본의 아니게 신대륙을 발견한 때가 1492년이었으니, 이들 청교도가 상륙하던 1620년은 유럽인들이 신대륙을 안 지 128년이 지난 시점인지라 이미 유럽 국가들이 신대륙을 갈라먹던 상황이었고, 미국 동부와 남부 지역은 영국 개척회사가 장악하고 있었어요.

그때 이들 플리머스 청교도들이 만난 '스콴토(Squanto)'라는 이름을 가진 인디언 청년은 왐파노아그(Wampanoag, 새벽의 사람들) 연맹의 일파인 파두셋 부족 청년이었어요. 20대 청년이던 1605년에 이 지역을 탐험하러 온 영국 개척가들에게 납치되어 영국으로 끌려가 10년간 영어를 배웠다네요. 당시 개척자들은 원주민 청년들에게 영어를 가르쳐 식민지 개척 때 통역가로 이용하려고 한 것이지요.

이에 영국에서 통역 훈련을 받고 1614년, 배를 타고 고향으로 돌아오던 스콴토는 그 배에 타고 있던 배신자 토머스 헌트 때문에 다른 인디언들과 함께 팔려서 서인도제도로 끌려가 사탕수수 농장에서 혹사를 당하게 됩니다. 🐻 그러다가 현지에서 만난 신부님에게 유창한 영어로 "난 인신매매 당해 끌려온 영국 유학파"라며 도와 달라고 하자 '신실한 기독교인이 되겠다'는 약속을 받고선 풀려나도록 도움을 주었다네요. 그 인디언 청년, 인생 참~ 파란만장합니다. 🐻

그래서 고향에 돌아왔다가 영국에서 온 이방인을 만나자마자 유창한 영어로 안부를 물어볼 수 있었던 거지요. 이 착한 청년이 정착민을 딱하게 여겨 자기네 마을 사람들과 중간에서 통역해준 덕에 청교도들은 옥수수 재배법도 배우고 칠면조도 키우게 되면서 자립할 수 있게 되지요.

그래서 플리머스 청교도들은 이들 인디언들과 동행해 야생 칠면조 사냥을 가기도 하는 등 많은 도움을 받아 무사히 옥수수 수확을 마친 후 첫 추수감사절을 지내면서 인디언 은인들을 초청합니다. 그래서 이후에 추수감사절에 칠면조 구이를 해먹는 전통이 생기죠. 그런데 막상 인디언들이 초청장을 받아 이주민 마을에 와 보니 준비한 음식이 너무 모자라더랍니다. 그래서 자기네 마을로 되돌아가서 음식을 더 가져와야 했다지요? 아놔~, 여러가지로 민폐덩어리들일세. 🐻

그런데 같이 앉아 식사하던 인디언들은 이상한 점을 발견합니다. 백인 남성들만 자기네와 같이 먹고 여성은 나중에 먹는다는 것을 알고는 "그렇게 여성을 차별하면 안 돼~."하고 타일렀다고 합니다.

아메리카 인디언들은 반농반목 생활을 했기에 남자들이 사냥하

실제 역사를 왜곡한
첫 추수감사절 상상도

러 갔다가 죽거나 다치는 경우가 많았어요. 그래서 마을 여성들이
아이를 같이 키워주는 등 모권 중심 사회를 형성하고 있던 터라 백
인 남자가 우대받는 장면이 이해가 안 되었던 거예요. 하지만 대부
분의 첫 추수감사절 그림에는 땅에 앉아 있는 미개한 인디언들에게
백인들이 음식을 나눠 주는 그림으로 표현되어 있어요. 🌭

어릴 적 교회 유치원을 다닐 당시, 추수감사절 연극을 하면서 '우
리나라 추석이랑 참 많이 닮았구나.'라고 생각했는데 이런 슬픈 역
사가 숨어 있었던 겁니다. 그 궁금증을 알아보다가 《알아두면 쓸데
있는 유쾌한 상식사전》 - 과학·경제 편 - 에서 썼듯이 추석이 왜 설
날과 동급으로 민족 최대의 명절이 되었는지 그 비밀을 알려드릴 수
있게 됐지요. 🐻

아메리카 이주 역사를 이해하려면 인디언들은 토지 소유 개념이
없었다는 것도 아셔야 합니다. '자연은 모든 이의 것'이라는 생각을
가졌기에 낯선 백인들이 왔을 때 원주민들은 대규모 이주민 거주단

지가 생기는 것에 대해 별다른 저항을 하지 않았던 것이죠. 그래서 백인들이 울타리를 세우고는 인디언들이 허락없이 자기네 집에 들어오려고 하면 총으로 위협하는 것을 이해하지 못했다고 합니다.

이처럼 이방인에게 따뜻하게 손을 내밀었던 스콴토와 왐파노아그 연맹 인디언들은 그 후 어찌되었을까요?

스콴토는 왐파노아그 연맹 인디언들과 플리머스 정착 영국인들 사이에서 중재 역할을 수행했지만 백인들의 앞잡이라 여긴 다른 부족에게 붙잡히게 됩니다. 이에 청교도 남자들이 그를 구출했다네요. 하지만 이 사건 이후 더 의심을 받아 추장이 감시자를 붙여 늘 동행하면서 감시했다고 합니다. 🐻

스콴토는 이 같은 의혹 속에서도 양쪽의 오해와 갈등을 풀기 위해 노력하지만 원인을 알 수 없는 열병에 걸려 엄청난 피를 쏟으며 쓰러지고 맙니다. 이에 플리머스 정착민들이 그를 간호했지만 며칠 뒤인 1622년 11월 30일에 결국 사망하게 되고, 플리머스 정착민들은 인디언들이 스콴토에게 독을 먹인 것이라고 의심하게 됩니다.

스콴토 사망으로 인디언들과 정착민 사이가 험악해진 가운데, 플리머스 뉴타운 이주가 성공했다는 소식이 알려지면서 더 많은 이민자들이 몰려들자, 영국은 이 땅을 식민지화하기 위해 영국군을 파견하기에 이릅니다. 종교 박해를 피해 새 땅을 찾아왔더니만 결국 영국 정부가 뒤늦게 "야. 너네 원래 영국인이지유케이? 영국에 세금 낼 거지? 오케이? 노케이?"라며 쓰윽 숟가락을 얹은 셈이지요. 🐻

결국 첫 청교도들이 플리머스에 정착한 지 55년 뒤인 1675년에 영국군과 인디언 간 전쟁이 벌어지고, 역사는 이 사건을 '필립 왕 전쟁(King Phillip's War)'이라고 기록합니다.

당시 왐파노아그 연맹 추장이던 메타코멧(Metacomet)을 영국인 정착민들은 자기들 편한 대로 '필립 왕(King Phillip)'이라고 불렀는데, 추장의 친한 친구이던 존 사사몬(John Sassamon)이 이들 정착민과 가까워져 기독교로 개종한 뒤 얼마 지나지 않아 살해당합니다. 이에 정착민들은 필립 왕의 부하이던 한 인디언을 살인자로 지목해 사형을 집행하지요. 안그래도 이주 백인이 늘어나 영토를 계속 빼앗기고 친구도 개종하는 등 갈등이 이어져 심기가 불편하던 추장은 백인들이 임의로 자신의 부하를 죽인 데 분노해 영국인 거주지를 습격하게 됩니다.

이를 빌미로 식민지에 파견되어 있던 영국군과 인디언 간 전쟁이 벌어지는데, 총으로 무장한 영국군을 이겨낼 도리가 없었지요. 결국 1년여간 영국군이 일방적인 소탕 작전을 전개해 당시 10만 명이었다던 왐파노아그 연맹 인디언들을 80% 이상 절멸시킵니다. 게다가 전쟁 발생 다음해인 1676년에는 기어이 왐파노아그 연맹 추장 '필립 왕'을 사로잡아 사지를 찢어 죽이고 뉴잉글랜드 지역을 몽땅 차지하고 맙니다.

이 같은 방식은 이후 북미 지역 전체로 확산되어 미국 동부 13개 주가 만들어지면서 영국인의 땅이 되어 갑니다. 하지만 영국이 싫다며 신대륙으로 건너온 이주민들로서는 뒤늦게 군대를 주둔시키고 세금을 뜯어가는 영국 정부가 곱게 보일 리 없었고, 갈등이 지속되

다가 결국 독립전쟁을
통해 1776년에 미국이
라는 새 나라가 탄생
하게 되는 겁니다.

깊은 신앙심을 가
진 청교도들이 숭고
한 사명감으로 시
작했다던 미국 건국의
역사가 실제로는 이처럼 잔인한 역사였던 겁
니다. 🐻

청교도의 인디언 학살,
(구글 이미지)

그런데 이처럼 미화된 메이플라워 호 청교
도들이 아메리카대륙 최초의 이민자라는 것 역시 '가리지날'입니다.
이미 1562년 프랑스 칼뱅파 위그노들이 플로리다 포트 캐롤라인에
정착했고, 1565년 스페인이 플로리다에 세인트 오거스틴이란 마을
을 건설했을 뿐 아니라, 버지니아 주에도 1607년에 제임스타운이란
영국인 정착지가 존재했습니다. 또 이들 청교도들이 플리머스에 도
착하던 바로 전 해인 1619년에는 이미 흑인 노예들도 버지니아 식민
지로 끌려와 있던 상황입니다. 🐻

그런데 왜 메이플라워 호 청교도들을 미국의 건국자, '필그림 파
더스(Pilgrim Fathers)'라고 하는 걸까요?

1492년 스페인의 후원을 받은 콜럼버스가 본의 아니게 서인도제도를 발견한 후 스페인과 포르투갈이 먼저 중남미를 공략하게 됩니다. 지도를 보면 유럽에서 가장 가까운 곳이 캐나다, 미국 쪽인데 왜 중남미부터 진출했는지 궁금하지 않으세요? 나만 궁금했나. 🐻

그건 온라인 게임 '대항해시대'를 해보면 바로 알 수 있어요. 유럽 항구에서 배를 몰아 대서양을 항해해보면 바람의 영향을 실감하게 되는데요. 편서풍과 멕시코만류 때문에 북동 방향으로 거센 조류가 형성되어 있어서 바람을 주로 이용하던 돛단배로는 유럽에서 북아메리카를 향해 서쪽으로 곧장 항해하기가 매우 힘듭니다. 그래서 남쪽으로 내려가 아프리카 모로코를 지나 적도 근처까지 해안을 따라 쭈욱~ 내려간 후, 동쪽에서 바람이 불어오는 적도 근처 무역풍 지대에 들어서면 그제야 방향을 바꿔 곧장 서쪽으로 나아가는 게 가장 쉬운 항로예요. 그래서 콜럼버스도 그 항해로를 따라 카리브해 서인도제도에 상륙하게 된 것이죠. 이처럼 게임이 공부에 도움이 될 때도 있습니다, 여러분~! 🐻

아 참! 신대륙을 발견한 사람 이름이 크리스토퍼 콜럼버스(Christopher Columbus)라는 건 사실 가리지날이에요.

그는 평생 그 발음으로 불린 적이 없어요. 그건 훗날 만들어진 영어 발음이거든요. 🐻

콜럼버스가 원래 이탈리아 제노바 사람이란 건 잘 아실텐데요. 오리지날 이탈리아 발음은 크리스토포로 콜롬보(Christoforo Colombo)예요. 그리고 그가 스페인에 가서 활약할 낭시 스페인 사람들은 그를 크리스토발 콜론(Cristobal Colon)이라고 불렀다지요?

그런 그가 후세에 콜럼버스로 불리는 이유는, 그가 사망한 뒤 당시 유럽 각국의 지식인들이 라틴어 식으로 크리스토포루스 콜롬부스(Christophorus Columbus)로 표기했는데 이 표기법이 영어에서 변형되었고, 후대가 받아들인 겁니다. 남아메리카의 콜롬비아(Columbia), 스리랑카의 수도 콜롬보(Colombo) 모두 콜럼버스의 이름에서 유래한 지명이에요. 1981년에 발사된 최초의 우주왕복선 컬럼비아 호 역시 콜럼버스의 이름에서 따온 거지요.

크리스토퍼 콜럼버스로 알려진 콜롬보 아저씨

1492년 콜럼버스가 인도로 가는 새 항로를 발견했다는 소식이 들려오자마자 곧바로 포르투갈이 그 쪽 땅은 자기네 소유라고 딴지를 겁니다. 원래 콜럼버스는 스페인에 앞서 포르투갈에 인도 항로를 개척하게 지원해 달라고 요청했다가 거부당했는데, 신대륙 발견 후 돌아오는 길에 굳이 약올리려고 포르투갈에 먼저 들러 자신의 성공을 엄청 자랑질했거든요. 거 콜럼버스란 양반 성격도 참. 🐻

하지만 당시 콜럼버스 역시 자기가 도착한 곳에서 후추는커녕 고등 문명의 흔적을 발견하지 못해 인도가 아닌 것은 알고 있었다지요? 그래서 자기가 도착한 곳은 마르코 폴로(Marco Polo)가 얘기한 인도 옆동네 '지팡구'라고 확신했다고 합니다. 서양인들이 일본을 지칭하는 '재팬(Japan)'이란 이름이 여기서 유래한 거지요. 🐻

애초 콜럼버스가 대서양 서쪽으로 쭉~ 가면 인도로 갈 수 있다며 후원을 요청했을 때, 포르투갈은 거절한 반면 스페인이 후원을 결정한 이유는, 이미 1434년 포르투갈의 엔리케(Infante Dom Henrique, 포르투갈어 발음은 엔히크) 왕자의 탐험대가 아프리카 북서부 해안 탐험에 나서 아조레스군도 등을 식민지로 점령한 후 세네갈, 시에라리온 등 아프리카대륙 서쪽 해안을 탐사해 교황 마르티누스 5세(Martinus V)로부터 아프리카 방향 남쪽 항해 독점권을 따냈기에 포르투갈이 아직 개척하지 못한, 적도에서 곧장 서쪽으로 나아가는 항로를 통해 먼저 인도로 가고 싶어했기 때문입니다.

그런데 왜 두 나라 모두 인도를 가려고 했을까요? 가장 큰 원인은 후추 때문이었습니다. 즐겨 먹던 고기 잡내를 없애준다는 것을 안 후로 유럽 식탁에서 없어서는 안 될 재료가 된 후추는, 인도에서 출발해서 중동 지역을 거쳐 베네치아를 통해 유럽에 전파되었죠. 하지만 십자군이 패퇴하고 뒤이어 오스만투르크제국이 교역 루트를 막으면서 후추 값이 너무 비싸졌기에 인도와 직거래를 하고 싶어한 겁니다. 그래서 콜럼버스가 인도를 가려다가 본의 아니게 아메리카대륙에 발을 내디딘 것이었지요.

하지만 당시엔 그곳이 신대륙인 줄 모르고 인도 근처라고 굳게 믿었기에 아메리카 원주민을 인도 사람, 즉 '인디언'이라고 부른 세 지금까지 이어지고 있으니 이 명칭 또한 가리지날이네요.

그랬기에 인도로 가는 항로를 독점했다고 안심하던 포르투갈은 스페인의 새 항로 개척에 대해 뒤늦게 딴지를 겁니다. 이에 스페인도 교황에게 가서 자기네에게는 새로 열린 서쪽 항로 독점권을 달라고 요청합니다. 그리고 이때 교황은 마침 스페인 출신의 알렉산드로 6세(Alexandro VI), 팔은 안으로 굽는다고 교황이 적극 중재에 나서 1494년 토르데시야스 조약(Treaty of Tordesillas)에 따라 두 나라는 유럽 서쪽 끝 카보 베르데 섬 기준으로 370 레구아(1레구아=약 5.6km, 약 2072km)를 기준선으로 서쪽 지역은 스페인이 차지하고, 동쪽은 포르투갈이 차지하기로 합의합니다.

이후 지구 반대편 태평양 지역에 대한 영토 분쟁도 사전에 막기 위해 1529년 사라고사 조약(Treaty of Saragossa)을 통해 일본 동쪽 경도선을 경계로 하와이 등 태평양 지역

보라색은 토르데시야스 조약에 의한 경계, 초록색은 사라고사 조약에 의한 경계

은 스페인 관할, 우리나라와 일본, 중국 등 동아시아 지역은 포르투갈 관할로 나눠 먹게 됩니다. 어이~ 이봐요! 누구 맘대로 세계를 나눠 먹는 겁니까? 🐻

일단 합의는 했지만 인도 첫 상륙 영광을 라이벌 스페인에게 뺏겨 열받은 포르투갈은 결국 1498년 바스코 다 가마(Vasco da Gama) 함대가 아프리카 남쪽 끝 희망봉을 돌아 인도 항로 개척에 성공합니다. 그런데 가서 보니 콜럼버스가 얘기하던 곳과는 전혀 다른 지역임을 깨닫게 되지요. 게다가 인도에서 그들을 맞이한 건 이탈리아어를 할 줄 알던 튀지니 아랍상인들이었는데, 포르투갈 배를 바라보며 한 첫 말이 "망할 놈들, 어떻게 여기까지 왔어?"였다나요? 🐻

그렇습니다. 드디어 서유럽인들이 저 욕심 많은 아랍과 베네치아 중간 도매상을 제끼고 인도 현지 직접 구매 루트를 뚫은 겁니다.

같은 시기인 1497년 또 다른 이탈리아인 아메리고 베스푸치(Amerigo Vespucci)도 스페인의 후원으로 후속 탐사에 나섰다가 콜럼버스가 도착한 곳이 인도가 있는 아시아 지역이 아니란 사실을 알게 되면서 결국 신대륙 이름은 콜럼비아(콜럼버스의 땅)가 아닌 아메리카(아메리고의 땅)가 된 것이시요. 🐻

이에 스페인은 '교황의 인정도 받았고 인도도 아니니 새로운 땅은 이제 다 내꺼다. 신난다~!'를 외치며 멕시코 지역 아즈텍제국, 페루의 잉카제국을 무참히 짓밟게 됩니다. 그리고 포르투갈 역시 1499년 9월 귀국한 바스코 다 가마의 보고를 받자마자 곧바로 1500년 아메리고 베스푸치를 스카우트해 1502년 브라질 지역을 발견합니다. 마침 이 지역은 교황과의 토르데시야스 조약 기준으로 포르투갈 영역으로 이미 도장을 꽉 찍은 상황인지라 브라질은 1530년에 남아메리카대륙에서 유일하게 공식적인 포르투갈 식민지가 되지요.

스페인은 비록 원래 가고자 했던 인도는 아니었지만 황금이 넘쳐 흐르는 신대륙 덕분에 유럽 최강국으로 올라서고, 포르투갈 역시 스페인에 딴지 건 덕분에 브라질 땅을 건지고 인도로 가는 무역로도 확보해 유럽의 양대 강국으로 급부상합니다.

이후 포르투갈은 인도를 지나 마카오를 거점으로 1543년에 드디어 일본과 교역을 시작하게 됩니다. 이 과정에서 포르투갈인들이 판매한 조총을 전국시대 전투에서 요긴하게 써먹은 일본이 조총과 총알을 자체 제작하는 단계

아메리고 베스푸치

까지 발전하게 되지요. 결국 일본을 재패한 토요토미 히데요시(豊臣秀吉)는 "이 정도면 조선, 명나라를 넘어 인도까지 아시아 재패가 꿈이 아니무니다!"라는 야망을 품고, 조선을 침략하는 임진왜란을 일으키게 되죠. 임진왜란 발발 98년 전 저 멀고도 먼 유럽 서쪽 끝 두 나라, 스페인과 포르투갈이 교황을 등에 업고 세계를 둘로 나눠 먹은 조약이 우리 역사에까지 영향을 미친 겁니다. 🐻

하지만 기분 좋게 땅을 갈라 먹던 두 나라는 몰랐을 겁니다. 자기네 영역이라 여긴 아메리카와 아프리카는 물론, 교역의 상대로만 여기고 감히 식민지화는 꿈도 못 꾸던 대제국 인도까지 낼름 삼켜버리는 사상 최강의 악당이 이제 슬슬 몸을 풀고 있었던 것을요.

최강자, 영국의 등장

1500년대 대항해시대 초기는 스페인과 포르투갈 두 나라가 해양강국이었기에 80여 년간 다른 유럽 국가들은 신대륙 진출 기회만 엿보고 있었어요. 그때 영국에 슈퍼스타 여왕 엘리자베스 1세(Elizabeth I)가 등장합니다만, 1558년 등극 당시만 해도 영국은 유럽대륙 국가들에 비해 모든 게 열세인 변방 신세였지요.

엘리자베스가 등극하던 당시 영국의 재정 상태가 최악이었는지라 1562년부터 암암리에 유력 해적 집단의 약탈을 승인해주고 커미션을 받기로 합니다. 🐻 이후 수입이 꽤 좋아지자 아예 본인 돈으로 배를 만들어 해적들에게 제공했다고 하죠. 수익금은 공평하게 50대 50으로 나누기로 하고요. 이 무슨 국가 공인 해적단이라니! 그러던 1580년, 여왕 앞에 해적 드레이크(Francis Drake) 선장이 마젤란에 이어 두 번째 세계일주를 마치고 방문합니다. 여왕이 배를 빌려준 대가를 바치러 온 것이었지요. 그런데 그가 바친 재물의 가치가 무려 영국 정부의 1년 예산보다 많았다나요? 여왕이 화들짝 놀라 "이게

다 어디서 나온 거냐?"고 물으니 서인도제도에서 스페인으로 금을 운송하던 스페인 군함 1척을 털어서 나온 거라고 답합니다. 🐻

엘리자베스 1세 여왕

이에 지극히 현실주의자였던 엘리자베스 1세 여왕은 "로또, 아니 신대륙 진출만이 살 길이다. 가자 황금의 땅으로~!"를 외치며 영국 해군을 육성하기 시작하고, 스페인 함대의 전술을 가장 잘 이해하고 있던 해적 드레이크 선장에게 '경(Sir)' 칭호를 부여하며 영국 해군 제독으로 기용하는 결단을 내립니다.

그러자 벼락 출세한 드레이크는 여왕께 충성을 맹세하며 기존 해적선에 영국 정규군 함대까지 거느리고 스페인 운송선에 대한 해적질을 확대합니다. 이 해적질만으로도 영국 왕실의 재산이 엄청나게 증가했다지요? 🐻

프랜시스 드레이크 경

이에 열받은 스페인이 항의해보지만, "해적이 한 것이지 영국 정부와는 무관하다유케이~."라며 영국 정부가 눈 하나 깜빡 안 하고 시미치떼는 바람에 마음 고생을 엄청합

니다. 아뇨~! 유럽판 왜구가 따로 없네. 🐻

게다가 스페인으로부터 독립을 추진하던 네덜란드에 영국이 군대까지 파병하자 스페인은 아예 영국을 칠 궁리를 하면서 기회를 엿보기 시작합니다. 그러던 중 엘리자베스 1세 여왕이 승계 1순위이자 라이벌이던 스코틀랜드의 메리 스튜어트(Mary Stuart) 여왕을 처형하자, 1588년 스페인 펠리페 2세(Felipe II)는 이를 빌미로 영국에 선전포고를 하고는 무적함대 '아르마다(Armada)' 130여 척에 승조원 8,000명, 보병 1만 8000명을 싣고 출전합니다. (너네 중국 흉내 내나?)

하지만 모든 유럽 국가의 예상과 달리 드레이크가 지휘한 영국 함대가 칼레 해전에서 갑자기 방향이 바뀐 바람을 이용한 불 공격으로 스페인 무적함대를 완벽하게 격파하면서 영국이 최강의 해양대국으로 떠오르게 됩니다. (적벽대전 재현까지!) 🐻

'스페인이 다시 해군을 키우면 되는 거 아닌가?'라는 생각이 드시겠지만, 함대라는 게 단기간에 뚝딱 만들어지는 게 아니고, 배를 만든 후 이를 운용할 수병을 훈련시키는 등 수년의 준비가 필요하죠. 또 함선 대포에 들어갈 화약을 구입하는 데에도 엄청난 비용이 들어

가기에 당시 수렁에 빠진 네덜란드 독립전쟁과 무적함대의 몰락으로 인해 국가 재정이 거덜난 스페인에게 두 번 다시 영광의 시대가 오지 않게 됩니다. (항상 돈이 문제네요. 🐻)

이제 스페인이란 거대한 암초가 사라지자 영국, 네덜란드, 프랑스가 아직 임자가 정해지지 않은 북아메리카를 집중 공략하게 됩니다. 지금에야 미국, 캐나다가 남아메리카보다 부유한 곳이지만 당시 북미 지역은 여러 인디언 부족들이 반농반목 생활을 하는 가난한 농촌 지역이었어요. 반면 중남미 지역은 금 등 천연자원도 많고 나름 국가 문명이 형성되었던 지역이어서 도로망도 잘 깔려 있고 큰 도시도

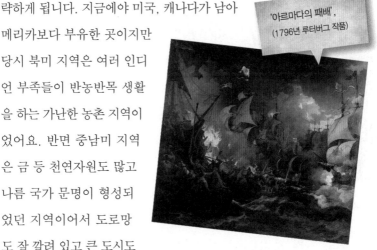

'아르마다의 패배', (1796년 루터버그 작품)

많았기에 정복하고 착취하기에 좋은 여건이었다지요? 그래서 스페인은 남미 공략이 일단락된 후 눈을 돌려 멕시코 지역을 지나 플로리다를 발견하고 지금의 뉴멕시코, 애리조나, 캘리포니아 지역까지 북상하던 상황에서 그만 주도권을 빼앗기고 맙니다.

영국은 교황의 땅 갈라먹기 칙령 따위는 무시합니다. 이미 1534년 아빠 헨리 8세(Henry VIII)가 영국성공회를 만들어 가톨릭과 빠이빠이한 상황. 그래서 아직 주인이 없던 북아메리카 동부 지역을 집

중 공략하는데, 최초의 개척자인 월터 롤리 경(Sir Walter Raleigh)이 1585년에 현재의 미국 남부 평원지대를 처녀 여왕 엘리자베스 1세의 별칭인 'Virgin Queen'을 본따 버지니아(Virginia)라 칭하고, 로어노크란 식민지에 사람들을 정착시키지만 척박한 땅과 혹독한 날씨에 모두 사망하고 맙니다. 🐻

버지니아 주 제임스타운

이후 제임스 1세가 왕위를 물려받은 후, 1606년 새 식민지 개척회사인 '버지니아 회사(The Virginia Company)'를 허가해 모험가들이 직접 위험을 부담케 하지요. 이에 버지니아 회사는 북부 플리머스 지역을 중심으로 한 북부 지부와 첫 개척지인 버지니아를 중심으로 한 남부 지부로 나뉘어 개척에 나섭니다.

이후 북부 플리머스 지부는 1607년 케네벡 강 근처 사가다호크에 첫 식민 도시를 건설하지만 1608년에 모두 철수한 반면, 남부 지부는 "하나님이 주신 신성한 땅에서 인디언들을 개종시키자."는 식민지 이주 홍보 팸플릿을 만들어 영국 하층민을 꼬시고, 죄수들을 강제 동원해 버지니아 평야 지대를 개간하게 됩니다. 이 같은 이주정책을 통해 1607년 미국 남부 버지니아 주에 영국 하층민 144명이 상륙해 정착지로 만든 곳이 제임스타운(James Town)입니다. 엘리자베스 1세 뒤를 이은 영국 왕 제임스 1세의 이름을 붙인 거지요.

사실상 첫 번째로 성공적인 미국 정착민이 된 이들은 척박한 환경으로 첫 해 절반 이상

존 스미스 선장을 구하는 포카혼타스

죽어나갔지만, 선장인 '존 스미스(John Smith)'가 포우하탄(Powhatan) 부족의 추장 딸이던 포카혼타스라는 인디언 처녀의 도움으로 목숨을 건지고 농사에까지 성공하면서 나머지 사람들이 살아남게 됩니다. 이 이야기가 1995년 디즈니 애니메이션 '포카혼타스'로 소개되면서 우리에게 뒤늦게 알려지지요.

그런데 이들 버지니아 정착민은 영국에선 하층민 출신이라 뱃삯을 낼 수 없어 4~7년 동안 무보수로 노동을 제공하고 자유를 획득합니다. 이런 계약제 하인 신분이었던 이들이 미국 남동부의 가난한 백인층의 시조가 되었던 겁니다.

그런데 디즈니 애니메이션에선 포카혼타스가 20대 여성으로 묘사되지만 실제 존 스미스를 구할 당시 그녀의 나이는 불과 11세. 또 그녀의 실제 이름은 '마토아카(Matoaka)'였고, '작은 장난꾸러기'란 의미의 '포카혼타스'는 별명이었다네요. 게다가 존 스미스 선장은 그곳을 떠난 뒤 돌아오지 않았기에 애니메이션 내용은 사실 왜곡인 셈이지요. 그녀는 18세에 영국인과 인디언 간 분쟁 때 포로로 잡혀 있을 당시 기독교로 개종하고 이름도 '레베카(Rebecca)'로 개명했는데, 몸값을 지불해 해방이 되었음에도 자기 부족으로 돌아가지 않고

애니메이션 '포카혼타스 2'에서 그려지듯 담배농장주 존 롤프(John Rolfe)와 19세 나이에 결혼합니다. 이후 아들도 낳고 22세에 영국으로 여행을 떠나 문명화된 모범 원주민 사례로 널리 소개되어 궁정 가면무도회에도 초대받는 등 유명세를 치르지만, 아메리카대륙으로 돌아오던 배에서 의문의 질병에 걸려 1617년, 22세의 젊은 나이에 사망하고 맙니다. 🐻

이후 제임스타운 정착민들이 인디언들로부터 담배 재배 기술을 배워 이를 영국에 내다 팔게 되면서 큰돈을 벌게 되자 더 많은 이들이 돈을 벌겠다며 유럽에서 아메리카대륙으로 몰려들고 버지니아주는 담배 농사의 본거지가 됩니다. "얼씨구나! 이게 웬 일이냐?"하며 덩실덩실 신바람이 난 버지니아 회사는 여러 인디언들을 포섭해 영국으로 보내 통역가로 만든 후 이들을 이용해 현지 주민들을 사탕수수, 옥수수 등 대규모 농장으로 내몰게 되지만, 유럽인이 들여온 각종 신종 바이러스에 감염되고 제대로 먹지도 못하고 혹사당하면서 1610년대 후반에 이르면 이미 버지니아 일대 인디언 중 90% 이상이 절멸하고 맙니다. 포카혼타스와 그의 아빠가 호의를 베풀었지만 결국 이렇게 은혜를 원수로 갚은 거지요. 🐻

이처럼 아메리카대륙에서 인디언들이 죽어나가자 결국 북미 지역에선 1619년부터 아프리카에서 흑인들을 강제로 끌고 옵니다. 스페인, 포르투갈 역시 수많은 흑인을 카리브해와 남미대륙으로 끌고 가죠.

그후로도 오랫동안 농업이 중심이던 남부 주들은 계속 흑인 노예가 필요했지만 공업화가 진행된 북부에서는 더 이상 흑인 노예가 필요없어짐에 따라 남북전쟁(1861~1865)이 터질 때 북군이 도덕적 명분으로 노예 해방을 전면에 내세우게 된 겁니다.

이처럼 400여 년 전 인디언을 절멸시킨 백인들은 노동력 보충이라는 명분 하에 아프리카 흑인들을 강제로 끌고 왔고, 끌려 온 흑인들은 미국 땅에 정착하면서 인구도 늘어나고 자신들의 인권을 위해 오랜 기간 투쟁을 벌이게 되죠. 그렇게 21세기에 접어 들어 결국 '버락 오바마(Barack Obama)'라는 흑인 대통령이 탄생하게 되고, 흑인들은 점차적으로 위상을 회복하고 있습니다. 반면, 백인들의 정착 초기에 혹독한 시련을 겪으며 거의 절멸한 인디언들은 한때 25만 명만 남을 정도로 인구가 급감하게 되죠. 이들은 남북전쟁 당시에도 제대로 관심을 받지 못하다 1924년 쿨리지 대통령(Calvin Coolidge, 제30대 미국 대통령, 1923~1929년 재임) 대에 이르러서야 '인디언 시민법'이 통과되어 미국 시민으로 인정받습니다. 하지만 여전히 이들 중 일부는 보호구역에 사는 처지이니 참 가슴 아픈 역사라 하겠습니다. 인디언이 무슨 천연기념물이냣!!! 🍧

이처럼 미국 남부 개척지에선 이미 아메리카 원주민이 몰살당하고 있는 상황에서, 미국 북동부 지역은 첫 이민에 실패한 후 지부 중심 지역인 플리머스에 새 정착지를 만들어 1619년에 야심차게 보낸 1차 거주민들은 전멸, 다시금 1620년 2차로 모집해서 간 청교도들이 겨우 살아남으면서 정착에 성공했으니 출발은 남부보다 더뎠지요.

특이한 사실은 1607년 버지니아 제임스타운을 만들 때 첫 이주민

남북전쟁 당시 노예제도 지역 – 붉은색 표시 주

들을 태우고 갔던 배의 선장이 애니메이션 '포카혼타스'에 나오는 '존 스미스'였다고 앞서 소개했는데요. 영국으로 돌아갔던 존 스미스는 북부 플리머스 지부로 회사를 옮겨 1614년 다시금 탐사선 선장이 되어 북동부 해안 플리머스 일대를 탐사하고 이 지역을 '뉴잉글랜드'라고 처음 이름 짓습니다. 이때 스미스 선장의 배를 타고 고향으로 가고 있던 인디언 청년이 6년 뒤 메이플라워 호 정착민을 구하게 되는 바로 그 '스콴토'였으니……. 스미스 이 양반도 참 바쁘게 사셨네요. 🐻

이처럼 영국이 미국 동부 해안을 따라 남쪽으로는 버지니아, 북쪽에는 뉴잉글랜드를 개척하는 사이 네덜란드는 1625년 7월, 이 두 회사 영역 중간에 위치한 지금의 맨해튼 섬을 차지해 '뉴암스테르담'이라고 이름 짓고 식민지 개척의 중심지로 키웁니다. 원래 네덜란드는 브라질에 식민 도시를 만들지만 포르투갈에 밀려나 맨해튼 섬으로 옮겨온 상황이었지요. 하지만 1664년, 제2차 영국 – 네덜란드 전쟁(Anglo-Dutch Wars) 직전 영국이 기습 공격해 뉴암스테르담을 점령하고, 당시 영국 왕 찰스 2세(Charles II)가 동생인 요크(York) 공작에게 이 도시를 선물로 주니……. 뉴욕(New York)이라 새로 이름 지은 미쿡 최대의 도시는 이렇게 탄생하게 됩니다. 🐵

여전히 종교 탄압이 존재하던 시대에 네덜란드가 유일하게 종교의 자유를 허용한 국가여서 많은 유럽인들이 네덜란드를 거쳐서 신대륙으로 건너오던 상황이었기에 당시에도 뉴욕은 프랑스, 벨기에, 독일, 북유럽, 유대인 등 많은 유럽 이주민들이 거주했다고 하지요. 세계 최대의 다인종 도시 뉴욕은 출발 당시부터 그 역사가 남달랐던 거죠. 🐻

지금은 미국인 전체를 가리키는 표현이기도 한 양키(Yankee)는 원래 뉴욕 사람을 가리키는 표현이라고 알려져 있는데, 이 역시 가리지날. 애초 이곳을 먼저 차지했던 네덜란드인 중 가장 흔한 이름이었던 'Jan Kaas (얀 카스)'를 네덜란드인들에 대한 조롱의 의미로 부른 데서 비롯되었다고 하네요. 🐻

결국 네덜란드는 1652년부터 1674년 사이 세 차례에 걸친 영국과의 해상 전쟁에서 패배해 신대륙 진출이 좌절되자 눈을 동쪽으로 돌려 포르투갈과 경쟁하면서 한때 대만을 점령하고 일본과 단독으로 교역하고, 인도네시아 등 동남아 식민지 확장에 나서게 됩니다.

또 하나의 백년전쟁, 프렌치인디언 전쟁

한편, 영국과 유사하게 북미대륙에 진출한 프랑스는, 1497년에 영국이 먼저 도착했으나 포기하고 떠난 지금의 캐나다 동부 해안 퀘벡 지역에 1534년 상륙합니다. 이후 1608년 식민지를 건설한 프랑스는 퀘벡 지역을 거점으로 삼아 아직 영국이 공략하지 못한 북아메리카 중부 지역으로 진출하게 됩니다. 오대호를 발견하고 시카고를 건설한 데 이어 미시시피 강을 따라 뉴올리언스에 이르기까지 미국 중부 미시시피 강 일대는 프랑스의 식민지, '뉴프랑스'가 되지요. 그래서 프랑스 영토이던 Chicago가 '치카고'라 불리지 않고 지금도 프랑스어 발음인 '시카고'라고 불리게 된 겁니다.

당시 영국인들이 인디언과 흑인을 학대한 반면, 프랑스는 동화 정책을 펴서 원주민이나 흑인과 결혼도 많이 하고 현지인을 교육시키는 등 우대 정책을 써서 인기가 좋았다지요. 그렇다고 해서 프랑스가 더 착했던 건 아니고요, 영국 세력이 워낙 컸기에 프랑스는 현지인들과 유대해 영국보다 우위를 점하려고 한 일종의 '문화정치'라고 생각하셔야 합니다. 🐻

이들 프랑스인과 아메리카 원주민 사이에 태어난 혼혈인은 메티스(Métis)라고 하여 프랑스 이주민과 동등한 대우를 했기에 이후 캐나다 지역이 영국에 귀속될 때 이들은 끝까지 저항하게 됩니다. 또한 프랑스인과 흑인 사이에 태어난 혼혈인은 크레올(Creole)이라 하여 아프리카에서 온 흑인과 달리 동등한 대우를 보장했고, 이들은 이후 뉴올리언스(New Orleans)를 중심으로 '재즈(Jazz)'라는 음악 장르를 만들어내게 됩니다. 즉, 남부 농장에서 혹사당하던 흑인들이 우울하고 비장한 블루스(Blues) 음악을 만든 것에 반해, 크레올이 만들어낸 재즈가 경쾌하고 자유로운 느낌을 주는 것에는 이런 역사적 이유가 있는 거예요.

하지만 이후 식민지 영토를 더 차지하려는 두 나라 간에 오하이오 강 주변 영토를 둘러싼 갈등이 폭발하면서 인디언들이 프랑스와 연합해 영국에 대응한 '프렌치인디언 전쟁(French and Indian War, 1755~1763년)'이 발발하게 되는데, 초기 4년간은 프랑스 군이 우세했습니다. 하지만 본국 프랑스가 경제 파산 상태에 이르게 되어 전쟁 물자 보급이 어려워지면서 1759년 9월 13일 에이브러햄 평원 전투에서 결정적 패배를 당하고, 그 다음해에는 몬트리올이 함락되어 유럽과 연결되는 통로인 미시시피 강 유역이 막히게 되면서 프랑스가 결국 캐나다와 미국 중부 지역 전체를 영국에게 내어주는 시발점이 되고 맙니다.

재즈의 본고장, 뉴올리언스 (pixabay.com)

하지만 프렌치인디언 전쟁에서 승리한 영국도 빚더미에 앉

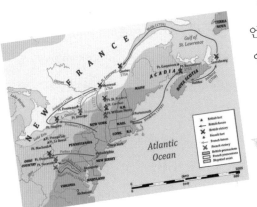

영국과 프랑스의 식민지 쟁탈 전쟁, 프렌치인디언 전쟁

보스턴 차 사건 상상도

게 되자 식민지 13개 주에 엄청난 세금을 부과하려 합니다. 당시 영국계 아메리카 식민지 거주민들이 매일 마시던 홍차에 세금을 왕창 매기자 이에 반발해 인디언으로 변장하고 보스턴 항구에 있던 차 상자를 바다에 던져 버리는 '보스턴 차 사건'을 일으키며 극렬하게 저항하지요.

게다가 영국 정부가 애초 프렌치인디언 전쟁 당시 프랑스가 주장했던 영토 경계선을 그대로 수용해 퀘벡에 거주하는 프랑스계 주민에게 프랑스어 사용, 민법 자치, 가톨릭 신앙을 보장하는 등 유화책을 펴자, 북미 13개 주 식민지인들은 "이럴 거면 왜 우리가 프랑스와 전쟁을 했느냐?"고 반발하게 됩니다.

이에 10년 전 프렌치인디언 전쟁 당시엔 영국군 장교로 맹활약했던 조지 워싱턴(George Washington) 장군이 이번에는 독립을 주장하는 미국 13개 주 연합 독립군 사령관으로 입장이 바뀌어 영국군과 맞서 싸우게 되자 '적의 적은 동지'란 속담대로 이번엔 프랑스가 독립군을 도와 총알 등 전쟁 물자를 마구 지원해 미국이 독립하는 데 기여하지요. 🐻

그 후에도 프랑스가 100여 년 뒤 '자유의 여신상'도 선물로 주는 등 미국과 절친 사이가 되지만, 당시에는 이 두 차례 전쟁에서 거대한 식민지를 빼앗기고 재정이 파탄 난 프랑스 루이 16세(Louis XVI)가 세금을 더 걷으려다가 신분제 갈등이 폭발해 결국 1789년 프랑스 대혁명이 일어나게 되고, 이후 나폴레옹(Napoléon)이 등장해 유럽대륙 전체가 혁명전쟁의 소용돌이에 휩싸이게 됩니다. 때마침 미국 정부가 안전한 남쪽 항구가 필요하다는 판단에 따라 프랑스로부터 뉴올리언스 지역을 매입하려고 하자 전쟁 자금이 필요했던 나폴레옹은 퀘벡 주 상실로 인해 본국과 연결이 원활히 되지 않는 중부 뉴프랑스(루이지애나) 지역 전체를 당시 돈 1500만 달러라는 헐값에 넘겨주니, 미국은 하루 아침에 영토가 2배로 늘어나게 됩니다.

메이플라워 호 이민자가 미국 건국 주역이 된 이유

독립 당시 동부 13개 주로 시작한 미국은 손쉽게 프랑스 식민지를 할양받은 후 사냥하듯이 인디언을 학살하면서 서부로 나아가게 되고, 스페인, 멕시코와의 전쟁에서도 승리해 플로리다, 뉴멕시코, 텍사스, 애리조나, 캘리포니아까지 장악해 현재의 미국 영토를 확보하게 됩니다.

이후 미국은 세계 각지에서 수많은 이민자가 몰려 들어 기회의 땅이 되었지만, 여전히 앵글로색슨 백인이 중심이 되어 '영어'라고 하는 지배적인 언어와 기독교 문화를 근본으로 하는 정체성을 지켜나가고 있습니다.

이처럼 아메리카 침략 역사를 쭈욱 살펴봤는데요. 따지고 보면 오십보백보 수준이지만 아메리카대륙을 침략한 유럽 국가 중 프랑스, 스페인, 포르투갈 등은 남성 위주로 건너와서 정착함에 따라 현지 원주민과 결혼해 혼혈 후손을 많이 남겼고 이들을 기존 원주민과 달리 우대해주었지만, 영국인들은 메이플라워 호 개척자들처럼 가족을 동반하고 정착하면서 기존 원주민들을 절멸시키고 노동력이 모자라자 아프리카에서 흑인을 끌고 오는 더 악랄한 식민지 정책을 펼쳤습니다.

그런데 학교 때 배운 세계사에 이런 내용이 있었나 생소하시죠? 우리가 배우는 세계사 연구를 주도하는 곳이 영미 학자들이다 보니 자기네 부끄러운 과거는 스리슬쩍 넘어간 거예요. 🐻

가리지날 이야기
끝판왕, 타잔
(구글 이미지)

심지어 미국 작가 애드거 라이스 버로스 (Edgar Rice Burroughs)가 1914년에 발표한 소설 《타잔(Tarzan)》에서는 아프리카 동물을 잡아가는 스페인, 포르투갈 탐험가의 만행에 맞서 싸우는 정의로운 영국인 타잔을 부각시켰고, 이후 TV드라마와 영화, 애니메이션을 통해서도 계속 부각하고 있지요. 그런데 정작 아프리카를 가장 많이 착취한 건 영국인들이었어요. 🏺

또한 각종 서부영화를 통해서도 괴상한 고함을 지르며 말을 타고 습격해 백인들의 얼굴 가죽을 벗겨가는 야만적인 인디언들에 맞서 싸우는 정의로운 정착민들 이야기를 끊임없이 생산하고 있습니다. 원래 아메리카대륙에는 말이 없었기에 말을 타고 습격해 얼굴 가죽을 벗겨간 건 영국 정착민이 먼저 인디언들에게 한 행동이었는데, 어린 시절 그런 아픈 역사가 있는 줄 모르고 TV에서 나오는 미쿡 드라마를 보면서 인디언을 무찌르는 카우보이 총잡이들을 응원했으니 인디언들에게 참 미안하네요. 🐻

19세기 말 미쿡 역사가들은 그런 부끄러운 선조들의 사정을 잘 아는지라 미국의 역사를 정립하는 과정에서 북부의 플리머스 청교도 이주민을 첫 선조로 규정하여 종교의 자유를 찾아 새로운 세계를 개척했다는 숭고한 역사를 부각한 것이지요. 실제로는 북부보다 먼저 정착한 남부 제임스타운에서 자유기업 정신, 법치주의, 민주 정부 등 미국식 제도와 관습이 대부분 창안되었고, 초대 조지 워싱턴부터 3대 토머스 제퍼슨(Thomas Jefferson), 4대 제임스 메디슨(James Maddison), 5대 제임스 먼로(James Monroe)에 이르기 까지 초기 대통령 중 4명이 버지니아 주 출신이었음에도 불구하고 말이죠.

미국의 건국사를 이처럼 정립한 배경에는 여러 가지 이유가 있지만 남북전쟁에서 북부연합이 승리해 미국의 주도권을 장악한 것이 가장 큰 원인일 것입니다. 버지니아 주가 남부연합의 본거지였기에 역사적 비중을 축소하고 싶어했던 것이죠. 또한 플리머스 정착민 후손들이 하버드, 예일 등 아이비리그 대학들을 설립했고 이 대학들이 미국 학계를 주도하게 된 것 역시 또 하나의 원인으로 꼽히고 있습니다.

이에 지난 2007년 제임스타운은 '우리가 진짜 원조'라며 건립 400

주년을 맞아 대대적인 기념행사를 열었지만, 여전히 미국 내에서도 관심을 받기 어려운 모양입니다. 🐻

그나저나 아메리카대륙의 원래 주인이었던 인디언들은 유럽인들의 속내를 모르고 호의를 베풀었다가 비극적 최후를 맞게 되었는데, 아프리카, 중동 지역에서도 이와 유사한 비극이 되풀이되었습니다. 이 같은 근세의 식민지 확장 과정에서 일부의 현지 주민이 자의 또는 타의로 정복자의 언어를 배워 통역을 담당하면서 식민지 확장에 이용당했고, 일부는 정복자를 도와 혜택을 누리다가 독립한 후에도 과거 지배자들의 언어를 사용할 수 있는 능력과 국가 운영 경험을 바탕으로 여전히 사회 상류층으로 군림하는 상황이 현재까지 광범위하게 이어져 오고 있습니다.

우리나라 역시 유창한 영어 실력이 학문 연구나 관련 업무의 원활한 수행에만 국한되지 않고 일종의 사회적 권력 도구이자 출세의 한 수단으로 여겨지는 것이 엄연한 현실이기도 하지요.

이처럼 언어는 큰 범위에서 보면 인류의 문명 발달에 기여하고 있으며, 작은 범위에서 보면 민족의 문화와 정서의 뿌리가 될 뿐 아니라 해당 민속이나 국가의 국력에 따라 확장되기도 하고 소멸하는 특징을 갖고 있기에 우리의 일상생활과 정서에 크나큰 영향을 끼치고 있답니다.

첫 장부터 너무 무거운 이야기를 다루었네요. 다음 장부터는 언어와 관련된 여러 이야기 보따리를 풀어보겠습니다.

02
말모이 운동의 앞과 뒤

2019년 정초에 개봉한 영화 '말모이'에서 일제시대 우리 민족의 얼을 지키고자 말모이 운동을 전개한 수많은 이들의 숨은 노력이 소개되었는데요. 식민지라는 암울한 상황에서도 수많은 선각자들의 노력과 희생 덕분에 오늘날 우리는 우리말을 보존하고 발전시킬 수 있게 된 것입니다. 이에 대해 좀더 자세히 이야기해보고자 합니다.

1910년 대한제국이 망하고 일본 치하에 들어가면서 우리말과 글은 위기에 처하게 됩니다. 🐻

1912년 조선총독부는 대한제국 시절 국문이라 불리던 한글을 '언문'이라고 격하하면서 〈보통학교용 언문철자법〉을 발표합니다. '경성어를 표준으로 한다 / 표기법은 표음주의(발음 나는 대로 표기)에 의한다 / 한자음을 언문으로 표기하는 경우 종래의 철자법을 쓴다

/아래아는 폐기한다'는 이 원칙은 식민지 교육의 편의를 위해 만든 것이었지요.

이처럼 일본이 우리말을 다시금 '언문'이라고 격하하고 이치에 맞지 않는 표기법을 강요하는 데 반발한 주시경 선생은 1913년 〈아이들 보이〉라는 잡지에서 처음으로 우리 글자를 '한글'이라 부르자고 제안하지만 그 다음해에 불과 39세 나이에 운명하시죠. 🐻

이후 주시경 선생의 제자인 장지영, 김윤경, 최현배 선생 등이 1921년 민간 학술단체 '조선어연구회(이후 1931년에 조선어학회로 개명. 하지만 조선어학회가 익숙한 명칭이므로 이하 조선어학회로 통일함.)'를 창립합니다. 그 후 조선어학회는 훈민정음 반포 8회갑(480년)되는 1926년 음력 9월 29일을 반포기념일로 정해 '가갸날'이라고 부른 뒤 1927년 2월부터 〈한글〉 잡지를 발간하고, 1928년에는 훈민정음 반포기념일을 '한글날'로 고쳐 부르면서 우리글 명칭으로 '한글'이 정착됩니다. 뒤이어 1929년 10월, 안재홍, 조만식, 유억겸, 백낙준, 이광수, 주요한, 이극로, 정인보, 이희승 등 108명의 각계 인사가 모여 조선어사전편찬위원회를 만들어 《조선어사전》 편찬 작업에 착수

조선어학회가 만든 잡지 〈한글〉 (www.urimal.org)

하고, 1933년 〈한글 맞춤법 통일안〉을 발표하는 등 우리말을 지키기 위해 노력을

기울이지만 일제는 계속 탄압을 하게 되지요. 🐻

사전을 만들기 위해서는 우선 표기법 통일이 중요했기에 국어학자 간 치열한 논쟁 끝에 1933년에 〈한글 맞춤법 통일안〉이 탄생했습니다.

당시 우리말 연구학회는 조선어학회 말고도 1931년 발족한 '조선어학연구회'란 단체도 있었다네요. 조선어학회는 〈한글〉 잡지를 발간하면서, 표기법은 뜻에 따라 쓰는 표의주의를 주장했습니다. 반면 조선어학연구회는 박승빈, 정규창, 백남규 선생 등이 주축이었는데, 〈正音(정음)〉 잡지를 발간하면서 주시경 학파의 표의주의를 비판하며 소리 나는 대로 표기하는 표음주의를 주장했다고 합니다.

이에 동아일보사가 1932년 11월 7일부터 3일간 '조선어 표기법 통일안에 대한 범국민 공청회'를 개최하기에 이릅니다. 당시 일제 지배 시기임에도 이 공청회에 수많은 인파가 몰려 두 학회의 공방을 지켜보게 되니……

잠시 그날의 분위기를 권투 중계 형태로 전달해보겠습니다.

"빰빠라빰빠라빰빠~ 빰빠라빰빠빰빠~.

친애하는 조선인 여러분 강녕하신지요? 여기는 광화문통(지금의 세종로) 동아일보사에 마련된 특설 링, 아니 특설 강연장입니다. 오늘부터 사흘간 조선어학회와 조선어학연구회 소속 학자들이 바르고 고운 조선말 표기를 위한 설전을 벌인다고 합니다.

첫째 날 주제는 바로~ 된소리 표기법 공방 되겠습니다.

홍색 코너~ 조선어학회 신명균 선생 등장합니다.

청색 코너~ 조선어학연구회 박승빈 선생 등장합니다.

이야, 오늘 특설 강연장에 수많은 인파가 몰려들었네요~. 뜨거운 열기가 여기까지 느껴집니다.

조선어학회 신명균 선생, 된소리는 'ㄲ, ㄸ, ㅆ, ㅃ, ㅉ' 등 쌍자음으로 표기해야 한다고 강렬하게 선방을 날립니다!

쓰기 편한 실용주의 전략을 선보이는 군요.

하지만 노련한 조선어학연구회 박승빈 선생, 쓰윽 맹공을 피하며 '거 무슨 소리요? 세종대왕님이 훈민정음을 만드실 때 우리말 된소리는 'ㅅ병합' 방식인 'ㅅㄱ, ㅅㄷ, ㅅㅂ, ㅅㅈ'로 표기했으니 원조 표기법으로 가야 하느니~.'라며 반격합니다~.

아~, 참석한 청중들~. '세종대왕님이 진리'라며 박승빈 선생을 응원 하네요~.

첫날 경기 결과, 세종대왕님이 정한 대로 하자는 'ㅅ병합' 주장이 판정 승을 거둡니다~."

이처럼 첫날 강연에서는 조선어학연구회 'ㅅ병합' 된소리 표기 방식이 더 선호되었다고 합니다.

그리고 둘째 날 공청회가 이어집니다.

"강녕하신지요? 친애하는 조선인 여러분. 둘째 날 공청회가 시작됩니다. 오늘의 주제는 받침 표기법입니다.

홍색 코너~ 조선어학회 이희승 선생 등장합니다.

청색 코너~ 조선어학연구회 정규창 선생 등장합니다.

오늘도 어김없이 수많은 인파가 이 공청회를 가득 메웠네요~.

선공에 나선 조선어학회 이희승 선생, '값이' 등과 같이 어간과 어미를 구분해 '겹받침'과 'ㅎ받침'을 쓰자고 주장합니다~.

반격에 나선 조선어학연구회 정규창 선생, '왜 어렵게 그렇게 쓰냐? '갑시'와 같이 발음 나는 대로 표기하자, 겹받침은 불편하다고 주장하면서 ㅎ발음은 거의 들리지 않으니 받침에 쓸 필요가 없다.'고 반박하네요~.

앗, 이희승 선생이 벌떡 일어납니다. 품에서 뭔가를 꺼내는데요. 엇 저건 창호지 아닙니까? 뭘 하려는 걸까요?

이희승 선생, 'ㅎ받침이 왜 필요없냐? 실험 좀 해봐라~.' 일갈하면서 창호지를 입에 대어 '가, 까, 카' 발음을 냅니다. 아~ 정말 각 발음 별로 종이가 떨리는 모습이 다르군요! 원투 펀치~! 상대방 정신을 못 차립니다.

참석한 관중들 기립박수를 보냅니다~. 인문학과 자연과학의 만남, ㅎ받침이 존재해야 함을 증명해내는 군요.

그렇습니다~ 세종대왕의 한글 창제 과정이 바로 과학적 탐구정신 아니겠습니까? 오늘 공청회는 이것으로 끝~."

둘째 날 공청회는 ㅎ받침이 존재해야 함을 증명한 이희승 선생의 주장이 승리를 거두니 두 학회는 1승 1패가 되었다지요. 그리고 마지막 셋째 날 공청회가 시작됩니다.

"사랑하는 조선 백성 여러분 강녕하신지요? 오늘 드디어 마지막 공청회가 시작됩니다.

표기법의 대원칙을 정하는 가장 핵심 이슈인 어미 활용 문제가 오늘의 주제입니다.

현재 두 학회의 점수는 1대 1. 마지막 발표자의 능력에 따라 조선어 표기법의 원칙이 결정나게 됩니다!

이틀간 열띤 토론에 감명받은 인파로 문 밖 복도까지 꽉 들어찼습니다~.

홍색 코너~ 조선어학회 최현배 선생 등장합니다.

청색 코너~ 조선어학연구회 박승배 선생 등장합니다.

마지막 주자로 나선 조선어학회 최현배 선생, 주시경 선생의 수제자죠. 조선어학회 대표 선수라 할 만합니다.

아, 최현배 선생! 어간의 원형을 밝혀 적는 '표의주의'를 주장하며 묵직한 공격을 날립니다.

반격에 나선 조선어학연구회 박승배 선생, 글자 사용의 편리성을 강조하며 발음 나는 대로 적는 '표음주의'를 주장하며 가볍게 되받아칩니다.

앗, 최현배 선생, 분연히 일어납니다! '발음 나는 대로 적는 것이 편하기는 하지요. 그러나! 왜놈들이 권장하는 것처럼 발음 나는 대로 적게 하면 사람마다 지역마다 다 달리 적을 것인데 한글 맞춤법 통일안을 정하는 것이 무슨 소용이 있단 말이오? 우리말을 제대로 지키기 위해서는 어간의 뜻을 밝혀 적어야 언제가 다시 우리말을 자유롭게 쓰게 될 우리 후손들에게 혼란이 일어나지 않소.'

아, 자리에 모인 모든 관중들 환호성과 함께 열렬한 박수로 최현배 선생을 응원하네요~.

조선어학회, 첫날의 부진을 씻고 대역전승을 거듭니다~!

이상 동아일보사 특설 강연회장 중계 방송을 모두 마칩니다~."

쓰는 사람마다 표기법이 달랐기에 맞춤법 통일이 필요하다는 공감대가 형성되어 있던 관중들은 엄격한 문법적 관점에서 우리말 보존의 중요성을 강조한 최현배 선생의 주장에 적극 찬성하게 됩니다. 이로써 조선어학회의 대역전승으로 끝난 1932년 사흘간의 대토론회에서 우리가 현재 쓰고 있는 표기법 원칙이 확정되었고, 1933년 드디어 〈한글 맞춤법 통일안〉이 발표된 것입니다. 그리고 이 같은 표기 원

말모이 원고,
국립한글박물관 소장
(pinterest.co.kr)

칙이 정해지면서 학회 차원에서 전국 학생들과 지원자들의 도움을 받아 전국 방방곡곡의 말을 모아《표준어 사전》을 편찬하는 '말모이' 운동이 본격적으로 전개됩니다.

1935년 조선어학회 회원 단체 사진 (구글 이미지)

이 얼마나 가슴 뭉클한 이야기입니까? 🐻

어려운 이야기를 재미있게 전달하고자 스포츠 중계 방송처럼 소개했지만 제가 예전 이 공청회 이야기를 처음 접하고는 두 눈이 촉촉히 젖었었습니다. 80여 년 전 이런 분들이 계셨기에 우리말과 글이 제대로 지켜진 것입니다. 비록 양측이 첨예하게 대립했지만, 두 학회 모두 우리말과 글을 사랑한 애국자들이셨습니다.

하지만 이 같은 우리말 보존을 위한 노력에도 불구하고 이미 해외로부터 새로운 문물이 쏟아져 들어오던 시기여서 일본어, 영어 등 외국어의 영향이 증가하고, 발음 체계에서는 과거에는 명확히 구분되던 ㅔ/ㅐ, ㅟ/ㅚ 등의 모음 발음에 혼돈이 오기 시작합니다. 게다가 1938년부터 우리말 사용을 금지당하는 최악의 상황으로 치닫습니다. 일제는 더 나아가 그동안 눈엣가시였던 조선어학회를 와해하기 위해 1942년 10월, 이른바 '조선어학회 사건'을 만들어냅니다.

당시 함흥영생고등여학교 박영옥 학생이 친구들과 통학 기차 안에서 우리말로 대화하던 것이 조선인 경찰관 야스다(원래 이름 안정

묵)에게 적발되어 경찰서로 끌려 갔고, 민족주의에 감화를 준 배후 인물이 조선어학회 회원인 정태진이라는 자백을 받아냅니다. 이를 빌미로 '민족주의 단체로서 독립운동을 획책했다'며 최현배 선생 등 주요 인사 33명을 체포해 학회를 해산시켰고, 수감 생활 도중 극악한 고문을 자행해 결국 이윤재, 한징 선생은 감옥에서 순국하시게 됩니다. 🐻

다행히 해방이 되면서 최현배 선생은 8월 17일 함흥 감옥에서 풀려나자마자 서울로 복귀해 출소 3일 만에 조선어학회(1949년 한글학회로 개명) 재건 회의를 열어 중단된 한글 사전 발간과 해방된 조국에서 사용할 국어 교과서 편찬 작업을 시작합니다.

게다가 조선어학회 사건 당시 압수당했던 2만 6000여 페이지에 이르는 방대한 자료들이 1945년 9월 8일 기적과도 같이 서울역 창고에서 발견되어 1947년 10월 9일《조선말 큰사전》1권이, 1949년 5월에 2권이 발간되게 됩니다. 이 같은 우리말 사전 발간과 동시에 한글 교과서 발간 작업에도 박차를 가하게 됩니다.

해방 때까지 수년간 일본어만 사용하게 한 터라 한글을 읽고 쓸 줄 모르는 성인이나 학생이 대다수였죠. 그래서 최현배 선생은 미군정 산하 교육위원회 교과서편찬분과위원장으로서 교과서 편찬의 기본 방향을 '모든 교과서는 한글로 하며 한자는 필요한 경우에만 괄호 속에 넣고 가로쓰기를 원칙으로 한다.'고 정합니다. 이런 원칙 하에《한글 첫걸음》등 초·중등 교과서 50여 종을 집필하면서 수학, 과학 영역까지 새로운 한글 단어들을 창제합니다. 아래에 일부 예시

를 정리했는데 그저 놀라울 뿐이에요. 🐻

구분	당시 사용 단어	새로 만든 단어
음식	벤또 (べんとう)	도시락
	노리마키 (海苔)	김밥
	간스메 (かんづめ)	통조림
생활	후미끼리 (ふみきり)	건널목
	혼다데 (本たて)	책꽂이
수학	우수 (偶數)	짝수
	기수 (奇數)	홀수
	가산 (加算)	덧셈
	감산 (減算)	뺄셈
	승산 (乘算)	곱셈
	제산 (除算)	나눗셈
	직경 (直徑)	지름
	반경 (半徑)	반지름
	사사오입 (四捨五入)	반올림
	능형 (菱形)	마름모꼴
생물학	화판 (花瓣)	꽃잎
	자예 (雌蕊)	암술
	웅예 (雄蕊)	수술

다만 표에서 맨 처음 거론한 '도시락'이 해방 후 새로 만들어진 단

어라는 건 가리지날. 이미 일제시대인 1929년 〈동아일보〉 기사에 등장했다고 합니다. 하지만 그때는 '짚으로 만든 소쿠리'란 의미였는데, 해방 후 이 도시락 소쿠리에 음식을 담아 일터로 가던 모습에 착안해 '벤또'의 대체어로 새로이 의미를 부여했다고 하네요. 🐻

한글 전용과 가로쓰기 원칙은 이후 1948년 10월 국회를 통과해 '한글 전용법'으로 공포되어 현재 우리가 사용하는 모든 출간물의 기본이 됩니다. 또한 최현배 선생은 졸업식 행사에 쓸 노래가 없음을 깨닫고 작곡가 윤석중 선생을 찾아가 노래를 만들어줄 것을 부탁하니……. "빛나는 졸업장을 타신 언니께 꽃다발을 한아름 선사합니다. 물려받은 책으로 공부 잘하고 우리들도 언니 뒤를 따르렵니다~."라는 졸업식 노래가 1946년에 탄생하게 됩니다. 수년 전 드라마 '추노'에서 남성끼리 '언니'라는 용어를 써서 화제가 된 바 있었는데요. 실제로 당시 가사에 나오듯이 1970년대까지만 해도 '언니'는 여자선배뿐 아니라 남학생들도 선배 형님에게 공통으로 쓰던 단어였지요.

이처럼 다방면에 걸쳐 새로운 조국의 우리말 사용 원칙 수립에 발벗고 나선 최현배 선생은 6.25 전쟁이 터지자 마무리 짓지 못한 《조선말 큰사전》 나머지 원고를 땅에 묻고 피난을 갑니다. 아직 전쟁이 끝나지 않은 1953년 4월, 임시수도 부산에서 문교부 편수국장으로 재직 중이던 최현배 선생은, 이승만 대통령이 "현행 맞춤법이 너무 어려우니 다시 옛 철자법으로 고치라."고 지시하자 이에 반대해 공직을 사퇴하고 원래 교직을 맡고 있던 대학교 교수로 돌아가

외솔 최현배 선생
(구글이미지)

연세대학교 한글탑

죠. 그리고 서울이 수복되자 숨겨 두었던 원고를 다시 파내어 유네스코로부터 지원금을 받아 1957년에 드디어 6권의 사전이 완성되기에 이릅니다.

1926년부터 연희전문학교(연세대학교 전신) 교수로 재직하면서 한글 보급에 앞장서다가 흥업구락부 사건과 조선어학회 사건으로 연이어 투옥당하는 고초를 겪은 외솔 최현배 선생의 이 같은 확고한 한글 전용과 표의주의 원칙, 민간의 힘으로 완성한 우리말 사전 편찬 사업은 연세대학교가 국문학 연구를 선도하는 계기가 되었습니다. 현재까지도 연세대학교는 일어일문학과를 개설하지 않고 있으며, 학보 〈연세춘추〉는 순한글 신문으로 발간하고 있을 뿐만 아니라 최현배 교수가 강의하던 인문관 건물은 '외솔관'이라고 새로 이름 짓고, 신촌캠퍼스 중앙도서관 앞에 한글탑을 세우는 등 그의 숭고한 뜻을 기리고 있습니다.

하지만 이후 민간은 물론 정부에서도 해방 당시의 뜨거운 열정을 잊고 굳이 한자를 사용하고, 수많은 외국어를 무비판적으로 수용하고 있습니다. 얼마 전까지도 신문 및 주요 학술지는 한자 표기가 다수였고, 정부도 1970년대 버스 회수권을 도입하면서 굳이 '토큰'이라고 영어 명칭으로 발표해 사용하게 하고, 1980년대 들어서는 인구총조사를 '인구센서스'라고 부르더니, 최근에는 동사무소는 '주민센터'로 바꾸고 각종 정책 발표 시에도 '아젠다'와 '타임테이블', '애즈 이즈(As-Is)'와 '투비(To-Be)' 등의 외국어를 무분별하게 사용하고 있습니다. 초대 국회에서 한글 전용법을 통과시켰던 국회도 여전히 마크부터 여기저기 한자투성이고요, 많은 공기업들 역시 정체불명의 영어 약어로 아예 기관명칭을 바꾸고 있지요.

이처럼 과거 삼국시대 한자 도입과 함께 수많은 고유어가 잊혀져 60% 이상 한자어로 교체되더니 우리 시대에 또다시 우리말이 크게 흔들리고 있습니다. 고난 속에서도 한글을 지키고자 노력한 여러 선각자들을 생각한다면 다시 한 번 무분별한 한자, 외국어 사용은 재고해봐야 할 일이라고 생각합니다.

03
물고매 사건을 아십니까?

1, 2장 모두 너무 무거운 이야기가 가득했네요. 책 제목은 '유쾌한 상식사전'인데 말이죠. 🐻

　그래서 분위기를 좀 바꿔보겠습니다.

들어는 봤나? 물고매 사건

혹시 1980년대 초반, 영남 지역을 강타한 장학퀴즈 '물고매' 사건을 들어보신 적 있으신가요?

　인터넷에선 "차인태 아나운서가 진행할 때 그랬다." 등의 정보가 떠돌고 있지만, 그건 다 가리지날! 이미 35년 가까이 된 옛날 일이라

기억이 완전치는 않지만 제가 알고 있는 한 그 에피소드의 전말은 이랬습니다.

추억의 〈장학퀴즈〉 (구글 이미지)

때는 바야흐로 1980년대 초반. 당시 부산·울산·경남 지역에선 평일 저녁 지역방송 시간에 〈중학생 장학퀴즈〉라는 유사 퀴즈 프로그램이 있었습니다. 지역 방송별로 자체 방송 할당 제도가 있는지라 당시 부산MBC 라디오에선 '별이 빛나는 밤에' DJ가 가수 이문세 씨가 아닌 부산 DJ가 하던 시절이었지요. 🐻 고교생 〈장학퀴즈〉와 유사한 형태로 부산 – 경남 지역 중학생이 퀴즈를 맞히던 지역 방송 프로그램에서 이 사태는 시작되었습니다.

당시 마지막 문제를 앞두고 1, 2위 학생간 점수 차가 크지 않아 마지막 문제를 맞히는 학생이 1위를 하는 상황이었습니다. 이때 나온 마지막 문제!

"메꽃 과의 다년초로서 줄기는 땅 위로 길게 뻗고 땅 속 뿌리의 일부가 열매를 이룬다. 그 덩이 뿌리는 달고 전분이 많아 식용이나 공업용으로 쓰이며 조선시대에 대마도로부터 들어온 이것은 무엇입니까?"

그 순간, 2등을 달리던 경상남도 진주시에서 온 중학생이 벨을 누릅니다. 오늘 퀴즈를 종결하는 마지막 결정적 순간!

사회자 : "자, 정답은?"

진주 중학생 : "(자신 있게, 맑게, 깨끗하게) 고매!"

일순간 정적이 흐르고……. 사회자, 고매가 서부 경남 사투리인 것을 이미 알고 있던지라…….

사회자 : 아~ 네. 맞긴 한데요. 정답은 표준어로 해야 합니다. 힌트를 드리면 세 글자입니다. 자~, 5초 안에 다시 얘기해주십시오. 5, 4, 3……."

진주 중학생 : (도대체 뭐란 말이고? 고민을 하다가 얼굴에 환희를 띄며 자신 있게 다시 벨을 누르며) "물-고-매!!!"

사회자 : "아~, 아깝습니다. 아닙니다."

진주 중학생은 도대체 뭐가 잘못됐냐고 따질 기세로 엉덩이를 들썩이고 방청객은 탄식을 하는 가운데…….

사회자 : "정답은 고구마입니다. 정답을 알고는 있었는데 참 안타깝습니다."

그러면서 화면 바뀜. 상황 끝~! 🐻

다음 날, 아침부터 학교에선 그 퀴즈가 화제가 되면서 너도 나도 둘러 앉아 입을 어벙벙하게 벌리며 환희에 찬 표정으로 "물-고-매!"를 외쳤더랬죠. 🐻

그리고 그 후 〈중학생 장학퀴즈〉는 부산 - 경남 지역 학생들의 필수 시청 프로그램으로 자리잡았다는 훈훈한 뒷 얘기는 있으나……. 조선시대엔 아버지를 아버지라 부르지 못한 홍길동이 있었다면, 20세기 대한민국에선 고구마를 고구마라 부르지 못했던 진주 중학생의 퀴즈 도전기는 이렇게 막을 내렸답니다. 🐻

표준어와 사투리

30여 년 전 에피소드지만 웃기면서도 눈물이 나네요. '고매'가 고구마의 서부 경남 사투리란 걸 처음 알게 되신 분이 많을 텐데요. 🐻

전 세계 어디나 표준어가 아닌 각 지방 고유의 단어와 억양 등이 존재하는데, 수도가 오래 전에 정착된 국가일수록 수도권 중심으로 발음이 약해지는 현상이 발생한다고 하네요.

강력한 전제국가였던 프랑스에서도 파리 지역이 가장 발음이 부드럽다고 하고, 일본도 동경 지역이 타 지역보다 발음이 약해지다 못해 k, g 발음이 탈락하는 현상이 보여집니다. 예를 들면 '그렇습니까?'라는 의미의 "쏘데스까(そうですか)?"는 "쏘데승아?"처럼 들리는 거죠.

중국의 경우에도 북경을 중심으로 한 표준 중국어인 만다린어가 가장 부드럽게 들리긴 하는데, 역사적으로 북방 민족이 화북 지역을 자주 정복하면서 받침이 거의 없고 모음이 단순한 북방 유목민 발음이 유입된 것도 큰 원인입니다. 우리나라가 삼국시대에 중국으로부터 한자를 수입할 때, 당시 중국어 발음도 그대로 가져왔음에도 현재의 중국어 발음과 많이 다른 이유가 그런 원인 때문입니다. 이런 옛 중국어 발음이 가장 잘 남아있는 방언은 4~5세기 북방 민족이 침략한 5호16국 시절에 강남으로 피난간 화북 중국인들의 언어인 '객가어(客家語)'이지요. 게다가 표준 중국어의 성조가 4개인 반면, 객가어는 6개나 된다네요. 남방 중국어의 영향을 많이 받은 베트남어도 6성조이지요. 🐻

우리나라는 고려시대 이후 경기도 지역이 중심 지역이 되면서 수도를 중심으로 동심원 형태로 외곽으로 갈수록 발음이 점점 강해지는 경향을 보입니다. 그래서 경남, 전남 해안 지역이 가장 억센 발음을 갖고 있지요.

'이 작은 나라에 무슨 사투리가 이렇게 다양하냐?'고 생각하기 쉽지만, 중국, 이탈리아 등 다른 나라에 비하면 차이가 적은 편이라고 합니다. 그러나 6.25 전쟁 당시 흥남부두에서 배를 타고 부산, 거제도에 내린 함경도 피난민들과 경상도 사람들 간에는 대화가 거의 불가능했다죠? 그래서 결국, 부산에 정착한 외지인들의 삶의 터전이 된 국제시장이나 부두에선 일본어로 서로 소통을 했다고 하네요. 당시 강원도 철원에서 피난오셔서 부산에 정착한 제 아버지의 증언이십니다.

이처럼 어느 나라에서나 각 지역마다 언어에 차이가 있다 보니 근대화가 진행되는 과정에서 표준어로 통일하고자 하는 노력이 지속적으로 전개됩니다. 이 같은 표준어 정책은 프랑스에서 시작했는데, 남부 프로방스와 코르시카 섬은 원래 이탈리아 땅이었고, 칸을 포함하는 남동부 해안 지역 역시 이탈리아 통일전쟁 시기에 군사 협조 명목으로 빼앗아 온 지역이라 대화가 불가능한 정도였다고 합니다. 게다가 알사스 – 로렌 지역 역시 게르만족 터전이다 보니 《표준 프랑스어 사전》을 편찬하고 학교에서 표준 발음으로 프랑스어를 교육하도록 강제한 것이 이후 다른 나라에 모범 사례가 됩니다.

이후 여러 국가에서 이를 본받아 표준어를 제정함으로써 언어의 통일을 추구하게 되는데, 영국에서는 명확히 규정하지는 않았지만 BBC뉴스와 왕족 발음을 표준으로 삼고 있습니다. 그런데 이 언어가 상류층 언어이다 보니 노동 계급에선 표준어를 쓰는 것에 거부감을 느껴 다른 단어로 대체하는 경향이 심해 말투만으로도 계층을 알수 있을 정도라고 합니다. 또한 스코틀랜드, 웨일즈, 아일랜드 현지거주 주민 역시 잉글랜드 런던 표준어를 사용하길 꺼려해 영국인 중불과 6%만이 표준 영국어를 사용한다고 하네요. 그래서 그런지 우리나라 학생인데 영국 내 사투리를 알려줘 영국인들에게 인기 폭발인 유튜버도 있어요. 🐻

미국은 영국에 비해 지역간 계층간 차이는 적고, 표준어 역시 워싱턴이나 뉴욕이 아니라 가장 많은 지역에서 쓰는 중서부 영어를 표준으로 삼는 특징이 있어요. 프랑스나 영국과 달리 연방제 국가이다보니 나온 타협안이겠지요.

다만 미국은 흑인이나 라틴계 이민자가 증가하면서 그들 특유의 영어가 광범위하게 퍼져 있어서 지역적 차이보다 인종적 차이로 인

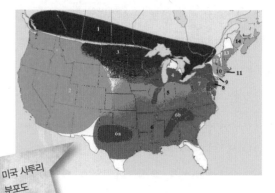

미국 사투리 분포도

한 차이가 더 크게 느껴질 정도이지요.

그런데 우리나라 사람들은 딱딱한 영국식 발음보다는 부드러운 미국식 발음에 익숙해서 그런지, 영국식 영어가 더 오랜 전통이 있는 발음이고 미국식 영어가 진화한 발음이라고 생각하는데…… 그건 가리지날입니다. 🐻

실제로는 미국 서부 영어가 가장 오래된 영어 발음이에요. 🐻 처음 미국에 정착한 영국인들이 쓰던 17세기 발음을 유지하면서 계속 서부로 이동한 거지요. 그 사이 영어의 본토, 영국은 기존 왕조에서 대를 잇지 못하게 되자 1714년에 독일 하노버 공작을 새로이 영국 왕 조지 1세(George I)로 모셔 오면서 독일어 억양에 가까운 영어 발음이 왕실 억양으로 굳어지고 지금과 같은 영국식 발음으로 바뀌게 된 겁니다. 🐻 그래서 현재의 미국 동부 발음은 1700년대 이후 영국에서 넘어온 이주민이 많아 그 사이 바뀐 영국식 발음과 억양에 더 영향을 받은 거예요. 즉, 미국 서부가 가장 오래된 영어 발음이고, 미국 동부 → 영국 본토 순으로 발음이 더 딱딱해지고 있는 겁니다.

독일 역시 중세시대 300여 개의 소국가 연합이던 전통이 남아있는지라 미쿡처럼 연방제 국가죠. 워낙 북부 독일과 남부 독일 간 발음과 억양이 달라 다양한 지역 언어를 포용하는 표준 독일어를 제정했는데, 우연인지 몰라도 하노버 지역 억양과 가장 가깝다고 하네요. 하노버 지역이 영어는 물론 독일어 발음에도 큰 영향을 끼쳤군요. 🐻

이탈리아도 로마제국 몰락 후 1500여 년간 각 지역이 도시국가 형태로 분열되어 있다가 1870년에 통일이 되지만, 워낙 오랜 기간 따로 살아온지라 북부 지역과 남부 지역 사람이 만나면 대화가 안 될 지경이었다고 합니다. 하지만 미국이나 독일과 달리 북부 사르데냐 왕국에 의한 남부 점령 형태였기에 처음엔 수도를 토리노로 정했다가 이후 피렌체로 수도를 옮긴 시기에 표준어를 제정하면서 로마가 아닌 토스카나 방언을 표준어로 정했지요.

이처럼 유럽과 미국은 나라별 역사와 환경에 따라 표준어 제정 방식이 제각각이었지만 동북아 3국은 수도 방언을 표준어로 정하고 이를 전국으로 전파하는 프랑스 방식을 따르게 됩니다.

중국은 북경 중심의 표준 중국어, 즉 보통화(普通話)를 강력히 보급하고 있는데, 중국 국영방송인 CCTV 방송에서 아나운서가 잘못된 발음을 하면 벌금을 내도록 할 정도로 표준어 준수에 공을 들이고 있습니다. 일본 역시 공식적인 것은 아니지만 NHK 뉴스 아나운서의 발음을 표준으로 간주하고 있다네요.

우리나라의 표준어는 '교양 있는 사람들이 두루 쓰는 현대 서울말'이라고 원칙을 정하고 있는데, 이는 일제시대 때 조선어학회에서 처음으로 표준어의 정의를 내리면서 '표준말은 대체로 현재 중류 사회에서 쓰는 서울말로 한다'고 했던 것에서 유래한 것이죠.

해방 이후 빠른 시일 내에 국가를 재건하려던 상황에서 표준어의 보급을 통해 효율적인 행정과 교육을 제공해야 했던 시대적 상황을 충분히 이해하지만, 표준어의 원칙인 '교양 있는 서울말'이란 표현 자체가 매우 모호한데다가 마치 표준어를 안 쓰면 교양이 없는 사람인 양 여겨져 보이지 않는 차별을 드러낸다고 지적 받은 적이 많습니다. 실제로 오랜 기간 표준어 보급에 너무 힘쓴 나머지 심하게 사투리를 쓰는 사람은 방송 출연을 금지시킨 경우도 있을 정도였지요. 그런데 정작 1980년대까지 서울 사람들이 쓰던 표준어 '상치', '우렁쉥이', '미싯가루'를 애초 남쪽 지방 사투리였던 '상추', '멍게', '미숫가루'로 바꾸어버린 사례도 있는 등 우여곡절이 많았습니다.

앞 장에서 소개해드린 외솔 최현배 선생은 해방 이후 각종 기고문을 통해 모든 국민들이 표준어를 빨리 익혀야 한다고 강하게 주장하셨는데, 정작 본인은 경상도 울산 사투리를 고치지 못해 강의할 때 많은 학생들이 그 분의 강한 억양을 못 알아들어 애를 먹었다는 웃픈 에피소드가 전해져 옵니다. 🐻

그리고 최근에 이르러 사투리 속 다양한 단어 역시 소중한 문화유산임을 깨닫게 되면서 각 지역별로 자기네 사투리를 보존하려는 움직임이 활발하게 전개되고 있지요. 특히 사라져가는 제주어의 보존을 위해 애쓰는 단체가 많다고 알고 있습니다.

문법을 배우다 보면 과거에는 문법이 단출하다가 점차 복잡한 세상에 맞춰 정교해졌을 것이라고 생각하지만 실제는 점차 간소화되어 왔다고 합니다.

영어 이외에 다른 인도유럽어족 언어를 배우다 보면 부딪히는 게 명사의 성별(Gender)인데요. 라틴어, 독일어는 남성/중성/여성 등 3개, 프랑스어, 스페인어, 러시아어, 이탈리아어, 히브리어 등은 남성/여성 등 2개의 젠더로 명사가 일일이 구분되지요.

우리로선 왜 이런 쓸데없는 명사 젠더가 존재하는지 이해가 안 되는데, 원래 인도유럽어족의 조상뻘인 수메르어에서 인간/비인간으로 젠더를 구분했다고 합니다. 그러다가 유럽 언어의 근간이 되는 라틴어에서 인간 젠더가 다시 남성/여성으로 분화해 남성/여성/중성(비인간) 3개 젠더로 나뉘었고, 주격, 소유격, 여격, 목적격에 따라 동사 또한 제각각 변하기 때문에 하나의 동사가 격에 따라 16가지로 바뀌게 되는 거죠. 그래서 이들 언어는 아주 배우기 어려운 언어로 악명을 떨치는데, 재밌게도 독일어 문법이 가장 라틴어 원칙에 유사하답니다. 🐻

독일은 라인 강 남쪽을 제외하면 로마 바깥 야만지역이었기에 뒤늦게 로마 문명을 접하고선 소중히 그 문법 체계를 지켜왔지만, 오히려 로마제국 내 각 영토에서 분화된 남부 유럽어에선 라틴어 문법이 까다롭다 보니 본토인 이탈리아에서부터 프랑스, 스페인 등의 지역에서 중성 명사가 슬그머니 사라진 거죠. 그래서 실제로 고대 라틴어 발음을 연구할 때도 남부 독일어를 참고하면 된대요.

원래 영어에도 남성/중성/여성 젠더가 있었지만 11세기 노르만족의 대대적인 침공으로 인해 명사 젠더 체계가 무너졌다지요? 100여 년간의 전쟁 통에 목숨 부지하기도 힘든데 명사마다 격 따지게 생겼나요?

그래도 그 흔적은 아직 조금 남아 3인칭 단수 동사에선 '-s', '-es'가 붙고, 나라 이름, 배 이름을 다시 지칭할 때 여성형 대명사 'she'로 지칭하는 것이죠. 노르만족이 침공하지 않았다면……, 으휴~!

1066년 노르만의 침공,
헤이스팅스 전투

영어 공부가 더 머리 아팠을 겁니다. 감사해요~, 노르만. 🐻

참! 근데~, 명사가 3개의 젠더로만 분화된 건 양반이래요. 가장 젠더가 많은 언어는 오세아니아의 구르고니어라고 하네요. 젠더가 무려 15개! 🐷

우리나라 역시 문법이 간소화된 가장 큰 원인이 임진왜란이었다고 합니다. 요즘 들어 속어 등에 의한 언어 파괴에 대해 우려가 많은데요, 만약 100여 년 전 조선시대로 시간여행을 가더라도 당시 말을 알아듣기는 참 어려울 겁니다. 언어란 물 흐르듯이 흘러가는 것! 과거에도 그랬듯, 앞으로도 많은 변화가 있겠죠?

04

나성에 가면 편지를 띄우세요, 뚜비뚜와~

지금부터 수년 전, 중학생이던 조카가 놀러왔는데 "나성에 가면 편지를 띄우세요~ 뚜비뚜와 뚜비뚜와~" 노래를 흥얼거리는 겁니다. 너무 신기해서 "어떻게 이 옛날 노래를 아니?"라고 했더니, 얼마 전에 본 영화 '수상한 그녀'에 이 노래가 나온다는 거예요.

그러면서 "근데 이모부. 나성이 도대체 어디예요? 지도를 암만 봐도 없어요."라고 묻는 거예요. 🐻

그래서 제가 "나성은 LA, 미국 로스엔젤레스야. 옛날엔 그렇게 불렀어."라고 했더니 "으잉? 왜 LA를 나성이라고 했대요?"라며 의아해하더군요. LA를 나성(羅城)이라고 쓴 건 19세기 중국에서 시작된 겁니다. 🐻

지금도 중국은 외국 지명이나 인물을 한자로 음역해 쓰는 경우

LA. 가보면 뭐 그다지~. 미국 서부에선 샌프란시스코가 최고 예쁜 도시 🐻(pixabay.com)

가 많은데, 코카콜라를 '可口可樂'이라 쓰는 것도 이런 원리죠. 당시 중국인들이 로스엔젤레스를 다 표기하기 어렵다 보니 '로스'와 가장 비슷한 음이 나는 한자로 고른게 '羅城'이었어요. 이 표기법이 우리나라로 들어올 때 한국식 한자 발음에 두음법칙까지 적용되어 '나성'이 된 거고요.(일부 포털사이트에선 LA를 무식하게 '라'라고 읽어서 '라'(羅)＋도시(城)란 의미로 羅城이라 지었다는 엉터리 정보도 있습니다만…….)

우리나라에서도 1970년대까지는 많은 외국 지명을 이처럼 중국이나 일본에서 음역한 것을 그대로 표기한 경우가 많았습니다. 프랑스는 불란서(佛蘭西), 스페인은 서반아(西班牙), 러시아는 노서아(露西亞), 터키는 토이기(土耳其), 네덜란드는 중심 지역이 홀란드(Holland)이다 보니 화란(和蘭), 이집트는 애급(埃及), 이런 식으로요. 그래서 구약성서 '출애급기(출애굽기는 잘못된 음차 표기예요. 애급이 옳은 표현입니다.)'는 '애급'에서 출(出)한 이야기, 즉 이집트 탈출이란 의미이지요.

당시 한 여학생이 1980년대에 세계적으로 인기를 얻은 노르웨이 출신 그룹 아하(a-ha)의 팬으로서 그들의 언어인 노르웨이어를 배우겠다는 생각에 노어노문학과에 진학했다가 그 '노' 자가 노르웨이가

아니라 러시아란 사실을 뒤늦게 알고 땅을 치며 눈물을 흘렸다던 슬픈 이야기가 전해지고 있어요. 🐻

도시도 LA가 나성이라 불린 것처럼 샌프란시스코는 상항(桑港), 홍콩은 향항(香港)이라고 표기했어요. 독일의 베를린은 백림(伯林)이라고 표기했는데, 1960년대 우리나라를 떠들썩하게 만들었던 동백림(東伯林) 사건의 무대가 바로 동베를린이었던 거지요. 당시 제가 아직 초등학생 때라 신문을 읽으면서 그게 '동백나무 숲'에서 생긴 사건인 줄 알았습니다. 🐻

미국(美國)은 '아메리카'의 '메'와 유사한 중국 발음 글자가 '美〔mei〕'여서 중국인이 '메나라(美國, 메이구오)'라고 부른 걸 우리나라에서도 여전히 사용하지요. 악센트상 '어' 발음이 약하다 보니 '어메리카'라 들려서 애초엔 '미리견(美利堅)'이라 표기했다가 한 글자를 줄인 거지요.

영국(英國) 역시 '잉글랜드'에서 '잉'과 유사한 중국 발음 글자가 '英〔ying〕' 이어서 '잉나라'라고 부른 걸 우리도 지금까지 쓰고 있는 겁니다. 영국은행(Bank of England)을 영란은행(英蘭銀行)이라고 부르는 것도 '잉글랜드'에서 '잉'과 '랜'을 줄여서 표기한 거지요. 어떤 분은 그 은행이 영국 – 네덜란드 합작이라서 그렇다고 우기시던데, 어느 나라가 국가 중앙은행을 딴 나라랑 합작합니까! 🐻

호주(濠洲) 역시 오스트레일리아에서 첫 두음 '오스'와 가장 유사한 중국어 발음 한자를 찾다 보니 나온 글자이지요. '로스'와 '오스' 발음이 비슷한데 왜 '스' 자리에서 城이 아닌 洲를 썼냐면요, LA는 도시인 데 반해, 당시 호주는 아직 독립하기 전 영국의 주(state)여서 미국 50개 주와 마찬가지로 주(洲)로 표기해 글자로서 의미 차이를 뒀다고 하더군요.

독일 역시 도이칠란트(Deutschland)라는 본토 발음으로 불러주는 게 맞죠. 중국인들은 덕국(德國)이라 불렀지만 일본인들이 '도이치'를 한자 음차해 독일(獨逸, 도이치)라고 표기한 걸 우리도 지금까지 쓰고 있는 겁니다.

그래서 중국어나 일본어에선 발음이라도 유사한데 우리나라로 넘어와선 우리식 한자음으로 읽다 보니 전혀 다른 발음으로 나라 이름을 부르는 거예요. 아마 해당 국가에선 자기네 나라 이름을 그렇게 부르는 것에 대해 꽤 황당할 겁니다. 🐨 이제는 가급적 본디 발음대로 불러주는 게 대세가 되긴 했는데, 여전히 미국, 영국, 호주 등의 명칭은 예전 중국식 표기대로 적고 발음하는 경우가 많습니다.

이처럼 한자식 표기는 많이 개선되었지만, 또 하나의 문제가 남아있습니다.

비(非)영어권 국가명 중 상당수를 현지어 발음이 아닌 영어 기준으로 표기하는 것 또한 개선되어야 합니다.

예를 들면 스페인(Spain)이란 국호는 예전 국가 명칭이니 현재 사용 명칭에 맞춰 '에스파냐(Espana)'라고 변경해줘야 하며, 멕시코(Mexico)는 에스파냐어 사용 국가이니 에스파냐어 발음에 맞춰 '메히코'라 불러줘야 맞습니다.

그런데 또 어떤 나라 명칭은 영어 발음 대신 현지 발음에 맞게 부르기도 합니다. 영어로는 벨지움(Belgium)인 벨기에(Belgie)를 벨기에라고 부르고, 영어권에선 아르젠티나라고 발음하는 아르헨티나(Argentina)도 제대로 된 에스파냐어 발음인 '헨'이라고 부르니까요. 그러고 보니 대체 왜 국가별로 표기법이 제각각인지 모르겠네요.

오스트리아 역시 원래 발음은 동쪽 나라라는 의미의 독일어 '외스터라이히(Österreich)'이고요. 동유럽 국가 중 하나인 루마니아(Romania)의 경우, 현지 발음으론 '로므니아'에 가깝다고 합니다. 나라 이름 자체가 '로마인의 나라'이니 더 의미가 명확해지기도 하고요. 체코는 '체크(Czech)'로 바꿔야 하는데요, 예전엔 체크+슬로바키아여서 가운데에 결합어 'O'가 들어가 체코슬로바키아(Czechoslovakia)였지만, 이제 두 나라가 갈라섰으니 'and'에 해당하는 'O'발음은 제외해야 맞는데 왜 '체크'라고 안 고치는지 모르겠어요. 🐻

그게 뭐 대수냐 싶겠지만 입장 바꿔서 어느 나라에서 우리나라 명칭을 일본식으로 '간고꾸'라고 부르고 있다면 얼마나 기분 나쁠까요?

옛 노래 하나 설명하다가 조카 붙잡고 강연을 했네요.(아~ 그래서 요새 안 놀러오나? 🐻

그럼, 이제 주제를 바꿔서 노래 자체를 얘기해보면요. 🐻

'나성에 가면'은 1980년대에 음치들이 좋아한 노래이기도 합니다.

나성에 가면 편지를 띄우세요
중간 생략, 중간 생략
안녕 안녕 내사랑

요렇게 간단히 부르면 노래 부른 걸로 하고 넘어갔거든요. 당시엔 대학생들이 저녁에 학교 앞 식당에서 밥먹고 그 자리에서 노래도 많이 불렀어요. 노래방이 없던 시절이라서요. 그런데 '나성에 가면'은 정말 발랄 쾌활한 곡이지만, 가사를 찬찬히 뜯어 보면 굉장히 슬픈 노래입니다.

일단 가사를 보시죠.

나성에 가면 편지를 띄우세요

사랑의 이야기 담뿍 담은 편지

나성에 가면 소식을 전해줘요

하늘이 푸른지 마음이 밝은지

즐거운 때도 외로운 때도 생각해주세요

나와 둘이서 지낸 날들을 잊지 말아줘요

나성에 가면 편지를 띄우세요 함께 못 가서 정말 미안해요

나성에 가면 소식을 전해줘요 안녕 안녕 내사랑

나성에 가면 편지를 띄우세요

꽃 모자를 쓰고 사진을 찍어 보내요

나성에 가면 소식을 전해줘요

예쁜 차를 타고 행복을 찾아요

당신과 함께 있다하면은 얼마나 좋을까

어울릴 거야 어디를 가든 반짝거릴텐데

나성에 가면 편지를 띄우세요 함께 못 가서 정말 미안해요

나성에 가면 소식을 전해줘요 안녕 안녕 내사랑

노래가 발표된 건 1978년. 길옥
윤 씨 작사 · 작곡에 세샘트리오가
불렀습니다.

1989년 여행자유화 이전에는 공
무나 기업체 출장이 아니면, 평범한
보통사람이 여행으로 미국을 갈 방
법이라곤 미국에 거주하는 친척이나
지인의 초청장 및 보증서를 첨부해 심
사를 받는 방법밖에는 없었습니다.

'나성에 가면'을 부른
세샘트리오 (구글 이미지)

이 노래 가사를 보면, 연인 사이이던 여성이 미국으로 이민을 가
게 된 거죠.

당시 한국과 미국은 삶의 질에 엄청난 차이가 있었기에 노랫말처
럼 예쁜 차를 타고 싶고 행복을 찾아서 '아메리칸 드림'을 꿈꾸며 많
은 이들이 미국, 특히 LA 지역으로 이민을 갔지요.(1978년 당시 대한
민국 1인당 국민소득은 1,431달러에 불과했어요. 지금은 3만 달러이니 40여
년 만에 21배나 늘었네요.)

그런데 이들은 결혼한 사이가 아니니 이 노랫말의 화자가 따라
갈 방법이 없는 겁니다. 완전 생이별. 🐻

당시엔 인터넷(internet)이라는 것이 미 국방부의 극비 정보망이어

서 그런 게 있는지도 몰랐던 시절. 집에 전화가 없는 경우도 허다했고, 국제전화도 전화국에 미리 신청을 하고 기다리고 있으면 교환수가 미국에 전화해 상대방의 수신 승낙 여부를 확인하고 다시 신청자에게 전화해 연결해주는 방식이었어요. 그럴 수밖에 없는 게 미국에서는 수신자도 50% 비용을 내야 하니까요. 따라서 비용도 어마무시하고 그 여성의 부모님이 전화 연결도 안 해줄 거 같으니 편지를 띄우라는 거죠. 다시 만나기는 글렀다고 생각하면서요. 🐗

이처럼 미국으로 간 애인에게서 유일하게 받을 수 있던 국제우편이 빨라야 2주, 길면 1달이나 걸려서 오던 시절이 그리 오래된 과거가 아닙니다.

국내조차 시외전화가 전국 자동화된 게 88 서울 올림픽을 한 해 앞둔 1987년도입니다. 🐤 당시 가수 김혜림이 'DDD' 노래를 불러 대히트를 했지요.(Direct Distance Dialing 장거리 직통 공중전화)

그로부터 불과 30년 뒤에 휴대폰만 있으면 실시간으로 전 세계 누구와도 음성 통화 및 영상 통화가 가능한 시절이 되었네요.

1990년대 가요 중 "삐삐 쳐도 아무 소식 없는 너~"란 노래 가사가 있었는데, 노랫말 가사를 보면 그 시대 상황을 잘 알 수 있죠. 🐗

추억의 노래 하나 갖고 엄청 떠들었네요. 휴~.

05
우리말 사용의 올바른 '도리'를 찾아서

한국영화에 나온 옛 노래를 소개한김에 수년 전 히트한 외국 애니메이션 관련 이야기를 빙자해 우리의 언어 현실에 대해 이야기할까 합니다.

지난 2016년에 히트친 애니메이션이 하나 있었지요. 제목은 '도리를 찾아서'.

건망증 심한 물고기가 잃어버린 부모님을 찾으러 가는 스토리라기에 "그렇지! 물고기도 부모님을 지극정성 모시는 도리(道理)를 찾아야지." 라는 의미로 지은 제목이라고 생각했더니만, 아뿔싸! 그 물고기 이름이 도리(Dory) 라고 합디다. 🐻

영어 단어 Dory는 '몸통이 좁고 입이 아주 큰 물고기 종류'나 '소형 어선'을 일컫는 단어라네요. 🐻

애니메이션 '도리를 찾아서'.
저 퍼런 물고기가 도리예요
애니메이션 '니모를 찾아서'
(© Disney , Pixar) (구글 이미지)

이 애니메이션은 무려 13년 전 '니모를 찾아서'의 속편인데요.

혹시 '니모를 찾아서'의 주인공, 니모(NEMO) 이름이 어디서 유래한 건지 아세요?

프랑스 SF소설가 쥘 베른(Jules Verne)이 1869년 발표한 소설 《해저 2만 리(20000 Leagues under the Sea)》에 나오는 수수께끼 잠수함 노틸러스 호의 함장, '네모(NEMO)' 선장과 동일한 이름입니다!!! 🐨

네. 알파벳을 쓰는 문화권에선 애니메이션 제목 〈Finding NEMO〉를 보는 순간, 워낙 유명한 《해저 2만 리》의 네모 선장 이름이 나오니 '바닷속 모험 이야기이겠구나!'라고 바로 연상할 수 있는데, 우리나라에선 소설 《해저 2만 리》에는 'NEMO'를 프랑스 말음으로 '네모'로 번역했다가, 영화 제목에는 영어 발음대로 '니모'라고 써 놓으니 둘 사이가 전혀 연결되지 않는 거예요. 🐨

비록 프랑스 소설이지만 미국은 쥘 베른의 상상력에 경의를 표해 처음 만든 원자력 잠수함의 이름을 소설 속 네모 선장이 몰던 '노틸러스(Nautilus) 호'라고 지었을 정도로 SF소설에 대한 대우가 각별하죠.

그런데 프랑스어 'Capitaine Nemo'는, 영어로 'Nowhere Captain'에 해당된다고 합니다. 즉 네모 선장은 '어디에도 없는 선장'이라는 의

쥘 베른의 소설
《해저 2만 리》

미이지요. 멋있는 이름이네요. 어릴 적 그 소설을 읽을 땐 선장 얼굴의 턱이 네모 모양으로 생겨서 네모 선장인 줄 알았단 말이에요. 🐻

그런데 이 네모 선장이 어디 출신인지 아세요? 《해저 2만 리》에선 미스터리한 존재로만 나오는데, 원래 인도의 작은 왕국, 다카르(Dakkar)의 왕자였습니다. 두둥! 🐨

인도가 영국 식민지가 되자 독립을 위해 싸우다 감옥에 갇힌 사이 아내와 딸이 영국군에 의해 살해되고 자신의 왕국이 폐허가 되자 노틸러스 호라는 첨단 잠수함을 만들어 바다를 누비며 서구 각국의 함선을 공격하며 제국주의와 싸우고 있었던 겁니다. 처음 듣는다고요? 제가 지어낸 게 아니라 쥘 베른이 《해저 2만 리》 발간 5년 뒤인 1874년에 발표한 《신비의 섬》에서 네모 선장의 비밀을 공개했답니다. 네모 선장의 슬픈 과거를 밝히며 프랑스의 최대 라이벌 영국을 은근히 깐 건 덤. 🐻

일본도 《해저 2만 리》를 재활용한 '이상한 바다의 나디아', '캡틴 하록(애꾸눈 선장)' 등의 애니메이션을 만들었지요.

우리나라에서는 인기가 적지만 SF 및 추리소설은 과학 강국에선 굉장히 인기 있는 분야입니다.

제가 계속 SF소설이라고만 썼는데, 공식 번역어인 공상과학소설이란 명칭이 마음에 들지 않아 굳이 영어 약어로 쓴 겁니다. 영어로는 분명 'Scientific Fiction(과학 소설)'인데, 어째서인지 우리말로는 앞에 '공상(空想)'이란 접두어가 붙어요. 공상이란 게 '현실적이지 못한 생각'이란 의미인데, 과학소설을 그저 허황된 이야기로 치부해 온 것 같아 씁쓸하네요. 우리나라를 발전시켜 나갈 수 있는 근본은 과학 기술의 발달에 있는데 여전히 과학자는 찬밥 신세네요. 알파고 같은 인공지능 개발자들이 이런 SF소설을 읽으면서 인간과 유사한 시스템 개발에 영감을 얻은 건데 말이죠. '인문학과 공학의 만남'이라는 것이 인문학도에게 코딩을 가르치라는 게 아니라 이런 걸 의미하는 거 아닐까요?

그 비슷한 예는 또 있습니다.

'쌤소나이트(Samsonite)'라는 가방 브랜드 아시죠? 튼튼한 여행용 가방으로 큰 인기를 끌고 있는데요. Samsonite는 '삼손(Samson)처럼 튼튼해요'란 의미랍니다. 아~, 삼손이 누군지 모른다굽쇼. 🐻

구약성경에 나오는 이스라엘 판관인데 힘이 엄청 센 사람이었대요. 그리스 신화로 치면 헤라클레스 같은 천하장사입니다. 그러나 머리카락이 잘리면 힘을 못 쓰는 비밀을 간직하고 있었는데, 데릴라

란 애인이 라이벌 부족 블레셋의 꾀임에 빠져 이 천하장사의 머리카락을 잘라 결국 죽음에 이르게 하죠.

어쨌거나, 영어로는 'Samson → Samsonite'가 자연스레 연상되는데, 우리말에선 삼손과 쌤소나이트의 연결 고리가 없는 거예요.

중국에선 '아이언맨(Iron Man)'이 '강철협(鋼鐵俠)'으로, '캡틴 아메리카'가 '미국대장(美國大將)'으로 번역되었는데, 이처럼 수천 년 세월 동안 우리가 중국, 일본, 미국 등을 거쳐 외래 문물을 전수받으면서 얼마나 많은 지식이 이런 식으로 왜곡된 채 들어왔을지 아연한 생각이 들었습니다. 🐻

예를 더 들어볼까요?

중국으로부터 들어온 서적 중에서 널리 암송되는 불경《반야바라밀다심경》의 마지막 후렴구가, '揭諦 揭諦 波羅揭諦 波羅僧揭諦 菩提 娑婆訶(아제 아제 바라아제 바라승아제 모지 사바하)'인데요.

앞부분 경구들은 다 한글로 뜻 풀이가 되어 있지만 그 구절은 아무 번역이 되어 있지 않아 모 스님께 여쭤본 적이 있습니다. 하지만 그 스님은 "모든 것을 일일이 해석하려 하지 말고 암송하며 깨우치라."고만 하셨죠. 그럴 여유는 없어 여기저기 찾아 보니, 원래 그 문장은 인도 산스크리트어로서 'Gate gate paragate parasamgate bodhi svaha(가테 가테 파라가테 파라삼가테 보디 스바하)'이더군요. 뜻은 '가자, 가자, 피안으로 가자, 피안을 넘어 깨달음을 얻자'란 의미입니다.

이걸 중국에서 받아들이면서 유사한 발음이 나는 한자로 옮겼고, 다시 우리나라에 들어오면서 한국식 한자음으로 암송하는 상황인 거죠. 심지어 온라인에선 경상도식 해석이라며, '아저씨, 아저씨, 보세요 아저씨'란 우스개 풀이마저 존재하는 상황입니다. 그러다 보니 수천 년간 중국을 거쳐 들어온 다른 문서들에서도 한자로 옮겨진 타민족 언어의 본 의미를 잘못 이해해 엉뚱한 해석을 했을 경우가 많았을 겁니다.

다른 언어 번역 시에도 마찬가지 사례가 많지요.

1911년 노벨 문학상을 탄 모리스 마테를링크(Maurice Maeterlinck)의 《파랑새(L'Oiseau bleu)》란 소설이 있습니다.

오랫동안 그 소설의 주인공은 '찌루찌루'와 '미찌루'로 알려졌지요. 1980년대에 히트한 '파란나라'라는 노래에서도 "난 찌루찌루의 파랑새를 알아요. 난 안델센도 알고요~."라는 가사가 있고요. 하지만 이건 가리지날! 진짜 그 주인공들의 이름은 '틸틸'과 '미틸'이었습니다. 일본 번역본을 한국어로 다시 번역하다 보니 일본어의 표기 한계로 인해 왜곡되어 적힌 '찌루찌루', '미찌루'란 발음을 아무 의심없이 받아들인 거지요. 🐱

심지어는 일본어 오리지날 단어를 우리말로 번역하면서 잘못 해석한 경우도 있습니다.

'부사'라는 품종의 사과 아시죠? 원래 이 사과의 이름은 새로운 품종이란 의미의 '후지(種)' 사과예요. 이걸 처음 들여오던 당시 '후지' 사과라고 표기하면 일본 사과라는 반감이 있을 것이라고 생각한 수입업자가 '후지산(富士山)'에서 만들었다는 의미라고 넘겨짚어서 '후지' 사과 대신 한국식 한자 발음인 '부사' 사과라고 알리는 바람에 지금도 그렇게 부르고 있는 겁니다. 🐻

그뿐만이 아닙니다. 한때 온라인 상에서 '야채'는 일본식 표현이니 '채소'라고 써야 한다고 주장해 널리 퍼진 적이 있는데요, 이 역시 가리지날입니다.

원래 우리 조상님들은 채소와 야채 두 가지를 각각 다른 의미로 쓰셨습니다. 채소(菜蔬)는 사람이 직접 재배한 식물을 의미한 반면, 야채(野菜)는 들에서 야생으로 자란 식물을 의미했습니다. 즉, 야채도 우리말이란 겁니다. 우리 후손들이 두 단어의 의미 차이를 망각

부사 사과, 일본의 후지산
(富士山) (pixabay.com)

했을 뿐이지요.

이처럼 오랜 기간 한자어를 사용하다 보니 본디 우리 고유의 단어를 잊어버려 한자가 우리말의 60~70%를 차지하는 현실에서 이제 서구 외국어까지 남용하고 있습니다. 🐻

게다가 외국어를 알파벳 표기 없이 한글로만 썼을 때 이해하기 힘든 경우가 여전히 많습니다.

예를 들어, 카풀의 경우 많은 분들이 'carfull'이라고 생각하지만 실제는 carpool이고, 대연회장을 의미하는 '그랜드 볼룸(grand ball room)'을 grand volume이라고 생각해 '그랜드 볼륨'이라고 쓰는 경우가 허다하지요.

사이코(psycho)처럼 영어 단어인 것 같은 '사이비'는 한자어 '似而非'이고, 놀이터의 시소(see-saw)는 '본다 보았다'란 영어이고, 선서할 때 외치는 '모토' 역시 한자어 '母討'가 아니라 신조나 좌우명을 뜻하는 영어 단어 'motto'란 사실을 알고 저도 깜짝 놀란 적이 있지요.

한자어는 더 많습니다. 최현배 선생이 한글 전용을 주장하면서 어려운 한자어를 가급적 새로운 우리말로 바꾸는 노력을 하셨는데, 대부분은 그 참된 의미를 모르고 그냥 한자를 한글로만 표기하다 보니 여러 오해가 생기고 있습니다.

대학생 시절, '실학은 근대 자본주의의 맹아'란 구절을 읽으면서 막연히 맹아(盲兒)가 '어린 시각장애인'이란 뜻인 줄 알고 '아~ 조선 후기 실학자들이 자본주의를 시도했지만 너무 이른 시기여서 결국 시각장애인처럼 헤매다가 실패했단 소리인가 보다.'라고 나름 해석했는데, 수 년이 지난 뒤 맹아(萌芽)가 실은 '새싹, 출발점'의 의미란 걸 알고는 어이없어 했던 기억이 납니다. 처음부터 '자본주의의 출발점'이라고 쓰던지 거 참~. 🐻

또한 '빨치산'이란 단어도 옛날 공산주의 게릴라 핵심 지역이던 러시아에 있는 산 이름인 줄 알았다는 거 아닙니까! 그게 프랑스어 '파르티잔(partisan)'이었다니……. 그냥 게릴라라고 하지.

또 하나 재미있는 건, '꼰대'가 일본어에서 유래한 거라고 생각했는데 알고 보니 원래는 프랑스어로 백작을 의미하는 '콩테(comte)'가 일본식 발음으로 와전된 것이더군요. 이완용 등 매국노들이 일본으로부터 백작 칭호를 받고는 스스로를 '꼰대'라 칭했다네요. 그래서 그 후부터 완장 찬 후 뻐기는 짓을 하는 이들을 비꼬며 '꼰대짓' 한다고 부르던 게 지금까지 이어져 오고 있는 겁니다. 🐻

세계적 성악가 조수미 씨가 부른 '밤의 여왕' 아리아를 참 좋아했는데요, 처음 언론에 소개될 때 모차르트의 오페라 '마적'에 나오는 노래라고 하기에 '아~, 옛날 유럽에도 말탄 도적떼(馬賊)가 많았나 보다. 그 두목이 '밤의 여왕'인가 봐!'라고 생각했지요. 그런데 나중에 알고 보니 '마적'이란 게 '마술피리'더라고요. 일본에서 '魔笛'이라 번역한 걸 그냥 그대로 한글로만 바꿨으니……. 🐻 사각지대란 말도 처음 이해할 땐 四角인 줄 알고 '아, 네모난 구역 모서리라 잘 안 보여서 그런가 보다.'라고 생각했는데 나중에 한자가 死角이란 걸 알고 얼마나 웃었는지요.

대학교 2학년 때 고등미적분학을 배울 때에는 영어 원서를 보기가 부담스러워서 번역본을 샀는데, 아뿔싸! 한자어는 죄다 한자로 표기해 더 이해가 안 되어 결국 영어 원서를 다시 샀던 경험이 있습니다. 뭐, 그 덕에 깨달았지요. 만일(萬一), 가령(假令), 단지(但只), 도대체(都大體)가 죄다 한자어란 사실을요. 🐻

반면 온 칠판 가득 한자와 영어만 마구 쓰시던 모 교수님이 생각을 '生覺'이라 쓰셔서 '생각이 한자어인가 보네.' 라고 알고 있다가 나중에야 순우리말이었다는 걸 안 적도 있습니다.

또 1988년 서울 하계올림픽 당시 마스코트 이름이 '호돌이'였던 걸 기억하실텐데요.

1983년 마스코트 발표 직전, 애초 전문가 의견에선 마스코트의 이름을 '범돌이'라고 하려고 했답니다. 그런데 여기저기서 난리가 난 거예요. "범돌이가 뭐냐? 호돌이가 더 낫지 않냐!" 등등 시끄러

위집니다. 이에 결국 국민 공모를 거쳐 압도적인 표 차이로 호돌이로 정하긴 했는데, 문제는 대부분의 우리나라 사람들이 Tiger의 순우리말을 호랑이라고 잘못 알아서 생긴 일이었단 거지요. 호랑이는 호랑(虎狼)에 '이'가 붙은 한자어입니다. 순우리말이 '범'이라고요. 🐯

1988 서울 하계올림픽 마스코트 '호돌이' (구글 이미지)

일본식 한자어와 발음도 각종 전문 학술용어나 산업 현장에 여전히 남아있습니다.

예전에 '남산 외교구락부(南山 外交俱樂部)'란 표기를 보면서 '구락부가 뭐지?'라고 궁금해 하다가 그게 '클럽(Club)'의 일본식 표기란 걸 알고 박장대소했지요.

아직도 우리 사회에선 쓸데없이 한자어로 된 어려운 용어를 남발하는 경향이 있습니다.

엘리베이터가 꽉 차면 '만원(滿員)'이라고 떠서 시골 영감이 "서울 놈들은 엘리베이터 타는 데도 돈 받냐!"고 화냈단 우스갯소리가 있고요. 아직도 회사나 학교에서 사용하는 용어 중에는 일상생활에선 거의 안 쓰는 결재 / 품의 / 상신 등 일본식 한자어가 많

외교구락부 (구글 이미지)

고, 공식석상 발표나 상장 등에 '품행이 방정하고, 심심한 감사를 표하며, 공사다망 하신 가운데, 양지하시기 바랍니다.' 등등 한글로는 도저히 감을 못 잡는 표현들이 많이 쓰이고 있는데 이 같은 용어도 순화시켜 나가야 합니다.

예전 초창기 코레일(철도청) 예약 홈페이지에서는 가는 기차를 선택하는 아이콘에는 '왕(往)편', 오는 기차를 선택하는 아이콘에는 '복(復)편'이라고 한글로만 써 놔서 제가 뒷목을 잡고선 '용어를 제대로 고쳐 달라'고 항의 메일을 쓴 적도 있어요. 다행히 그건 개선되었지만 여전히 KTX 기차표를 앱으로 예매하면 '탑승구 위치는 15분 전 표출'이란 이해 불가 메시지가 뜨는 등, 일반인들이 잘 이해할 수 없는 표현이 아직 많아요.

또한 일부 영화관이나 테마파크 안내문에 '지류 입장권'이란 표현이 나오기에 대체 이게 무슨 의미인가 했더니 '종이'를 지류(紙類)란 일본식 용어로 그대로 쓰고 있더군요. 대체 누가 일상생활에서 종이 입장권을 지류 입장권이라고 부릅니까? 🏆

전문용어 중에도 그런 사례가 많습니다.

의학 분야의 경우 2018년 BCG 백신 파동 당시, 주사제 종류가 '경피용(經皮用)'이니 '피내용(皮內用)'이니 해서 국민들이 엄청 헷갈려 했지요. 경피용은 '피부(皮)를 거쳐(經) 들어간다'는 뜻이에요. 도장처럼 꾸욱 눌러서 놓는 주사이지요. 이와 유사한 것이 '경구용(經口用) 약제'입니다. '입을 거쳐 들어간다', 즉 '먹는 약'이란 의미입니다. 🐻

반면 피내용은 '피부(皮) 내부(內)로 직접 들어간다'는 의미입니다. 즉, 주사 바늘로 찔러 피부 안 쪽으로 약이 주입되는 방식이지요. 한자로 보면 이해가 되긴 하는데, 이것을 그냥 한글로 써서 생기는 문제입니다. 그러니 처음 발표 당시부터 경피용은 도장형 주사, 피내용은 바늘 주사라고 했어야 합니다.

한편 먹는 약 중에 '서방정(徐放錠)'이라고 써진 게 있는데, 이게 '서방님이 먹는 약'이란 뜻이 아니라, '서서히(徐) 방출하는(放) 알약(錠)'이란 뜻입니다. 좀 일반인이 알기 쉽게 쓰면 안 되나요?

이런 사례가 나올 때마다 일부에서 "뜻을 명확히 하기 위해 한자를 병기하자."고 주장하는 경우가 있는데, 그건 해결책이 아니지요. 옆에 쓴 한자를 본들 이해가 안 되긴 마찬가지입니다. 그러니 알기 쉽도록 새로이 우리말 단어로 고쳐나가는 게 맞다고 생각합니다. 미국이나 유럽에서 책자에 일일이 유럽 언어의 원조인 라틴어를 병기하는 거 보셨습니까? 🐻

한자어를 순우리말로 교체한 것 중 가장 성공한 사례를 들라고 한다면 단연 '참이슬'이죠. 원래 진로(眞露) 소주였는데 그 의미가 '참眞 이슬露'이었기에 그냥 우리말로 바꾸기만 했는데도 새로운 느낌으로 다가온 겁니다. 🐻

이렇게 이해하기 힘든 한자어가 여전히 사용되는 건 다 일본식 한자어 표현을 그대로 가져다 써서 그렇습니다.

그런데 왜 중국 본토 번역이 아닌 일본식 한자어가 정착되었을까요? 이는 서구 문물을 수백 년간 받아들인 일본이 자기네 식으로 소화해낸 단어들이 구한말에 밀려 들어왔기 때문입니다.

　우리는 흔히 일본이 1868년 메이지유신을 통해 비로소 서구에 문호를 개방한 줄 아는데요, 이미 1543년 포르투갈과 통상을 시작하면서 조총을 받아들입니다. 이후 임진왜란 이전에 이미 조총과 총탄을 자체 제작하고 오히려 총탄을 포르투갈로 역수출까지 할 정도로 공업이 발전하지요. 그러나 포르투갈이 지나치게 천주교 선교에 열을 올리자 조선 침략 실패 후 새로 권력을 잡은 도쿠가와 막부는 천주교의 확대를 우려해 '천주교 선교를 하지 말 것, 1년에 한 번씩 세계 정세에 대해 보고할 것'이란 조건을 내걸게 됩니다. 하지만 포르투갈은 가톨릭의 수호자라 칭할 만큼 신앙심이 깊은 나라인지라 이 조건을 거부하는 바람에 1600년부터 통상에 참여하던 네덜란드가 해당 조건을 받아들여 1641년부터 독점으로 통상하게 되지요.

　일본은 네덜란드에 도자기를 팔면서 경제적 이익을 취했을 뿐 아니라 네덜란드로부터 들어오는 지식을 난학(蘭學)이라 부르며 적극 수입하고 있었고, 도쿠가와 가문 쇼군들은 네덜란드 무역대표로부터 매년 정기적으로 세계 정세에 대한 브리핑을 받습니다. 그래서 일본 막부는 매년 변하는 세계 정세를 들여다보기 시작한 상황이었던 반면, 여전히 조선은 통신사를 파견하면서도 일본의 부귀영화는 그저 '오랑캐에게 맞지 않는 사치'일 뿐이라 여기고, 정신 승리를 외치며 300여 년간 '중국 최고 그외 야만'이란 자세로 우물 안 개구리 신세였으니…… 🐻

　이처럼 일본은 서구 선진 문물 도입에 열정적이어서 의학 분야 역시 16세기부터 서구의 용어를 자기네 실정에 맞게 번역하기 시작해 심장, 신경 등 각종 용어를 일본식 한자어로 토착화했을 뿐 아니라, 적극적으로 서양 의학을 수용하고 자체적으로 발전시킵니다.

이런 상황에서 1881년 신문물을 배우고자 떠난 신사유람단이 일본 현지 견학을 통해 법학, 행정, 의학 등 서양 학문 용어를 일본식으로 번역한 자료를 수용했고, 이후 일제시대를 거치며 일본식 용어들이 정착되었던 것을 해방 이후 서서히 우리식 용어로 교정하는 단계인 것이죠.

이 같은 교정 작업 중 가장 대표적인 사례가 최근 널리 설치되고 있는 AED(Automated External Defibrillator)입니다. 애초 '자동제세동기'라고 번역했다가 '자동심장충격기'로 교정했습니다. 제세동기란 용어만 봐선 무슨 의미인지 모르겠죠? 🐻

'제세동기(除細動器)'란 단어를 풀어보면, '세동(細動)'을 제거(除)하는 기기(器)'란 의미입니다. 세동이란 심장의 '잔떨림' 현상을 의미한다는데, 풀어봐도 무슨 의미인지 모르긴 매한가지. 의

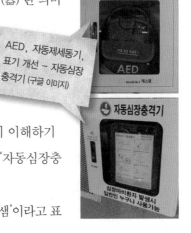

AED, 자동제세동기, 표기 개선 – 자동심장충격기 (구글 이미지)

료계에서도 이 용어가 일반인이 이해하기 어렵다는 사실을 인지해 그 후 '자동심장충격기'라고 고친 겁니다.

또한 '갑상선(甲狀腺)'을 '갑상샘'이라고 표

기를 바꿨는데 '선(腺)'을 줄(line)로 오인하는 경우가 많아 호르몬이 분비되는 곳임에 착안해 '물이 솟아나는 곳'을 의미하는 우리말 '샘'으로 바꾸었다고 하네요. 하지만 제 의견으로는 갑상(甲狀)이란 단어도 해당 기관이 방패(甲) 모양(狀)처럼 생겨서 붙인 이름인 만큼, 이 역시 더 적극적으로 '방패샘'이라고 바꾸는 게 더 이해하기 쉬워 보입니다. 신장(腎臟)도 콩팥이라는 예쁜 이름이 있는데 말이죠.

'포도상구균(葡萄狀球菌)'도 최근 '포도상알균'이라고 고쳐 부르는데, 구(球)가 작은 공 모양이란 의미여서 '알'로 바꿨나 봅니다. 하지만 이것 역시 '포도송이(葡萄) 모양(狀)의 알(球)처럼 보이는 균(菌)'이란 단어 뜻을 다 풀어 '포도송이알균'이라고 하는 게 어떨까 싶고, 마찬가지로 대상포진(帶狀疱疹)도 '띠(帶) 모양(狀)으로 줄줄이 물집이 생기는 증상(疱疹)'을 의미하는 만큼 '띠 물집' 등으로 바꾸는 게 일반인들의 이해도가 높아질 것이라고 생각합니다.

현재 우리나라에서 쓰이는 의학용어 7만 6000여 개 중 90%는 한글로 통일되어 있고, 대한의사협회에서 용어를 계속 다듬고 있다고 합니다. 그러나 일본식 용어인 독감(毒感)이 '독한 감기'로 오인된다며 영어식 표현인 '인플루엔자'로 바꾸고, 아토피, 에이즈 등 신종질환은 외국 용어를 그대로 사용하는 등 아직은 우리말 번역 성과가 조금은 아쉬운 상황입니다.

하지만 최근 삼성서울병원, 고대의료원이 공동으로 현재 병원에서 사용하는 3만 7000여 의료·간호용어를 표준화하는 등 의료 빅데이터 연구가 가속화되고 있어 의학계에서 우리 실정에 맞는 새 표기법을 계속 연구 중이네요.

이 외에도 법률용어나 행정용어에서도 최근 들어 일본식 한자어에 대한 순화운동이 시작되고 있어 다행이라고 생각합니다. 최근 행정 용어 중 바로 잡은 것으로는 가료 → 치료, 가용하다 → 쓸 수 있다, 거양 → 올림, 금명간 → 곧, 내용 연수 → 사용 연한, 당해 → 그, 별건 → 다른 건, 불상의 → 알 수 없는, 성료 → 성공적으로 마침, 수범 사례 → 모범 사례, 시건장치 → 잠금장치, 양도양수 → 주고받음, 적기 → 알맞은 시기, 초도순시 → 첫 시찰, 패용 → 달기, 하구언 → 하굿둑, 행선지 → 목적지 등이 있다고 합니다.

그리고 자녀를 키우다 보니 새삼스레 눈에 띄는 것이, 어린이들도 많이 이용하는 곳에서는 가급적 한자어를 쉽게 풀어 써주었으면 좋겠다는 생각이 들었습니다. 예를 들어 정수기에 '온수', '냉수' 대신 '뜨거운 물', '차가운 물'로 바꿔 붙이기만 해도 어린이 화상사고가 크게 줄어들 겁니다. 또한 '출입금지' 팻말도 '들어오면 위험해요'로 바꾸기만 해도 어린이 안전사고 가능성이 낮아지겠지요.

이처럼 우리 주변의 용어부터 우리말로 이해하기 쉽게 고쳐나간다면 더 나은 사회를 만들 수 있지 않을까요?

그런데 말입니다~, 사실 순우리말 중에서도 어려운 단어들이 많이 존재한답니다. 국어책에 나왔던 '시나브로'라는 단어는, '모르는 사이에 조금씩'이라는 의미였지요. 그런데 이보다 더 당황스러운 단어도 많아요.

혹시, '자몽하다'란 단어 아세요? 🐻

"앗 나 찾았어요???
내 이름이 자몽인데~."

과일 자몽과는 전혀 상관없는 말로, '졸릴 때처럼 정신이 흐릿하고 몽롱하다'라는 의미랍니다. 🐻 이 외에도 국어사전에서 찾아보면, '포도하다', '수박하다', '배하다', '감하다', '오이하다' 등 과일이나 채소 이름 같은 단어가 있어요. 뜻은…… 직접 찾아보세요~. 🐻 난감하신가요? 그래도 과일과 같은 이름으로 시작하는 단어 하나는 아시잖아요. '사과하다' 말이에요. 🐻 우리말이 이렇게나 오묘답니다, 여러분~. 🐻

마지막으로 애초 표준어가 아니었는데 국어사전에 기입되면서 본의 아니게 표준어가 된 단어도 있어요. 그것은 바로…… '간추리다'입니다. '골라서 간략하게 가려 뽑다'란 의미를 가진 '간추리다'는 '간추린 뉴스' 등의 표현에 자주 쓰이지만, 원래는 국어사전에 등재되지 않은 경상북도 사투리였다네요. 그런데 1956년 《민중서림 판 국어사전》을 교열하던 한 담당자가 집필진 몰래 어머니가 즐겨 쓰시던 '간추리다'를 사전에 집어넣었고, 이후 1958년 표준어로 등재되었다는 믿기 힘든 에피소드가 전해지고 있답니다. 🐻

오랫동안 우리 민족은 지식을 전수받는 입장이면서도 전수받은 내용을 우리 것으로 소화하지 않고 해당 외래어를 그저 전문용어라고 생각하며 해당 영역 내에서만 이해하던 경험이 지속되어 왔습니다. 이제는 우리 한글에 대한 자신감을 갖고 각 분야에서 순우리말 표현을 정립하고 전 세계로 지식을 전파하는 당당한 문화강국이 되었으면 합니다. 🐻

06
전 세계 가리지날 단어를 찾아서

앞서 우리 언어 생활 중 부적절한 용어를 사용하는 안타까운 사례들을 모아봤는데요. 외국에서도 이와 유사한 사례가 제법 많답니다. 🐻 시대 순으로 한번 살펴볼까요?

스핑크스의 비밀

여러분은 스핑크스(Sphinx)란 단어를 들으면 어떤 장면이 생각나세요? 이집트에서 피라미드 앞을 지키고 있는 사람 얼굴과 사자 몸을 한 스핑크스가 떠오르신다고요?

그래요. 아마도 저 사진 속의 길이 72m, 높이 20m인 거대한 조각

을 떠올리는 분이 대부
분일 겁니다.

그런데 이 조각물의
이름이 스핑크스란 건
가리지날입니다. 🐻

이 거대한 조각물을
스핑크스라 부르는 것

스핑크스

은 그리스인들의 오해에서 비롯된 거랍니다. 애초 이 조각물을 고대
이집트인들은 '하르마키스(Harmakhis)' 등으로 불렀는데, 이는 '호
루 엔 아케트(지평선의 호루스)'에서 유래한 말이라고 해요. 호루스
(Horus)는 이집트인들이 믿던 신 중 하나로, 이시스(Isis)와 오시리스
(Osiris)의 아들이에요. 매의 머리와 인간의 몸을 하고 있는 모습으
로 종종 묘사되는데, 아버지 오시리스를 죽인 세트(Set) 신과 대결하
여 승리함으로써 태양신이자 이집트 왕조의 시조가 되었다는 신화
를 갖고 있어요. 이에 이집트를 다스리는 파라오는 '태양신의 아들'
이라 칭했는데, 파라오가 죽은 뒤 무덤으로 만든 피라미드를 지키는
저 수호신 조각을 '지평선의 호루스'라 여겼던 거죠.

원래 스핑크스라는 이름은 그리스 신화에서 나오는 괴물 이름인
데, 제우스의 부인, 헤라 여신이 죄를 범한 그리스 테베의 왕 라이오
스(Laius)를 벌주기 위해 이집트에 있는 이 스핑크스 괴물을 보냈다
고 합니다. 이름의 유래는 그리스어로 '단단하게 묶다(Sphink)'에서
비롯되었으니 '목을 졸라 죽이는 자'란 의미이고 히드라, 키메라(키

'오이디푸스와 스핑크스', (귀스타브 모로 작품) (© 뉴욕 메트로폴리탄 박물관)

마이라) 등 다른 여성 괴물과 자매지간이라지요. 여자의 얼굴과 가슴, 사자의 몸, 새의 날개를 가지고 테베의 어느 깊은 산속에 살면서 그 산길을 지나는 사람에게 퀴즈를 내어 맞추지 못하면 목졸라 죽이고 잡아먹었다고 하죠.

그러던 어느 날, 코린토스의 왕자로 자랐지만 '아버지를 죽일 운명'이란 신탁에 충격받고 방랑하던 힙합 청년 오이디푸스가 이 길을 지나가다가 이집트에서 건너온 괴물 스핑크스에게 딱 걸립니다.

스핑크스 : "이봐, 젊은이. 내가 내는 문제를 풀어야 보내주겠크스. 못 풀면 오늘 내 식사가 될집트~. 아침엔 네 발, 낮에는 두 발, 저녁엔 세 발로 걷는 동물이 뭐지헬라?"
오이디푸스 : '왓더제우스 모르겠코린토스. 시간 좀 벌어보자푸스.' (이에 건들거리며) "Yo~ Man~!(어이 이봐.)"
스핑크스 : (힙합 용어를 몰랐던지라) "헉. 사람이라고 바로 맞추다니. 아 쫀심 상해드라."

그렇게 잘못 이해한 스핑크스는 굴욕감에 그만 바위에서 몸을 던져 자살해버렸다지 뭐예요. 그 덕에 힙합전사 오이디푸스는 괴물을 퇴치한 공로를 인정받아 테베의 왕이 되었다지요? 응 그게 진짜냐 고요? 그럴 리가요. 🐻

위 내용은 제가 그리스 신화에 힙합을 접목해 역사 개그로 개발한 건데, 아무도 안 웃었어요. 🐱

이처럼 유명한 그리스 신화 속 괴물 스핑크스는 이교도의 상징물임에도 심지어 중세시대 십자군 기사단이 세운 터키 보드룸 성에도 조각될 정도로 중동 및 유럽 지역에 널리 만들어졌어요.

유럽 여행 중 가장 만나기 쉬운 그리스식 스핑크스 조각물은 오스트리아 비엔나 벨베데레 궁전 뜰에 있답니다. 모르셨죠?

그런 신화를 알고 있던 그리스 인들이 이집트에 왔다가 '하르마 키스'를 봤는데, 날개는 없지만 사 람 얼굴에 사자 몸을 한 것을 보자, '아~, 이게 이집트에서 왔다는 전 설 속 괴물 스핑크스의 오리지날이 었나 보다.'하고 자기네 기준으로 생 각해버린 거죠. 🐻

비엔나 벨베데레 궁전 정원에 있는 그리스식 스핑크스 상. 어머 찌찌만 까매요. 🐻 (despositphotos.com)

그러나 이 이집트 가리지날 스핑크스 '하르마키스'는 사실 그 역사가 그리스 신화 시대보다도 더 이전이랍니다.

오랫동안 역사학자들은 이 이집트 스핑크스 상은 두 번째 피라미드를 건설한 카프레 왕(Khafre, BC 2558~2532)의 얼굴을 본떠서 만들었다고 생각해왔어요. 이 왕은 단군 할배보다도 200여 년 형님이십니다. 🐻

그러나, 자세한 지질 조사 결과, 피라미드와 하르마키스는 제작 방식이나 재질이 전혀 달랐대요. 피라미드는 멀리서 가져온 돌을 잘라 쌓은 거지만 하르마키스는 그 자리에 있던 큰 돌 하나를 조각한 거였지요. 게다가 하르마키스 몸통 사자 바위에선 1만 2000여 년 전 대홍수 시절 바닷물에 씻긴 흔적이 발견되었다고 주장하는 고고학자도 있답니다.

그래서 일부 학자들은 원래 이 조각은 피라미드를 수호하려는 의미로 만든 게 아니라, 피라미드 이전부터 존재했던 사자(Lion) 상인데 나중에 피라미드를 세우면서 사자 머리를 깎아 카프레 왕의 얼굴로 만든 거라고 주장한답니다. 하르마키스는 춘분날 태양이 떠오르는 정동(正東) 방향으로 세워져 천문학과 관련이 있는 건축물이며, 1만 500년 전에는 황도대에서 사자자리가 정동 방향에서 떠오르던 시대였다는 거예요. 실제로도 사자 몸에 비해 비정상적으로 스핑크스의 머리가 작기도 해요.

과연 최초에 이 가리지날 이집트 스핑크스 '하르마키스'를 만든 이들은 누구일까요?

또 하나 재미있는 사실은, 그리스 신화 속 여자 스핑크스의 최초 모델이 바로 이 하르마키스일 가능성이 크다는 겁니다. 실제 신화에서도 이집트에서 온 괴물이라고 나오지요. 거대한 이집트 하르마키스가 널리 알려져 이를 본떠 만든 작은 조각들이 바빌로니아, 미케아를 건너 고대 그리스까지 전파되면서 날개도 추가된 여성형 괴물로 변형되고 이름도 스핑크스로 바뀌었는데 그리스인들이 이런 사실을 모른 채 오리지날 조각 이름마저 자기네 아류작 괴물 이름으로 불러버린 거죠. 그 후 이집트는 몰락하고 그리스 문명이 서구에 전파되면서 원래 이름인 하르마키스 대신 그리스식 이름인 스핑크스로 널리 알려지게 된 것이죠.

즉, 과정이 이러했습니다.

사자 상 건축 → 머리만 파라오로 수정(하르마키스) → 다른 지역으로 모방 조각 전파 → 그리스에서 이를 바탕으로 스핑크스 신화 탄생 → 그리스인들이 이집트 하르마키스를 스핑크스라고 부름

또한 피라미드(Pyramid)란 단어 역시 가리지날입니다. 고대 이집트 현지 발음이 아니라 정사각뿔 모양을 의미하는 그리스어예요. 이처럼 그리스인들의 기록이 로마를 거쳐 유럽에 널리 알려지면서 이집트의 스핑크스, 피라미드, 중동 지역 페르시아 등 여러 명칭이 본래 이름 대신 그리스식 명칭으로 불리고 있어요.

그런데……, 정작 그리스라는 이름 자체도 가리지날입니다. 🐨

원래 고대 그리스인들은 그리스 신화 속 대홍수 이야기에서 살아남은 헬렌이 자기네 조상이라 여겼기에 자기네 나라를 '헬라스

(Hellas)'라고 불렀어요. 지금도 그리스인들은 자기 나라를 '엘라다(Hellada)'라고 불러요.

그리스를 의미하는 한자어 희랍(希臘)도 헬라를 음차한 거지요. 하지만 로마제국이 헬라스를 지배하면서 이 지역을 그리스라고 불렀고, 이 명칭이 영어에 정착되면서 현재 우리는 이 나라와 문명 이름을 그리스라고 부르고 있는 거지요. 마치 우리나라 이름이 대한민국이지만 외국에서는 고려에서 유래한 Korea라고 부르는 것처럼요.

각 나라의 흥망성쇠에 따라 서로 물고 물리는 가리지날의 향연~, 재밌었나요? 🐻

오리지날 기린을 찾아서

예전에는 흔하게 마시기 힘들었는데 가격이 낮아지면서 수입맥주 판매가 증가하고 있고 그 중 일본산 맥주도 꽤 잘 팔리고 있습니다.

기린 맥주
(구글 이미지)

아사히, 삿포로, 산토리, 기린 등 다양한 맥주 브랜드를 가진 일본이 맥주 소비량 세계 2위를 차지할 정도라고 하더군요. 이 중 기린 맥주는 오랫동안 일본에서 판매 1위를 달리던 맥주인데요.

이 기린 맥주의 로고를 보면 이상한 동물이 떡 하니 박혀 있습니다. 응? 이게 뭐냐고요? 이게 뭐긴요. 기린이죠. 기린 맥주인데…… 🐻

이게 바로 오리지날 '기린'입니다. 🐼 지금 우리가 알고 있는 목이 긴 동물은 가리지날 기린이고요.

지난 수천 년간 동양권에서 용, 봉황 등과 함께 상상 속의 신성한 동물이었던 '기린(麒麟)'은 사슴의 몸에 오색의 화려한 빛깔의 털을 가지고 있고 소의 꼬리, 말과 비슷한 발굽과 갈기, 이마에는 기다란 뿔이 하나 있는 외뿔 동물인데요. 서양으로 치면 유니콘과 유사해요. 그래서 예전에 영특한 아이를 가리켜 '기린아(麒麟兒)'라고 불렀지요.

이 가리지날 기린이 상상 속의 동물 기린과 똑같은 이름을 갖게 된 것은 실은 중국의 정치 이슈 때문이었습니다.

중국 명나라 영락제 시절인 1416년, 행방불명된 조카를 찾아오라는 명령을 받고 대함대를 이끌고 아프리카까지 원정을 다녀온 '정화(鄭和)'가 우리가 아는 지금의 가리지날 기린을 데리고 와서 황제에게 바칩니다.

그러자 신하들이 영락제를 칭송하며 이렇게 얘기했다죠?

신하들 : "우리황제 멋진황제

상상동물 기린출현

어찌아니 태평성대

얼쑤좋다 절쑤좋다"

그러나, 영락제는 멍청한 황제는 아니었나 봐요.

영락제 : "웃기지마 짜슥들아

　　　　저게기린? 뻥까시네

　　　　누가먼저 빰맞을래

　　　　자꾸그럼 나삐지삼"

그러나 이미 상상 속의 동물 기린이 나타났다는 소문이 퍼져 백성들은 '전설 속의 동물이 나타난 것을 보니 조카 자리를 뺏은 저 나쁜 황제가 진짜 하늘의 은덕을 받긴 받았나 보다.'라며 정통성을 인정하게 되어 뒤숭숭하던 정세가 안정되었다고 하네요. 🐻

이 영락제는 우리나라로 치면 조선 세조 같은 인물이죠. 원래 명

아 유 기린?

나라 첫 수도는 남경이었는데 조카로부터 황위를 찬탈한 뒤, 자금성을 짓고 북경으로 수도를 옮긴 인물이기도 하고요.

그래서, 아프리카에서 온 이 동물은 당시 중국 명나라 정부의 선전에 의해 본의 아니게 상상 속의 동물 기린과 똑같은 이름을 갖게 되었답니다. 🐻

'더치(dutch)'가 네덜란드라굽쇼?

이제는 거의 우리말로 정착되어 가는 외국어 중 '더치페이'란 단어가 있습니다. 국립국어원에서는 순우리말 '각자내기'를 사용하자고 권장하긴 하지만요. 그런데 국어학자들이 '순우리말'을 쓰자고 강조하시는데, 생각해보면 정작 순(純)도 한자예요. 이 단어도 바꿔야 할 대상 아닌가요? 🐻

참. 주제가 이게 아니었지?

대부분 더치페이(Dutch Pay)가 깍쟁이 네덜란드 사람들이 각자 밥 먹고 술 마신 후 음식값을 1/n로 낸 것에서 유래한 줄 아는데요.

dutch가 네덜란드란 건 가리지날입니다. 🐻 오리지널 Dutch는 독일(도이칠란트, Deutschland)을 의미했습니다. 🐻

원래 영국이 유럽대륙의 강국인 독일과 워낙 원수 사이였기에 영국인들은 각자 먹은 값을 따로 내는 건 '독일넘들이나 하는 쪼잔한 대접'이라는 비난의 의미를 담아 '도이치 트리트(Deutsch Treat)'라 불렸다네요. 그런데 시간이 지나면서 발음과 스펠링이 어려운 '도이치 (deutsch)' 대신 '더치(dutch)'로, '트리트(Treat)' 대신 '페이(Pay)'로 바뀌었다고 해요.

그랬는데 1600년대 네덜란드가 영국과 경쟁적으로 식민지 쟁탈전을 벌이게 되면서 악감정이 독일에서 네덜란드로 옮겨 가게 됩니다. 미국 땅 '뉴욕'도 원래는 네덜란드 식민지 '뉴암스테르담'을 영국이 전쟁으로 빼앗은 거예요. 그런 과정에서 영국인들이 원래는 독일인을 흉볼 때 쓰던 '더치페이'란 단어가 네덜란드를 비난할 때 쓰는 말로 변해버린 뒤, 400여 년이나 흘러 원래 dutch가 독일을 의미했다는 사실을 대부분 잊어버린 상태입니다. 🐻

"자기가 먹은 건 각자 내자고요~."
(구글 이미지)

왜 네덜란드와 유사성이 없어 보이는 'dutch'란 단어가 네덜란드를 의미하게 되었는지 이제 아셨지요?

보통 지식백과에 보면 1602년 네덜란드가 농인도회사를 세우고 영국과 식민지 경쟁에 나서면서 '더치페이'란 단어가 탄생했다고만 적혀 있는데, 이런 사연이 있던 거지요.

그런데, 각 나라마다 이러한 '각자내기'를 뭐라고 할까요?

– 러시아, 터키, 루마니아는 '독일식 내기'

– 스페인 언어권에선 '영국식 내기'

– 이탈리아에선 '로마식 내기'라고 부른대요.

결국 이런 깍쟁이 이미지는 독일이 압도적인 1위로 결정. 🐻

무적함대가 영국에 패배하면서 해상권을 잃은 스페인 언어권에선 '영국식 내기'라고 한 걸 보면 대부분의 유럽 국가들은 다들 가장 싫어하는 국가 이름을 넣어 '각자내기'의 의미를 나타내는데, 이탈리아는 오랜 기간 여러 도시국가로 쪼개져 살다 보니 내부에서 자기들끼리 서로 씹었군요. 🐻 🐻

그런데, 더치페이에는 또 한 가지 알아야 할 게 있습니다.

흔히 더치페이가 똑같은 금액으로 나눠 내는 소위 '1/n' 방식이라고 아시지만, 이것도 가리지날! 오리지날 방식은 각자 자기가 시킨 음식값을 내는 겁니다. 우리야 같이 시켜서 나눠 먹는 게 많아 그렇게 냉정히 따지기가 어려운 음식문화이긴 하지만, 엄밀히 말해 더치페이란 게 1/n이 아니라 각자 자기가 먹은 값을 내는 거라는 거 잊지 마세요. 이제 '더치페이'의 유래와 올바른 사용법을 안 당신은 모임에서 센스쟁이가 될 거예요~. 🐻

그리고, 이 같은 지명 유래를 찾다 보면 재미있는 사실들이 많지요. 영국의 일부 지역 이름이지만 흔히 영국을 대표하는 명칭으로 쓰이는 잉글랜드(England)가 무슨 의미인지 아세요? 대부분 앵글로색슨(Anglo-Saxon)족이 건너와 '앵글로인들의 땅'이란 의미로 잉글랜드라 불렸다고 알려져 있는데, 게르만어로 분석하면 좀 달라집니다.

이 단어는 Eng+Land란 두 단어가 합성된 건데요. 게르만어 계열에서 Eng은 '좁다'란 의미예요. 즉 대륙에서 볼 때 영국은 좁고 긴 섬이었기에 '좁은 땅'이라고 불린 거예요. 🐻

아, 그런데 영국의 정식 명칭은 뭐냐고요? 그레이트브리튼과 북아일랜드 연합 왕국(The United Kingdom of Great Britain and Northern Ireland)이지요. (어이쿠 길다. 🐻) 줄여서 U.K. 🐻

이와 비슷하게 영어에서 여성을 의미하는 woman이란 단어도 'wo+man'결합인데, 접두사 'wo'는 'with'란 의미의 게르만어 접두어랍니다. 즉, 여성은 'with man', 남성 옆에 있는 존재란 의미가 되는 거지요. 그러고 보니 인류라는 단어도 'mankind'이네요.

동양에선 여성에 대한 별도의 단어가 있지만 서구 언어에선 이처럼 단어 자체에 성별 차별이 존재하지요. 결혼 문화에서도 우리나라 전통 혼례에선 신랑 신부가 서로 마주보고 인사하는 반면, 서양에선 고대 로마의 약탈혼에서 유래한, 친정 아버지가 딸을 신랑에게 건네주는 방식을 따르고 있어 성(性) 차별적이에요.

과거 동양에선 서양에 비해 남녀 차별이 덜했어요. 조선시대 초기까지는 여성도 동등하게 재산을 상속받고 친정부모 제사도 모셨지만, 조선 후기 유학이 강조되면서 차별이 심해졌고 일제시대에 이르러 일본 문화가 더해져 여성 차별이 심해졌던 겁니다. 그러니 이제부터라도 남녀 차별을 해소하기 위해 서로 노력해야 한다고 생각합니다. 다만 지나친 페미니즘이나 남성 우월주의는 그 누구에게도 도움이 되지 않으니 서로 자제해야겠지요?

'펜실–베이니아'라고 끊어 읽으면 안 된다고요?

이야기가 옆으로 샜네요. 이미 옆으로 샜으니 다른 이야기도 하나 해야겠습니다. 🐻

이 책 첫 이야기에서 유럽인들의 아메리카 진출 역사를 소개해드렸는데요. 당시 신대륙에 이주한 유럽인들은 본인들의 기존 지명 명칭을 많이 따왔지요. 미국 동부 '펜실베이니아' 주도 그런 역사적 유래가 있어요.

예전 한 드라마에서 미국 유학파로 나오는 인물 중 한 명이 '펜실–베이니아'에서 공부했다고 발음하더군요. 그런데 이 같은 끊어 읽기는 미쿡인도 마찬가지랍니다. 전에 CNN 뉴스를 보는데 여성 리포터가 'Pennsylvania'를 '펜실–베이니아'라고 발음하더라고요. 너네도 별 수 없구나? 🐻

아~, 그럼 어떻게 읽어야 하냐고요? 🐻 유래로 보면 '펜–실베이니아'라고 해야 맞아요.

펜실베이니아 주 이름의 유래는 이렇습니다.

1600년대 후반 영국 찰스 2세(Charles II) 국왕이 절친인 펜(Penn) 공작에게 돈을 빌렸다고 합니다. 그런데 제때 돈을 못 갚자 펜 공작이 국왕에게 따집니다.

펜 공작 : "어이 임금. 왜 내 돈 안 갚고글랜드?"

찰스 2세 : "지금 세금이 안 걷혀유케이. 이노무 썩을랜드. 대신 아메리카 식민지 내 동생 땅 일부로 퉁치리카?"

펜 공작 : "시로시로시로~. 왜 내 돈을 영국 사람이 안 사는 불모지 땅과 퉁쳐런던? 나 삐칠 거랜드."

하지만 펜 공작이 협상 도중 죽자, 결국 1681년 아들인 윌리엄 펜(William Penn)이 찰스 2세로부터 울며 겨자 먹기로 그 땅을 받게 됩니다. 원래 그 땅은 1643년 스웨덴인들이 정착해 '뉴스웨덴'이라고 불렸는데, 1655년 네덜란드군이 그 땅을 빼앗습니다. 하지만 뒤이어 1664년 영국군에 패해 영국이 그 땅을 차지하게 되어 찰스 2세의 동생인 요크 공작에게 주었는데요. 영국이 명예혁명 이후로 귀족들의 파워가 센 나라였기에 돈을 갚지 못한 영국 왕이 동생에게 주었던 땅을 채권자 윌리엄 펜에게 넘겨버린 거예요. 🐻

이에 영국 왕을 쪼아 아버지의 유산을 챙긴 윌리엄 펜은 그리스-로마 문명에 심취한 소위 르네상스 덕후였대요. 그래서 자기네 소유가 된 순 나무뿐인 불모지를 그리스 신화에 나오는 숲속 낙원을 의미하는 라틴어 '실베이니아(Sylvania)'라고 불렀는데, 그 땅을 내준 찰스 2세가 "너네 가문 이름도 포함해서 불러야 하지 않을까?"라고 한소리 거들자 왕의 충고를 받아들여 그 후로 '펜(Penn) 가문의 실베이니아(sylvania)'란 뜻의 '펜실베이니아(Pennsylvania)'로 부르게 되지요. 그러니 발음할 때 '펜-실베이니아'라고 불러야 하는 거예요. 🐻

또 그가 1682년 개척한 신도시 '필라델피아'도 로마제국 시절 소아시아에 있던 도시 필라델피아(Philadelphia)(지금의 요르단 수도 '암만') 이름을 그대로 따오고, 직접 시원시원하게 직사각형으로 쭉 뻗은 거리로 설계해 미국 도시 건설의 모범이 되지요.

그런 식으로 도시 이름을 만들다 보니 미국, 캐나다에 유럽 도시와 동일한 지명이 많답니다. 캐나다엔 런던(London), 미국 텍사스주엔 파리(Paris)가 있지요. 1980년대 초 '파리, 텍사스'란 영화가 상영되었는데, 우리나라 관객들이 왜 프랑스 파리는 안 나오고 영화 내내 텍사스 촌동네만 나오냐고 항의한 바 있어요. 그 미쿡 텍사스 동네 이름이 '파리'인 줄 몰랐던 거지요. 🐻

다시 본론으로 돌아와서 이처럼 평소 그리스 – 로마 문명에 심취했던 펜 공작이 종교와 관련한 규제나 차별을 없애고, 선거를 통한 의회제도를 마련하고, 자체 법률과 주식거래소 등을 설립하자 종교박해를 피하려는 퀘이커 교도들과 상업지상주의 유대인들이 몰려 와 필라델피아는 미국 상업 활동의 중심지로 급부상합니다. 하지만 이들 자유주의자들의 각종 불평에 시달린 펜은 "이것들이 정말~, 보자보자 하니까 잘 해줘도 GRal이야!"라고 불평하면서 1700년에 영국으로 돌아간 후 두 번 다시 돌아오지 않았다죠. 🐻

이후 미국 독립전쟁 당시엔 최대 규모의 도시로 성장해 미국 독립 후 첫 수도가 되면서 1대 조지 워싱턴, 2대 존 애덤스(John Adams) 대통령

필라델피아 시청사
첨탑 위 펜 동상

이 여기서 집무했지요. 현재 필라델피아는 미국 민주주의의 기틀을 제공한 그를 기리기 위해 166m에 이르는 시청 첨탑 꼭대기에 윌리엄 펜 동상을 영국을 향해 세워놨어요.

그런데……, 이와 관련해 재미있는 이야기가 하나 있어요. 1987년에 이 시청사 건물보다 더 높은 빌딩이 세워진 후, 필라델피아 연고지의 야구, 농구, 아이스하키 등 각종 프로 스포츠 구단이 모조리 21년간 한 번도 우승을 못 했다고 합니다. 그러자 펜 공작이 자기 동상보다 높은 건물이 세워진 데 삐쳐서 필라델피아 연고팀에 저주를 걸었다는 '윌리엄 펜의 저주(Curse of William Penn)'라는 도시전설로 확대됐고, 결국 2007년 새로 만든 최고 고층빌딩 옥상에 윌리엄 펜의 동상과 독립 당시 성조기를 세우고 나서야 2008년에 야구 월드시리즈에서 '필라델피아 필리스'가 우승했다고 하죠. 미국인들도 나름 그런 미신을 믿나 봐요. 🐻

우리나라로 눈을 돌리면 롯데 자이언츠가 1992년 코리안시리즈에서 우승한 이후 30년이 다 되어가도록 지금껏 우승 못 하고 있는데, '신은 부산에 최고의 팬과 최악의 팀을 동시에 주셨다.'라며 가슴을 쥐어뜯는 부산 사람들도 뭐라도 해야 하지 않나 싶긴 하네요. 🐻

여튼 한 번에 발음하기 긴 단어는 한국이나 외국이나 두 음절씩 끊어 읽는 게 보편적인 현상인가 봐요.

그러다 보니 망매(죽은 여동생)을 그리는 노래 '제 - 망매 - 가'를 '제망 - 매가'로, 화랑 '기파랑'을 찬양하는 노래 '찬 - 기파랑 - 가'는 '찬기 - 파랑 - 가'로 잘못 읽는 경우가 허다하죠.

외국 단어들 중에서도 '레미제라블(Les Misérables)'을 흔히 '레미 –
제라블'로 읽지만, ' Les(프랑스어 남성여성 복수정관사)'에 'Misérables
(비참한 사람들)'이란 의미이니 '레-미제라블'로 읽어야 하지요. 마찬
가지로 '돈키 – 호테'는 '돈 – 키호테(Don Quixote), 중남미 국가 '엘
살 – 바도르'도 '엘 – 살바도르(El Salvador)로 읽어야 정확해요. 🐻

　이처럼 몇 개의 외국 가리지날 단어 사연을 알아봤네요. 이제는
역사 속 가리지날 단어 이야기로 넘어갈까 합니다.

07

Corea? Korea?

일본이 독도 망언, 위안부 부정 등 왜곡된 역사 인식을 계속 보여주면서 이에 대한 규탄이 계속 이어지고 있습니다만, 우리가 하는 비판 중엔 사실이 아닌 내용도 일부 섞여 있어 오히려 일본에 역공 빌미를 제공할 수 있기에 냉정하게 시시비비를 가릴 줄 알아야 합니다.

그 대표적인 예가 바로 우리나라의 영문 표기가 원래 'Corea'였는데, 일본이 알파벳 순서상 Japan보다 Corea가 먼저 소개되는 것에 배가 아파 J보다 뒤인 K로 바꾸었다는 주장이 꾸준히 이어지고 있는데요. 일본이 일제시대에 우리나라 영문 명칭을 Korea로 바꿨다는 건 가리지날입니다. 🐻

이 엉터리 정보로 비난하면 오히려 일본은 속으로 '잘됐다'고 외치며, "한국인들은 모든 부정적 사건을 다 일본 탓으로 조작한다니

뿐~."이라며 진짜 역사적 과오마저 한국인의 엉터리 주장이라고 부정하려 들 것입니다.

실상은 일본이 알파벳 철자 순서까지 따져 고친 게 아니라, 각 나라별 K 발음이 나는 알파벳에 따라 정해진 것입니다. 대부분 라틴어 계열 국가에선 C로, 게르만어 계열에선 K로 표기하며, 영어권에서 KOREA라고 된 건 1891년 미국, 영국 정부의 결정에 의한 것입니다.

그 얘기에 앞서 근본적인 질문부터 해봅시다.

우리나라의 명칭은 500여 년간 '조선'이었다가 1897년부터 14년간 '대한제국'이었다가 일본에 나라를 빼앗겼다 해방된 이후 '대한민국'이 되었는데, 왜 우리나라의 영문 명칭은 여전히 '고려'를 의미하는 'Korea'라고 부르는 것인지 이상하지 않나요? 🐻

그건 중국 당나라, 송나라가 역대 다른 중국 왕조와 달리 활발히 글로벌 교류를 하던 시대여서 당시 고려라는 국호가 상호 교역 과정에서 중동 지역까지 널리 알려졌기 때문입니다.

고구려는 장수왕 이후 고려라고 국호를 고쳤기에 수, 당 시절에도 이미 중국 내 고구려인들의 거주지를 '고려방(高麗坊)'이라 불렀고, 몽골 등지에서도 고려란 명칭이 기입된 유물이 남아있는 등 6~7세기에 이미 고려라는 이름이 알려지기 시작했어요. 그 후 고구려가 망하고 248년 뒤 왕건이 건국한 고려 초기 시절에는 지중해와 북아프리카까지 세력을 넓히던 이슬람 문명권이 동남아시아까지 팽창하던 시기여서 아라비아 상인이 송나라를 거쳐 개경 앞 벽란도 시장에서 '쌍화'란 아라비아 음식을 파는 식당을 열 정도로 세계는 글로벌화됩니다. 그러면서 자연스럽게 '고려=Corea'가 중국 너머 이슬람 권역까지 널리 알려지게 되죠. 이후, 몽골인이 건국한 원나라는 유라시아 대부분 지역을 제패하면서 제국 내 인구 이동이 자유로워져 고려에 오는 외국인도 증가했고 고려인들도 많이 해외로 진출했습니다.

하지만 원나라를 타도한 명나라가 쇄국을 시행하고, 우리나라 역시 고려를 이은 조선이 쇄국정책으로 일관해 500년간 중국, 일본 등 근처 국가들과만 교류하면서 자연스레 그 외 지역에서는 잊혀진 나라가 됩니다. 이후 조선 말기 고종 시절 '서양 오랑캐'들이 조선에 출몰하면서 비로소 서양 세계에서 불리고 있던 우리나라 명칭이 문제가 되기 시작합니다.

최초 발단은 이렇습니다.

1880년 미쿡 전권특사 슈펠트(Robert W. Shufeldt) 제독이 부산 항에 나타나 통상교섭을 요청합니다.

슈펠트 제독 : "안녕하십니메리카? 미쿡 제독 슈펠트이지유에스. 조선과 상호 통상을 하고자 합니스테이트. 미쿡 대통령 친서를 드리니 임금님께 전해주시면 감사하겠유나이티드."

조선 관리 : "어디 좀 봅시조선. 아니 감히 우리 대조선국을 'Great Corea'라 칭하다니 어이상실. 우리 태조대왕께서 멸망시킨 나라 이름이 고려이니 조선이라고 다시 쓰시오공자짱."

감히 우리 대조선국을 고려라고 쓰다니!

여러 자료에 Corea 또는 Korea라고 써 있거든!

슈펠트 제독

슈펠트 제독 : "마르코폴로 여행기 등 여러 자료에 너네 나라 이름이 Corea 또는 Korea라고 계속 쓰였습네브라스카. 아랍 애들도 코라이 (Corai)라 부르던데……. 일본도 자기 나라 이름은 Nippon이라 우겼지만 마르코 폴로가 사용한 Jipangu에서 유래한 Japan이란 이름으로 체결했는데 뭐가 문제이지메리카?"

조선 관리 : "어허, 어찌 감히 우리를 왜놈이랑 같이 취급하는건가 이 노무오랑캐~."

그래서 외교문서 수신을 단호히 거부합니다. 🐱

안그래도 병자호란 때 인조가 청 태종에게 항복한 직후, 청나라 용골대 장군이 나라 이름을 다시 고려로 바꿀 것을 요구했던 경력도 있어서 조선은 의도적으로 고려란 이름을 격하해왔는데 말이죠. 고릿적 이야기, 고린내 등 부정적 단어에 나오는 '고리'가 바로 '고려'

입니다. 高麗의 '麗' 자는 '리'로도 읽히거든요.

이처럼 조선 정부는 국호 문제를 트집잡아 미국의 통상 요청을 거절하지만, 청나라 국제 외교를 총괄하던 북양대신 리홍장(李鴻章)이 조선에게 미국과 수교하라고 권유하게 됩니다. 말이 좋아 권유이지 '좋은 말로 할 때 청나라 뜻을 거스리지 말라'는 의미를 간파한 고종은 수호조약을 준비하면서도 우리나라 이름이 Corea로 통용되는 것은 절대 원치 않던 상황이었기에 대신들을 모아 급히 알파벳 공부를 시키고, 중국과 일본의 외교 현황을 분석하게 한 뒤 1882년 조미수호통상조약을 맺게 되는데, 조약 체결 전 이미 리홍장이 미쿡 슈펠트 제독과 먼저 협상하게 됩니다.

> 리홍장 : "조선은 청의 지방정부일 뿐이다청. 그러니 조약서 내에 '조선은 청의 속방이다.'라고 꼭 넣어야 한다만주."
> 슈펠트 : "왓더퍽. 조선이 자주독립국이라 미쿡과 상호조약을 맺을 수 있는 건데 이게 뭔 Dog소리이지메리카?"

청나라가 미쿡과 소선의 협약을 강요한 건 1876년 일본이 조선과 강화도조약을 맺은 게 못마땅해서였습니다.

강화도조약 1장이 "조선은 자주독립국이다."인데 병자호란 굴욕 후 외교권을 청나라에 빼앗긴 조선이 감히 일본과 별도 협약을 맺어 청나라 간섭을 벗어나려 한다고 불쾌하게 여겨 다른 서구 열강을 통해 일본의 조선 공략을 견제하려고 한 겁니다. 즉, 당시 청나라의 조

선에 대한 태도는 마치 지금 중
화인민공화국이 대만(중화민국)
을 중국의 한 지방일 뿐이라고 국
제 사회에 어필하고 있는 것과 마찬가
지 상황이었습니다. 🐻

미국 슈펠트 전권특사
(구글 이미지)

  이 같은 사전 조율 후 인천 항에 마련
된 상호조약 체결장에 조선 대표로 신
헌, 김홍집 등이 참석하는데 영어를 할
줄 아는 사람이 없어 통역관으로 중국인
이 동석해 조선 관리가 한자로 글을 써주
면 그것을 영어로 통역했다고 합니다. 🐻

  다행히 조선에 우호적이던 슈펠트는
청나라의 압박으로 인해 조선 정부가
제 목소리를 낼 수 없는 현실을 이해
해 수교 조문에는 청나라의 속방임을
명기하지 않고, 따로 청국에서 미국
대통령에게 속방임을 알리는 편지를 보내
는 것으로 합의했다고 합니다.

청 북양대신 리훙장

  우리나라 최초의 서양 국가와의 조약이던
조미수호통상조약은 일본과의 강화도조약과 달리 조선이 미국 수
입품에 대한 관세 자주권을 갖는 것은 인정받았지만, 미국인이 조선
법률을 따르지 않아도 되는 치외법권 인정, 다른 나라와 수교할 때

미국보다 유리한 조건으로 협의할 경우 미국에게도 동일한 권리를 인정한다는 최혜국 조항이 들어간 불평등 조약이었지요. 결국 성과라고는 조약서 사인은 조선 대표가 직접하고 영문 수교서에 나라 이름을 'Chosen(조센)'이라고 표기한 것이라고나 할까요? 🐻

하지만, 이 명칭이 일본식 발음 표기란 걸 뒤늦게 깨달은 조선 정부는 1883년 미국에 보빙사 민영익 등을 사절단으로 보내게 되는데요. 다시금 슈펠트 전권특사의 배려로 조선의 영문 이름은 'Chosun'이며 고종은 'The King of Tah Chosun(대조선 국왕)'라고 다시 정정합니다. 또한 사절단 명칭도 애초 미국이 명명한 'Corean Special Mission' 대신 'Chosunese Special Mission'으로 수정합니다.

하지만 보빙사 일행과 동행한 청나라 외교관 및 통역관이 조선 사절단에게 "너넨 우리 대청제국 속방 외교관이니 무조건 청나라 외교관에게 먼저 보고하고 외교하라."고 계속 갈굽니다. ♟️이에 보다 못한 미국 측에서 조선 편을 들어주어 청나라 수행단의 동행 접견을 막아버리지요.

여기서 주목할 만한 것은 이 당시 우리 조상들은 Chinese, Japanese와 대응되도록 Chosun의 형용사로 Chosunese란 단어를 만들어내는 등 Chosun을 정식 국가 명칭으로 만들기 위해 무척 노력했다는 것입니다. 그리고 당시 수행원들을 보좌해 통역한 로웰(Percival Lowell)을 귀빈으로 초청해 1883년 말부터 1884년 초까지 4개월간 머물게 하면서 조선 곳곳을 안내합니다. 이에 로웰은 1885년 미국에서 최초의 우리나라 안내 책자인《Choson : The Land of

The Morning Calm(조선 : 고요한 아침의 나라)》이란 책을 출간하며 'Korean들이 자기네 땅을 부르는 이름은 Chosun이다. 그 중간에 있던 왕국이 Koryo였기에 우리가 부르는 Korea라는 이름이 나왔다.'라고 설명합니다.

이 책이 발간된 후 우리나라는 '고요한 아침의 나라(The Land of The Morning Calm)'라는 이미지로 널리 알려지게 됩니다. 일부에선 일본은 '떠오르는 태양의 제국(The Empire of The Rising Sun)'이라 불리는데, 왜 우리는

퍼시벌 로웰이 쓴 《Choson : The Land of Morning Calm》, "이봐요~, 로웰 씨. 조선 국호 철자법이 틀렸잖아욧~." (대한민국역사박물관 소장)

'The Land of The Morning Calm'이라 불렀냐고 로웰의 설명에 대해 불평하는데, 조선(朝鮮)이란 나라 이름 자체가 아침(Morning, 朝) + 고요할(Calm, 鮮)이라 그런 겁니다. 일본은 태양(Sun, 日) + 떠오르는 (Rising, 本)이라 번역되어서 그런 거고요. 🐻

그런데 천문학에 관심 있는 분은 화성에 운하가 있다고 주장한 천문학자 로웰이 떠오르실 텐데요. 방금 소개한 조선 최초의 미국 방문단 통역관이자 조선의 공식 홍보대사인 로웰이 그 천문학자 로웰 맞아요. 외교관을 은퇴한 뒤 천문대를 만들어 화성을 탐색했거든요. 아주 팔방미인이시죠. 🐱 이에 대해서는 《알아두면 쓸데 있는 유쾌한 상식사전》-과학·경제 편-을 보시면 재미난 이야기가 아

주 많답니다. 🐻

다시 본론으로 돌아가서 보빙사 파견과 조선 해외 PR을 감행한 고종은 드디어 1887년 미국에 공사를 파견하게 됩니다. 하지만 애초 미국과 조약 맺으라고 강요한 청나라는 극력 반대하고 나섭니다.

"속방 주제에 무슨 공사를 파견한다는 거냐청? 산동성이나 절강 성이 따로 공사 보내는 거 봤냐만주? 조선도 중국의 일부이니 공사 파견할 수 없다깡패!"라며 위안스카이(袁世凱)가 청군을 데려오겠 다며 협박합니다.

이에 굴하지 않은 고종은 박정양을 포함한 10명의 공사 관원을 임명하면서 수행단에 제중원을 설립한 의사이자 주한미국공사로 임 명된 알렌(Horace N. Allen)을 동행시킵니다. 이에 미국 정부도 군함 오마하(Omaha) 호를 보내어 일본 나가사키까지 호송키로 했는데, 나가사키 항구 앞에 청나라 함대가 버티고는 공포탄을 쏘았기에 그 대열 사이를 지나 다시 요코하마 항구까지 호송하는 극한 대립구도 로 나아갑니다.

이후 하와이를 거쳐 샌프란시스코에 도착하지만 청은 미국 정 부에 전보를 쳐서 "조선은 청의 종속국이니 청의 주미대사가 먼 저 만나 일정을 조율하게 해 달라."고 요구합니다. 🐻 하지만 클리 블랜드(Stephen Grover Cleveland) 대통령(제22대 1885~1889, 제24대 1893~1897 역임)은 이 같은 말도 안 되는 요구를 묵살하고 1888년 1 월 17일, 석달이나 걸려 찾아온 조선 외교관들을 환대하며 조선과의 외교관계를 마무리합니다.

요즘 우리가 외국에서 만든 용어를 무비판적으로 받아들여 사용하는 것에 비해, 100여 년 전 우리 조상들의 국가 홍보 노력과 외교관들의 업무가 얼마나 지극정성이었는지 생각해볼 대목입니다.

그러나……, 이처럼 잘 정착되어 가던 국가 브랜드 'Chosun'에 위기가 닥칩니다! 1897년 고종은 이제 우리도 중국, 일본과 맞장뜨는 제국이 되겠다며 '대한제국'을 선포해 나라 이름 자체를 바꾼 겁니다. 그동안 줄기차게 Chosun이라고 홍보하고 있었는데……. (임금님 미워요~. 🐻) 그러면서 영문 국호도 'Tai Han'이라 고치게 합니다.

하지만 서양 국가들은 이 조그만 나라가 이래저래 나라 이름을 바꾸는 것에 별 관심이 없었고, 청과 일본의 간섭을 피하기 위해 외교전을 펼쳐야 했던 조선 정부는 결국 영국, 이탈리아 등 여러 국가와 통상조약을 맺을 땐 그들이 편한 명칭인 Corea에 사인을 하게 되면서 Chosun이건 Tai Han이건 다 잊게 됩니다.

단, 독일과는 Korea라고 체결합니다. 독일어 발음상 C로 쓰면 '호레아'라 불리기 때문이죠. 게다가 1896년 창간된 〈독립신문〉 역시 대한제국을 영문으로 표기할 때 Korea라고 했고, 1898년 이후 발매된 우표에도 Korea라고 표기할 정도로 이미 우리 내부에서 Corea, Korea를 혼용해 사용했습니다.

현재 여러 국가에서 우리나라 명칭을 Corea, Coree 등으로 표기하는 경우도 있지만, 언젠가부터 영어권에서는 Korea로 통일됩니다. 그렇다면 언제부터 영어권에서 Corea 대신 Korea란 명칭이 정착하게 되었을까요?

이는 1891년 영국 왕립지리학회와 미국 국무부 양측에서 Corea와 Korea 중 Korea가 k 발음을 표기하는 데 더 유리하다고 합의했기 때문입니다. 근세 초기 아랍어 문헌을 번역하면서 라틴어 표기 기준으로 Corea, Coree, Corai 등으로 번역되었기에 처음에는 Corea라 썼지만, 영어에선 'C'가 'ㅅ' 발음으로 사용되는 경우도 많기에 Corea 표기 시 '소레아'로 잘못 발음되는 것을 막기 위해 'Korea'로 결론지은 것입니다.

참고로, 로마 공화정을 제국으로 변모시킨 카이사르(Caesar)도 'C' 철자 발음이 유럽어권에서 제각각이라 영어에선 '시저', 프랑스에선 '세자르', 독일어에선 '카이저', 러시아어에선 '차르', 이탈리아 본토에서는 현재 '체사레' 등으로 달리 불리고 있는 현실을 보더라도, 우리나라 국가 명칭을 K로 통일한 것은 나름 세심한 배려였다고 생각합니다.

이처럼 일본이 억지로 Corea를 Korea로 바꾼 게 아니니 역사적 사실을 잘 확인해야 합니다.

그리고 올림픽 경기 시 늘 영어 알파벳 순으로 입장하는 것도 아닙니다. 1988년 서울 올림픽 당시엔 한글 기준으로 '가나다~' 순서대로 입장하도록 해 올림픽 발상지인 그리스에 이어 가나가 2번째로 입장한 바 있듯, 개최국의 언어 특성에 따라 얼마든지 입장 순서는 바뀌게 됩니다. 따라서 근거도 없는 철자 논란보다 우리는 우리나라를 '코리아'가 아니라 '대한민국'이라고 부른다는 것을 외국인에게 널리 알리는 것이 더 중요하다고 생각합니다.

실제로 일본은 1980년대부터 국제 스포츠 경기 등에서 간간히 유니폼에 Japan이 아닌 Nippon이라 표기하고 등장하고 있습니다. 앞서 언급했듯이 일본 역시 19세기 말 미국과의 협정 체결 시 실제 일본 국호인 '니뽄'이 아니라, 마르코 폴로 여행기에서 유래해 서양인들에게 친숙한 'Japan'이란 명칭을 강요당했기에 나라 이름을 원 발음대로 써 달라고 어필한 것인데, 요새는 잘 보이지 않네요.

우리나라가 중화권을 대상으로 서울을 '한성(漢城)'이 아닌 '서울(首爾)'로 변경해 달라고 요청했던 것처럼 영문 명칭을 'Republic of Korea'라고만 사용하지 말고, '대한민국'임을 같이 나타낼 수 있는 방안을 찾았으면 하는 개인적인 소망이 있습니다. 실제로는 South Korea로 더 널리 알려져 있으니 답답하기도 하고요.

이상으로 언어와 관련된 이야기를 마칠까 합니다.

우리가 일상생활에서 늘 사용하는 말글살이가 얼마나 오랜 역사와 특성을 가지고 있는지, 그리고 여전히 개선해야 할 점이 얼마나 많은지 생각해보는 시간이었다면 좋겠네요.

우리 인류가 다른 생명체와 달리 지식 사회를 만들어간 동력은 언어였습니다. 하지만 인간의 역사 중 대부분의 시기는 문자를 발명하기 이전이었기에 말로만 지식이 전파되었고 대다수의 사람은 글이라는 것을 접하지도 읽지도 못하는 상태로 생을 마감해야 했습니다. 이에 그림이나 조각을 통해 지식을 전파하고 상징이라는 체계를 수립함으로써 인류의 발전에 크게 기여했습니다.

이미 구석기시대에 알타미라 벽화 등 세계 곳곳에서 사냥 대상인 동물이나 사람 모습을 그리기 시작한 인류는, 이후 종교 행사, 초상화, 건축물 등 여러 분야에서 다양한 미술 활동을 전개해왔고, 이것들이 모여 각 문명의 특성을 나타내는 주요한 특징으로 자리잡았습니다.

제가 미술 전문가가 아닌 만큼 미술의 세계에 대한 상세한 설명보다는 색상이 갖고 있는 의미, 그리스 조각상의 비밀, 그림에 얽힌 이야기 등 잘 알려지지 않았던 이야기를 풀어보고자 합니다.

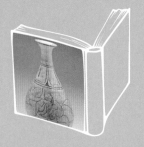

01
고려 청자 어디까지 알고 오셨수?

청자상감운학문매병, 국보
제69호 (간송미술관 소장)

우리나라 전통 미술품 중 세계 최고 수준이라
고 자랑할 만한 작품으로 여러분은 어떤 것
을 손꼽으시나요?

그래요. 아마도 많은 분이 고려 청자를
가장 먼저 추천하실 거예요.

지금은 그 비법이 전해지지 않아 안타깝
지만 그로 인해 더 은은하고 신비한 비색을
지닌 듯 화려한 고려 청자는 실제로도 그 가
치를 크게 인정받고 있지요. 그런데 고려 청
자를 찬양하는 건 좋은데 고려 청자를 만들던 도공들이 후배들에게
그 비법을 제대로 전수하지 않아 명맥이 끊어지면서 제작 기술이 퇴

보해 조선시대엔 백자만 만들게 되었다고 이해하시는 분들이 많으시더라고요. 청자 제작 기술이 퇴보해 백자를 만들게 되었다는 건 가리지날입니다. 🐻

실제 도자기 역사에서 백자가 청자보다 더 고급 기술이 들어간 제품이에요. 고려시대엔 새하얀 백자를 만들 기술이 없었어요. 게다가 파란 무늬가 들어간 청화백자는 제작단가가 청자보다 더 비쌌답니다. 🐼

이 얘길 시작하려면 일단 도자기의 역사부터 아셔야 해요.

우리가 흔히 부르는 도자기는 도기와 자기를 합쳐 부르는 것인데, 흙을 단단히 굳혀 유약을 입힌 도기는 삼국시대부터 만들어왔어요. 반면 자기는 최소 1300~1500°C 이상 고열에서 구워 만들어야 했기에 고열을 만들고 유지하는 가마 제작 기술이 필요했습니다. 즉, 지금으로 치면 반도체급의 첨단기술이었던 것이죠. 이에 철기를 제작하던 기술을 응용해 자기 가마 기술을 중국이 처음 개발했지만, 우리나라 역시 주철 기술이 발달했던 터라 통일신라 말기에 장보고가 청해진을 통해 당나라 자기 기술을 받아들여 해무리굽 청자를 자체 생산하는 등 자기 개발 기술을 발전시켜 나갑니다.

그런데 왜 그때 청자가 유행했을까요? 유약 성질에 따라 회색, 갈색, 붉은색 등 다양한 색상의 자기가 만들어졌는데 말이죠. 실제로 중국 당·송시대에 청자가 유행한 것은 중국의 이념 갈등 때문이었습니다. 🐼 당나라가 국제화되면서 인도와 실크로드를 통해 불교, 배화교(조로아스터교), 경교(동방 기독교), 회교(이슬람교) 등 외래 종

고대 중국 청동제기

교가 물밀듯이 들어오게 되자 중국 유학자들이 긴장하게 됩니다. 이에 중국 고유의 사상인 유교를 부흥하려는 유교 복고주의가 유행하면서 공자 시절의 유물을 귀하게 여기게 되는데, 춘추전국시대는 청동기 시절인지라 제기가 모두 청동기여서 시간이 흘러 녹이 슬면서 푸른색을 띠었기에 청색을 가장 귀한 색이라 여겨 청자가 유행했다네요. 🐻

실제로 미쿡 뉴욕에 서 있는 '자유의 여신상'도 청동으로 만든 거라 제작 당시엔 붉은 구리색이었지만 세월이 지나 산화되면서 지금처럼 푸른색을 띠고 있지요. 🐻

또한 당시 가마 가열 기술의 한계로 인해 염료를 섞지 않고 백토

'자유의 여신상' 최초의 색상과 현재의 색상 (구글 이미지)

(흰흙)로 구우면 흰색이 아니라 회색에 가까운 탁한 색깔만 나왔기에 실용적인 측면에서도 청사가 너 인기였다고 합니다. 그래서 고려에서도 중국 자기 제작기법을 받아들여 많은 청자를 만들어 일상생활에서 널리 쓰게 되었는데, 12세기에 이르러서는 중국 청자와는 차별화된 은은한 '비취 색상(翡色)'을 만드는 독자적 기술을 확보하고 도자기 표면에 금, 은, 자개 등 다른 재료를 끼워 장식하는 상감 기법을 적용해 오히려 송나라로 역수출하기에 이릅니다. 🐻

당시 우리나라는 중국과 함께 1600년대 초반까지 유이하게 자기를 생산하는 기술 강국이었습니다. 지금 시대로 치면 전자전기 관련 기술을 선진국에서 배워왔지만, 이제는 더 우수한 기술로 역수출하고 있는 우리나라 전자, 반도체 산업과 같다고나 할까요? 🐻

당시 고려 청자가 동아시아에서 얼마나 인기를 끌었던지 남송의 수도이던 항저우를 중심으로 티베트, 베트남, 필리핀 등에서도 상감청자 등 다양한 고려 청자가 발굴되고 있다고 합니다. 하지만 1276년 남송이 몽골에게 멸망하면서 청자 수출에 빨간불이 켜집니다. 그건 중국을 지배하게 된 몽골인과 이들이 교역한 아랍인들은 청색보다는 태양을 상징하는 흰색을 더 좋아했기 때문이에요. 그래서 청자 수출은 뚝 끊어진 반면, 몽골인들이 좋아하는 새하얀 백자를 만드는 유약 기술이 원나라 시기 완성되면서 우리나라도 고려 말부터 글로벌 트렌드에 맞춰 신상품 백자 생산이 시작됩니다. 즉, 청자보다 백자가 더 까다로운 신기술이었던 것이지요.

이처럼 고려 청자 제작 기술이 끊어진 것은 흔히 이야기하듯 도

분청사기 '철화연화당초문병'
(로스엔젤레스 박물관 소장)

청화백자 '청화매죽문항아
리', 국보 제219호
(삼성미술관 리움 소장)

공들의 기술 공유 인식이 부족했기 때문이 아니라 주요 수출 지역이던 중국 지배층의 취향 변화로 인해 백자로 트렌드가 바뀐 게 가장 큰 이유였지요. 게다가 고려 말 왜구의 침탈로 청자 주요 생산지가 문을 닫은 것도 큰 원인이었어요. 고려 청자는 전남 강진가마와 전북 부안가마 두 군데가 주 생산지였는데, 고려 말기인 1350년대 왜구의 침입이 극심해지자 해안 50리 이내에 백성들이 살지 못하도록 조치하면서 강진가마와 부안가마가 문을 닫게 됩니다. 이에 도공들은 전국으로 흩어지고, 청자를 만들던 강진과 부안 흙은 구하기 어려워진데다가 조선이 들어서면서 해외무역도 중단되는 등 악재가 겹칩니다.

이후 검소함을 강조하는 시대 분위기 속에서 사대부가 흰색 자기를 선호하게 되면서 회색 빛이 도는 분청사기 개발에 이어 완전히 새하얀 백자 기술이 완성되는 사이 고려 청자 비색 비법은 서서히 잊히고 말았다지요? 🐻

게다가 청자는 우리나라 재료로 다 만들 수 있지만 백자 위에 무늬를 그릴 때 사용하는 파란 염료는 이란에서 중국을 거쳐 수입한 '회청(回靑, 코빌드)' 외에는 그 색을 표현할 수 없었기에 생산단가도 파란 무늬를 넣은 청화백자가 더 비쌌습니다. 하지만 자기 기술을 갖지 못했던 일본은 고려와 조선시대 내내 자기를 선물로 달라고 졸라대어 많은 청자가 불상과 함께 하사품으로 선사되었어요. 현재 우리의 시각에선 고려 청자가 백자보다 더 아름답다고 평가하지만, 조선시대 사대부들은 백자에 더 좋은 점수를 주고 있었으니 고려 청자를 귀히 여기지 않고 일본 사신들이 달라고 하면 선물로 보낸 것이죠.

이처럼 16세기까지 자기 개발 기술을 가지지 못했던 일본은 끊임없이 고려와 조선 초기에 사신을 보내 자기를 하사해 달라고 졸랐고 그 기술을 확보하고자 호시탐탐 기회를 엿봤습니다. 그랬기에 일본은 정유재란 당시 첨단 기술자 그룹인 조선 도공들을 조직적으로 대량 납치해 큐슈 지역에 도자기촌을 만들고 이들을 대우하여 새로운 제품이 탄생하도록 최고 대우를 보장하며 도자기 사업을 육성하기 시작합니다. 하지만 조선과 달리 당시 일본에선 1300°C 고열을 견딜 수 있는 철분이 없는 순백의 백자토가 발견되지 않았기에 처음에는 조선 수준의 자기를 만들지 못합니다.

일본 규슈 아리타 현 백자
(구글 이미지)

그러던 1616년 어느 날, 조선 도공 이삼평(李參平)이 이즈미야마(泉山)에서 백자토를 발견해 백자 생산에 성공하자 다이묘(大名, 지방 영주) 나베시마 나오시게(鍋島直茂)는 이삼평을 독점 생산권을 가진 사무라이 계급으로 대우하고 일본인 도공 826명을 추방하는 결단을 내리니, 일본 요업계는 1616년을 '일본 백자의 원년'이라고 기념하고 있습니다. 지금도 이곳에서 연간 1만 톤의 백토를 생산해내고 있다지요? 🐻

이후 1644년 아리타 현의 한 상인이 나가사키 항에 무역하러 온 중국인에게서 붉은 염료 '아카에' 기술을 배워서 자기에 적용하니, 기존 중국, 조선 자기와는 다른 화려한 채색 자기, 아리타(有田) 백자로 거듭나게 됩니다.

게다가 절묘하게도 바로 그해 중국에선 명나라가 망하고 청나라가 들어서면서 대외 무역을 전면 중단하게 됩니다. 당시까지 중국 도자기를 팔아서 이익을 남기던 네덜란드가 일본으로 눈을 돌리게 되면서 중국의 파란 무늬 백자가 아닌 다양한 컬러가 입혀진 아리타 백자를 가져다가 팔게 되니, 유럽에서 어마어마한 인기를 끌게 됩니다. 이에 네덜란드는 후추보다 일본 도자기를 주력 품목으로 바꾸며 엄청난 이익을 남기게 되지요.

네덜란드 상인 : "큰일났네덜란드. 청나라가 들어서더니 무역을 중단홀란트. 조선은 아예 나라 자체가 문을 닫아 미지의 세계이지브뤼셀. 이제 자기를 어디서 구하지테르담?"

일본 상인 : "아노~, 도자기노 우리 니뽄도 만든다데스. 이 신상 도자기 어떠냐시마?"

네덜란드 상인 : "우왓. 그동안 파란 무늬 백자는 봤지만 이런 컬러풀 무늬 백자는 첨이오란다~."

일본 상인 : "올해 새로 만든 아리타 도자기이지아리타. 파렴치한 …… 아 아니, 합리적인 가격에 모신다사키~."

네덜란드 상인 : "거러춰! 앞으로 우리하고만 거래하기로 약속화란 ~."

이후 엄청난 이익을 얻은 아리타 현 주민들은 감사 인사 차 1828년 도잔신사(陶山神社)를 만들면서, 신사 정문 도리이는 청화백자로 만들고, 주신 하지만(八幡神) 옆에 도공 이삼평과 다이묘 나베시마 나오시게도 좌우에 나란히 신으로 모시게 됩니다. 또 경제적 번영을 바탕으로 아리타 현 출신들이 일본 중앙 정계로 진출하게 되는데, 이토 히로부미(伊藤博文)의 뒤를 이어 일본제국 총리를 지내고 명문 사학 와세다대학교를 설립한 오쿠마 시게노부(大隈重信, 1838~1922) 도 아리타 현 출신으로서 아리타 도자기 후원회장도 맡았습니다.

또한 정유재란 당시 칠천량해전에서 원균을 격파하고, 사천전투 에서는 7000명의 일본군으로 명나라 4만 대군을 격파했으며, 노량 해전에서는 일본 수군 500척을 이끌다가 조명 연합함대의 공격에 대패해 겨우 50척만 도주에 성공한 사쓰마번(지금의 가고시마 일대, 일본 최남단 지방) 당주인, 시마즈 요시히로(島津義弘) 역시 80여 명 의 조선 도공을 납치했는데요, 1614년 조선 도공 출신 박평의(朴平 意)가 이 지역에서 백토를 발견해 아리타 자기와는 또다른 스타일인 사쓰마 자기를 만들어 그 원조가 되고, 후손들은 사무라이 신분으로 대우받았습니다.

이처럼 조선에선 하층민 신세였는데 일본에선 최고 계급으로 대 우해주니 포로로 잡혀간 양반들도 도공으로 변신하게 되고 일부 도 공은 조선에 들어온 뒤 동생이나 동료들을 데리고 일본으로 되돌아 가기까지 합니다. 🐨

반면, 당시 조선은 어땠을까요? 임진왜란 이후 도공이 사라지면 서 도자기 생산력이 극도로 떨어져 광해군은 명나라 사신 대접 잔 치에 꽃병 두 개를 올려 놓았다고 합니다. 그런데 둘 다 뚜껑이 없고 하나는 주둥이마저 부숴져 있는 상황이었다지요. 그 정도로 처참한 수준이 되지만 이후에도 도자기 활성화에 대한 의지가 없었고 도공에 대한 대우도 하찮았기에 숙종 시절인 1697년 윤3월 6일자 《승정원일기》에 국가 운영 도자기 분원에 소속된 도공 39명이 굶어 죽었다는 내용이 적혀 있습니다. 🐻

이런 상황에서 사가 현 아리타 자기와 사쓰마 자기를 부러운 눈으로 쳐다보던 대마도주는 부산포 초량 왜관에 '부산요'를 열어 자기를 만들게 되는데, 조선 정부는 오랑캐에게 선심 쓴답시고 해마다 땔감, 도공까지 제공해주었고, 백토도 1681년 한 해 동안 171톤이나 내주었다고 합니다. 이때까지도 그게 얼마나 중요한 자산인지 몰랐던 것이죠. 🐻

이런 갑갑한 상황에서 조선 도공들도 중국이나 일본 자기 기술 발달 정보를 듣고는 장인정신을 발휘해 새로운 채색자기를 만들기 시작합니다. 하지만……, 우리가 개혁군주라고 알고 있는 정조마저 "쓸데 없고 긴요하지 않은 것은 일체 만들지 말도록 엄금하라."(《정조실록》 1795년 8월 6일자)고 지시해 도공들의 신기술 개발 자체를 억압합니다. 🐻 이와 달리 일본은 지속적으로 도자기 개량에 힘써 1867년에 파리 만국박람회에서 사가 현과 사쓰마 현이 출품한 아리타 도자기가 박람회 대상을 수상하는 등 유럽에 '자포니즘(japonism) 열풍'을 일으키게 되고, 도자기 상자 속에 완충제로 구겨 넣은 판화 그림인 '우키노에(島津忠恒)'마저 각광 받으면서 유럽 인상파 화가들에게 영감을 주게 됩니다.

일본 큐슈는 도자기 하나로 엄청나게 외화를 벌어들이게 되는데요, 1800년대에 이르면 일본 열도 GDP의 80%를 차지할 정도로 번

성하지요. 🐻 결국 이 경제적 번영을 토대로 이 지역이 '메이지유신'
의 주축이 되고 서양 대포와 군함을 구입하면서 급속도로 군사대국
으로 발전하는 계기가 되었죠. 또 이를 바탕으로 '정한론(征韓論)'을
부르짖으며 조선을 침탈하게 된 것입니다.

어때요? 도자기에 엄청난 이야기가 숨겨져 있지요? 🐻

그런데……, 여러분 눈에는 고려 청자가 무슨 색으로 보이나요?
녹색으로 보이죠. 그쵸? 그런데 왜 고려 녹자가 아니라 고려 청자라
고 부를까요?

이제 녹색과 청색 등 색깔에 대한 이야기로 넘어가보겠습니다.
🐻

02

하늘은 검고 바다는 빨갛다?
색상 발전의 역사

고려 청자 이야기에 이어서 색깔 이야기를 해야겠네요.

앞서 고려 청자 이야기를 마치며 왜 녹색인데 청자라고 부르는지 이상하다고 했는데요. 지금 우리는 파랑을 청색이라고 얘기하지만 우리 조상님들은 현재 색채 감각으로 보면 청록색을 기준으로 파랑과 녹색을 모두 청(靑)색이라고 여겼습니다. 🐻

이상하다고요? 지금도 여전히 파란색과 녹색 모두를 청색이라고 부릅니다. 분명 녹색 계열인 고려 자기를 '고려 청자'라 하죠? 파란 무늬 백자도 청화백자라고 하고요. 또한 녹색불인데도 '푸른 신호 등', 분명 녹색 기와인데 '청기와', 녹색 테이프는 '청테이프', 식물의 엽록소도 순우리말은 '잎파랑', "하늘도 푸르고 산도 푸르다."고 하지만 엄연히 산은 녹색이지요.

예를 더 들어볼까요?

조선 궁궐의 핵심 공간인 경복궁 근정전과 창덕궁 인정전은 크기는 다소 차이가 나지만 얼핏 보면 똑같아 보입니다. 이 두 건물의 결정적 차이는 뭘까요? 문과 창틀 색을 보면 됩니다. 근정전의 문과 창틀색이 오리지날 청색입니다. 이는 오방색에 근거해 중국 동쪽이므로 청색을 칠한 겁니다.(분명 청색을 칠했을 터인데 푸른 빛이 도는 녹색이지요?)

반면 창덕궁 인정전은 황색 문과 창틀입니다.

이는 대한제국 선포 후 순종 융희 황제가 창덕궁에 머무르게 되면서 이제 우리도 황제국이란 자부심에 오방색의 중심을 상징하는 황색으로 다시 칠했기 때문입니다. 황색도 자세히 보면 밝은 노랑이 아닌 금색에 가까운 누런색입니다. 따라서 애초 우리 조상들의 색채 감각에서 청(靑)은 Blue가 아닌 '푸른 빛이 도는 Green' 즉, 청록색이었음이 분명하지요.

경복궁 근정전

창덕궁 인정전, 문짝의 누런색, 2층 창틀의 누런색이 보이시죠?

이처럼 우리나라는 물론 중국이나 일본 등 동양권에서는 파랑과 녹색이 여전히 혼용되어 쓰이고 있어요.

왜냐하면 한자 靑이 원래 풀 초(艸) 자에서 유래한 것이고, 우리말에서도 '푸르다'가 원래 '풀'에서 유래한 단어이기 때문이죠. 조선 중기에는 '풀'이 '플'이었으므로 '푸르다' 역시 원래는 '프르다'였다네요. 그래서 플(grass) → 프르다 → 파랑으로 단어가 도출된 것이며, 처음부터 두 색깔의 어원이 같았기 때문입니다. 이 같은 현상은 베트남, 태국, 아일랜드, 북유럽어 등 많은 언어권에서 동일하게 나타나며 파랑과 녹색은 혼용되고 있답니다.

유럽 역시 고대 로마제국의 공식언어인 라틴어에 '파랑'에 해당하는 단어가 없었다고 합니다. 고대 그리스 서사 문학의 걸작《일리아드》와《오딧세이》에서도 하늘은 검정으로 묘사되었고, 바다는 빨갛다고 묘사되었습니다. 또한 르네상스 전까지 유럽 그림에 표현된 하늘 역시 흰색이거나 황금색, 검은색 일색이었습니다.

이 같은 사실에 착안해 1969년 브렌트 벌린(Brent Berlin)과 폴 케이(Paul Kay)라는 두 언어학자가 각 문명의 색상 언어 발달을 분석한〈Basic Color Terms : Their Universality and Evolution(기본 색깔 용어: 그것의 보편성과 진화)〉 연구 논문에선, 실제 자연의 색상은 매우 다양하지만 이를 모두 구분할 수가 없어 큰 카테고리별로 나누어 인식했는데, 공통적으로 흰색과 검정 → 빨강 → 노랑 혹은 초록 → 파랑

순으로 색채 카테고리 단어가 나타났다는 것을 발견합니다.

흰색과 검정색이 가장 먼저 인지된 것은, 낮과 밤, 밝음과 어둠이 가장 기본이 되는 대비였기에 엄밀히 말하면 색채가 아닌 명암이지만 흰색과 검은색이 가장 먼저 구분되었을 겁니다.

그 다음에 구분된 색은 빨강인데요. 엄밀히 말해 Red가 아닌 Crimson, 즉 피 색깔입니다. 수렵생활을 통해 생존을 도모하던 원시인들은 동물 사냥 시 뿜어져 나오는 피 색깔이 가장 먼저 눈에 들어왔을 겁니다. 또한 사람 역시 상처를 입으면 피를 쏟으면서 사망했기에 피 색깔이 가장 먼저 각인되었겠죠. 또한 생존에 필요한 불 색깔 역시 빨갛게 보이기에 다른 색상에 비해 별도의 단어로 구분할 필요성이 더욱 커졌겠지요.

우리말에서 파랑이 '풀'에서 유래되었듯이 빨강이란 단어 역시 '불'에서 '밝다', '붉다'가 유래되었고, 색깔로는 '발갛다'에서 발음이 강해지면서 '빨갛다', '빨강'이란 단어로 발전해온 것입니다. 한자에서도 붉은색을 의미하는 글자가 적(赤), 홍(紅), 주(朱), 단(丹) 등 다양하게 구분되었습니다. 즉, 피 색깔을 의미하는 진하고 탁한 빨강이 적(赤, Crimson), 밝은 빨강은 홍(紅, Light Red), 진한 빨강은 주(朱, Red), 단풍색 빨강은 단(丹, Maple) 등 미묘한 색감 차이를 구분한 것이죠. 그래서 영어로는 레드 크로스(Red Cross)인데, 한자로 번역 시 피와 관련된 의미이므로 홍십자나 주십자가 아니라 '적십자 (赤十字)'로 번역된 겁니다.

이후 태양의 색깔인 노랑, 자연 속 풀과 나뭇잎 색상인 녹색이 앞

서거니 뒷서거니 하며 구분되었고, 오랫동
안 파랑색 중 연한 색상은 녹색으로,
진한 파랑 계열은 검정색으로
인지되었습니다.

실제로 주요 문명 중 이
슬람 문명권에서 7세기경 가장
먼저 '파랑(azur)'이 나타나고 유럽
문명권에서는 10세기에 가서야 비탄에
젖은 성모 마리아 그림(Pieta, 피에타)의 상
복 색으로 우울과 비탄을 의미하는 파랑색
이 쓰이게 되면서 파랑이란 단어가 나타납니

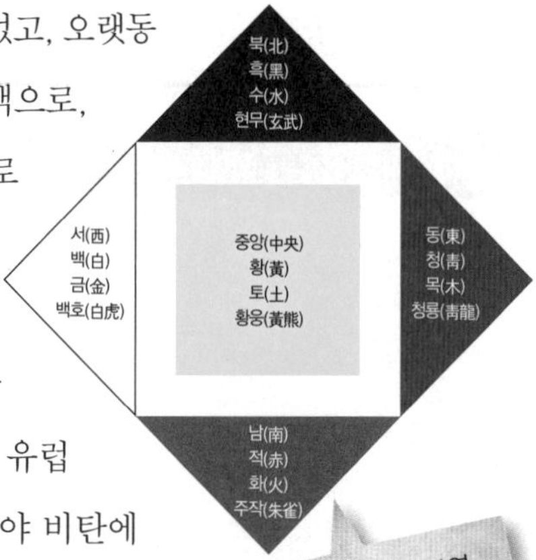

《색채용어사전》, 박연
선 지음, 도서출판 예림
(2007)

다. 그러나 동양 문명 및 타 문명권에선 여전히 기본 색상으로 흰색,
검정, 빨강, 노랑, 청색(녹색+파랑) 만이 구분된 상태에서 머물렀던
겁니다.

우리가 흔히 전통적인 색상이라고 생각하는 오방색 역시, 메소포
타미아부터 동양 문명권까지 두루 5개 색상만을 대표색으로 구분했
던 증거이기도 한 겁니다.

지금 흔히 쓰이는 오방색 색상 개념인 위 그림에서 3가지 색상은
과거에 비교해 약간씩 어긋나 있습니다. 청(靑)색은 저런 짙은 파랑
이 아니라 청록색입니다. 그리고 남쪽을 의미하는 적색은 피 색깔에
가까운 짙은 진한 빨강입니다. 황색 역시 샛노랑이 아니라 황금색에
가까운 무거운 노랑입니다.

참고로 오방색을 각 언어로 비교해보겠습니다.

구분	영어	한자	우리말
오방색	White	白	하양
	Black	黑, 玄	까망
	Red	赤, 紅, 朱, 丹	빨강
	Yellow	黃	노랑
	Blue	靑, 碧, 紺, 蒼	파랑
기타색	Green	綠	녹색
	Orange	朱黃	주황
	Pink	粉紅	분홍
	Purple, Violet	紫	보라
	Brown	褐	갈색

이처럼 각 색상을 우리말로 대응하다 보면 턱 막히는 데가 나옵니다. 바로 녹색인데요. 유감스럽게도 순우리말로는 해당 단어가 없어 한자어 녹색을 씁니다.

우리가 흔히 우리말의 다양한 활용성을 자랑하면서 '파랗다, 푸르다, 퍼렇다, 푸르스름하다, 푸르죽죽하다, 푸르딩딩하다' 등을 예로 들지만, 이는 하양, 검정, 빨강, 노랑, 파랑 다섯 색깔에만 해당되지 그 외의 색상은 저렇게 표현할 수 없습니다. 옛 우리 조상님들이 쓰시던 순우리말에선 저 5가지 색상 이상으로 색깔을 더 세분화하지 못한 상황에서 한자를 받아들이면서 다수의 색상은 한자어를 사용하게 되었고, 20세기 이후로는 더 세분화된 색깔 명칭은 외국 단어를 차용해 쓰고 있기 때문이지요.

오방색이 아닌 색상 중 유일하게 한자어나 영어 계통이 아닌 색깔 명칭으로 보라색이 있기는 한데요, 보라는 몽골어 '보로'에서 유래했다고 하네요. 고려 중반 몽골 지배 시기에 여러 몽골 풍습이 전해졌는데, 그 중 매 사냥 풍습이 유행하면서 앞가슴 털이 보라색인 보라매가 널리 알려지면서 그 깃털 이름을 색상 명칭으로 쓰게 되었다고 합니다. 🐯

어떤가요? 색상도 시대에 따라 점차 더 확장되어 왔다니 신기하지요?

03
왜 무지개는 빨주노초파남보 7색일까요?

앞서 다양한 색깔 이야기를 했는데요. 자연 현상 중 가장 드라마틱한 색상은 아마도 비온 뒤 하늘에 걸쳐진 무지개가 아닐까 합니다. 무지개는 주로 여름철 비가 오고 그친 뒤 태양 반대쪽 지표면에서 하늘로 솟은 반원형의 아치 형태로 보여지는데, 바깥 쪽이 빨강, 안쪽이 보라색을 띠게 되지요. 이는 대기 중 물방울이 프리즘 역할을 해서 햇빛을 굴절

쌍무지개 (depositphotos.com)

시켜 나타나는 현상입니다. 하지만 더 바깥쪽에 하나 더 걸리는 쌍무지개가 되면 바깥쪽 무지개는 정반대로 색상이 배열됩니다.

뉴턴의 무지개 발견을 기념한 독일 우표 (구글 이미지)

그런데 지금 우리는 무지개라고 하면 당연히 빨주노초파남보의 일곱 색깔이라고 알고 있지만, 이건 가리지날! 100여 년 전까지 우리 조상들은 5색깔 무지개라고 인식했어요. 🐻 지금처럼 7색깔 무지개라고 인지하는 건 아이작 뉴턴(Issac Newton, 1643~1727)에 의해서 정착된 것입니다. 오오~ 뉴턴 선생이 '만유인력의 법칙' 말고도 참 여러가지 업적을 남겼네요. 🐻

무지개라는 것이 빨강부터 보라색까지 연속되는 색상이어서 어디까지 분류할지는 사실 그 문화적 특성에 따라 달랐는데, 동양에

서는 역사와 전통을 자랑하는 오방색에 맞춰 적, 황, 청, 흑, 백 다섯 색깔로 인지했답니다.

떡 중에도 오색무지개 떡이란 게 있지요. 그렇다고 실제로 흰색, 검은색이 보였다는 게 아니라 이 세상 모든 색상이 다 있다는 의미랍니다.

반면 서구에서는 지금도 빨강, 주황, 노랑, 초록, 파랑, 보라 6색으로 표현하는 경우가 많고 문명권에 따라 3~5색으로 인지했다고 합니다. 사실 주황색이나 남색, 보라색은 육안 상으로는 구분하기 힘들긴 합니다.

원래 무지개 실험은 '나는 생각한다, 고로 존재한다.'로 유명한 철학자 데카르트(René Descartes, 1596~1650)가 먼저 했다네요. 1637년 《방법서설(方法序說, Discours de la methode)》 책자 내 '굴절광학' 편을 통해 유리 공에 물을 가득 채우고 햇볕에 내 놓으면 무지개와 같은 현상이 일어난다는 사실을 발표합니다. 철학자이신데 과학실험도 하시고. 대단해요~. 하지만 데카르트는 흰색 빛이 변형되어 여러 색상이 나타난다는 잘못된 결론을 내리고 맙니다. 🐻

이후 뉴턴이 1666년 빛 굴절 실험을 하다가 삼각형 프리즘에 햇빛을 통과시키면 무지개 색깔로 나뉜다는 사실을 확인하고, 두 개의 프리즘을 이용해 다시 흰 빛으로 합쳐짐을 밝혀 '흰색 빛에는 원래 굴절률이 다른 여러 색깔의 빛이 존재하며, 이것들이 프리즘을 통과한 후 서로 다른 각도로 굴절되기 때문에 숨어 있던 여러 색깔이 나타나는 것이지 빛이 변형되어 색깔이 나타나는 것이 아니다.'라는 사실을 증명하면서 드디어 무지개 생성의 비밀이 밝혀집니다.

말로 하니 어렵군요. 세계적 록그룹 핑크 플로이드(Pink Floyd)의 'The Dark Side of the Moon'의 앨범 표지를 보는 게 이해가 빠르겠네요.

핑크 플로이드의 'The Dark Side of the Moon' 앨범 앞·뒷면을 합치면 뉴턴의 실험 결과가 나옵니다. 그런데 무지개를 6색으로 표현한 건 비밀~. (구글 이미지)

그러면서 뉴턴은 프리즘으로 분리해야 보이는 무지개 색상을 구분하면서 '모름지기 빛의 색상은 7개로 구분해야 한다'라고 생각한 것이죠. 왜냐하면《알아두면 쓸데 있는 유쾌한 상식사전》-과학·경제 편-에서도 언급했듯이, 옛날 하늘에서 신의 계시를 찾던 인류는 해와 달, 5개 행성만이 천구에서 이동한다는 사실을 깨닫고 7을 우주의 비밀을 밝히는 신성한 숫자로 인지했기 때문이지요. 이에 따라 야훼가 6일간 세상을 창조하고 7일째에 쉬었다는 1주일 개념이 나오고, 서구 음악에선 7음계가 사용되었습니다. 또한 동양에서도 '음양오행(달+해+5행성)' 철학의 배경이 되었기에 7은 신성한 숫자로 인지되었습니다.

하지만 최근 성소수자들이 사용하는 무지개 깃발을 보면, 빨주노초파보 6색인 걸 알 수 있을 텐데요. 샌프란시스코에서는 곳곳에서 이 깃발이 나부끼는 것을 볼 수 있습니다. 이는 시가행진을 하다가 양쪽으로 나눌 경우 7색은 반분하기 어려워 애초에는 분홍색을 포

무지개 깃발

PACE

PACE 깃발

함한 8개 색으로 깃발을 만들려다가 1979년 퍼레이드 때부터 남색을 제외한 6색으로 정착한 것이라고 합니다.

반면에 보라색이 위에 있고 빨간색이 아래로 있으면서 PACE(이탈리아어로 '평화')라고 가운데 흰글자가 있는 깃발은 평화를 희망하는 의미로 1960년대에 이탈리아에서 등장해 세계적으로 널리 쓰이고 있답니다.

무지개에도 참 여러가지 문화적 특성이 있네요.

너무 이야기가 짧았나요? 🐻

그럼 무지개 색깔별로 숨겨진 이야기도 풀어보겠습니다.

위험해진 색깔, 빨강

중세시대 기독교 유럽 세계를 나타내던 대표 색상은 무엇이었을까요? 흰색? 황금색? 검정색? 정답은 빨강이라고 해야 할 것 같네요.

이데올로기 격변기를 거치면서 빨강은 위험을 나타내는 색으로 인식이 변하게 되었지만, 중세 유럽에선 예수님의 성혈이라 여겨 신성을 상징하고 왕의 권위를 나타내는 색이었어요. 또한 빨강은 정열을 상징했기에 애초엔 남성을 상징하는 색상이었답니다. 🐻 성선을 외치던 중세 십자군도 다수가 흰 바탕에 붉은 십자가를 달고 예루살렘을 향해 나아갔죠.

오스트리아 국기를 보면 빨강 – 흰색 – 빨강 가로 3단으로 디자인되어 있는데 이 깃발의 유래가 남다릅니다.

1191년 십자군전쟁에 참전했던 오스트리아 공작 레오폴트 5세(Leopold V)가 흰옷을 갑옷 위에 걸쳐 입고 전투한 후 옷을 벗어 보니 겉옷이 모두 피로 물들었는데 허리에 단단히 졸라 맨 벨트 안 쪽만 피가 스며들지 않아 흰 줄이 남아있었다는 전설을 형상화한 것이라고 하지요. 🐻

오스트리아 공작
레오폴트 5세

오스트리아 국기

이처럼 서구 세계에서 빨강이 오랜 기간 사랑받은 것처럼 동양 문화권에서도 빨간 색은 선호되는 색상이었어요.

태양의 색상도 서양에서는 노랑색 – 금색으로 인식된 반면, 동양권에서는 빨강으로 인식되었기에 우리나라 임금님 옥좌 뒤에 설치된 '일월오봉도(日月五峰圖)'에서도 해는 빨강, 달은 흰색으로 묘사되었고, 일본 국기도 떠오르는 태양을 빨간 원으로 표시했지요. 특

자석의 N극 빨강, S극 파랑 (depositphotos.com)

일월오봉도, 빨강 원이 태양을 의미 (구글 이미지)

히 중국에서는 금색과 더불어 빨간색을 유독 선호하는데, 명절이나 결혼 축하봉투 등에 빨간색 종이봉투를 사용하는 등 예로부터 지금까지 널리 사용하면서 중국을 상징하는 색으로 여기고 있습니다. 또한 태극 무늬에서 빨강이 '양(陽)', 파랑이 '음(陰)'을 의미하듯이, 남녀 표시에서도 오랜 기간 남성을 빨강, 여성을 파랑으로 표시했어요. 서구에서도 근대 과학이 발달하던 시기에 자석 극을 표시할 때 북극을 가리키는 양극(N극)은 빨강, 남극을 가리키는 음극(S극)은 파랑으로 분류했으니 당시만 해도 이 분야에서는 동서양이 동일했네요.

다만 주식시장의 경우에는 동서양이 다른데 우리나라, 일본 등에서는 양의 기운인 빨강을 상승세로, 음의 기운인 파랑을 하락세로 표현하지만, 서구 증시에서는 상승이 파랑, 하락이 빨강으로 정반대로 표시되고 있습니다. 서구의 영향을 받은 홍콩 주식시장도 상승이 파란 화살표예요. 이 같은 서양 주식표에서 하락 장세일 때 빨간 화살표로 표시하는 유래는 중세시절로 거슬러 올라가야 합니다.

예전 중세 교회에서 장부 작성 시 잉크가 매우 귀하고 값비싸다 보니 재정이 좋을 땐 까만 잉크로 글을 썼지만 재정이 나빠지면 잉크값이라도 아끼려고 동물의 피로 썼기 때문이라네요. 🐾 그래서 경영학에서 이익을 볼 때는 흑자(黑字, Black Ink, 검은 글자), 손해를 보면 적자(赤字, Red Ink, 붉은 글자)라고 표현하는 것이지요.

하지만 근세 들어 프랑스혁명 등 각국에서 일어난 혁명의 홍수 속에서 저항, 혁명의 상징으로 빨간색이 선호되고, 러시아가 붉은 깃발을 나부끼며 공산혁명에 성공하자 '빨강'이 좌파를 상징하는 색깔로 굳어지면서 자유 진영에서는 거부감이 형성됩니다.

군사적 측면에서도 동양권에서는 장기에서 한나라 유방 군이 빨강, 초나라 항우 군이 청색으로 표시되듯이 오랜 기간 우리 편은 붉은색, 적군은 파란색으로 표현했지만, 서구 자유진영에서는 전쟁 시뮬레이션 시 우리 팀은 파랑, 적군은 빨강으로 동양권과는 정반대로 표시하지요.

복장에서도 남녀를 표시하는 색상이 바뀌게 됩니다. 19세기까지 영국군은 빨간 옷에 까만 바

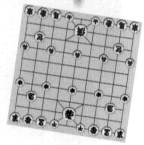
장기판 (구글 이미지)

화장실 표시

지를 입는 전통이 있었지만, 이후 실전에서 불리하다는 사실을 깨닫고 녹색, 갈색 계열 옷으로 바꿉니다. 그래서 지금은 영국 왕실 근위대만이 옛 복장을 입고 있지요. 그 외 다른 국가에서도 푸른색 계열의 군복이 확산되면서 파랑색이 남성의 색상으로 새롭게 인식되었고, 현재 우리가 보는 것처럼 전 세계 대다수 지역에서 남녀 화장실을 표시할 때 남자 화장실은 파랑, 여자 화장실은 빨강, 주황, 분홍으로 표시하고 있는 것입니다.

이처럼 빨강은 오랜 기간 인류에게 가장 사랑받는 색상이었으나 이념 갈등 속에서 이미지가 완전히 뒤바뀐 특이한 사례가 되었어요.

사나이라면 분홍이지!

두 번째 무지개 색깔인 주황을 언급해야겠지만, 빨강색과 연관해 블링블링하고 사랑스러운 색, 분홍색 이야기를 먼저 할까 합니다. 🐻

분홍(粉紅)은 한자어 그대로 빨강에 분(하얀 가루)을 섞으면 나오는 색이에요. 영어에선 핑크(pink)라고 하는데 주황색이 오렌지 과일 이름을 그대로 쓴 것처럼, 이 역시 패랭이꽃(China pink) 색깔을 그대로 색상 이름으로 쓴 것이라 합니다.

　지금은 분홍은 당연히 여성의 색, 특히 어린 여자아이들이 가장 좋아하는 컬러가 되었지만 이는 사실 가리지날. 원래 분홍은 남자아이를 상징하는 색이었습니다. 반대로 하늘색이 여자아이 옷 색상이었다고 하지요. 🐮

　서구에서 여자아이 옷으로 분홍색이 사용된 건 1940년대 이후부터라고 하네요.

　앞서 빨강, 파랑 얘기에서 언급한 것처럼 원래 남성의 색상은 빨강, 여성은 성모 마리아의 옷 색상인 파랑이라고 여겨온 전통이 중세시절부터 이어져 아이들의 옷은 그보다 연하고 부드러운 색상으로 입히려 한 것이죠. 그래서 결단력이 있으라고 남자아이에겐 핑크를, 우아하게 자라라고 여자아이에겐 하늘색을 입혔다나요. 🐻

　실제로 고전 디즈니 애니메이션을 보면, 여자 주인공들 중 빨강이나 분홍 옷을 입은 경우가 거의 없어요. '신데렐라'는 하늘색 원피스, '백설공주'는 파란 웃옷과 노랑 치마, '잠자는 숲속의 공주' 역시 파란색 드레스예요.

'분홍색 옷을 입은 소년' (토머스 게인즈버러 작품) (구글 이미지)

최근 작품인 '미녀와 야수'의 벨도 하늘색 나시 원피스와 황금색 드레스, '겨울왕국'에서도 엘사는 하늘색 드레스. 최근에 이르러서야 '인어공주'가 분홍색을 입고 나오지요.

한 가지 부연 설명하자면, 백설공주는 영어로는 'Snow White'에요. 이걸 일본에서 '백설희(白雪姬)'로 번역한 것이 우리나라로 전래되면서 '姬(히메, ひめ)'를 공주로 표기했는데, 당시엔 한자로 표기해 그 뜻을 이해하기 어렵지 않았지만 요즘 어린이들은 한글로 표기한 '백설'이 무슨 의미인지 알기 어렵죠. '흰눈공주'라고 바꿔야 하지 않나 싶네요.

그러던 것이 왜 바뀌었을까요? 일부 역사학자들의 주장에 따르면, 제2차 세계대전 당시 독일 나치가 게이들에게 분홍색 마크를 부착해 탄압했다고 합니다. 그러자 분홍색을 남자답지 못하고 유약한 색상으로 인식하게 되면서 1950년대부터 남녀 아기에게 입히는 색상이 지금처럼 정반대로 바뀌게 되었다고 하네요.

그리고, 지금에 이르러선 분홍색은 유방암에 대한 관심을 촉구하는 '핑크 리본 캠페인' 등 사회적 약자에 대한 관심을 촉구하는 색상으로도 널리 쓰이고 있답니다.

핑크 리본 캠페인
(구글 이미지)

우리나라에서도 해방 이후 서구로부터 아동용 색상 인식이 전해지면서 분홍은 여성의 색으로 인식하고 있습니다.

하지만 역사적으로는 서구와 동일하

게 우리나라에서도 오랜 기간 분홍색은 남자의 색이었습니다. 역사적 증거도 남아있어요. 조선시대 정3품 이상 고위직 관료가 입던 관복 색상이 바로 핑크(담홍색)였습니다. 못믿으시겠다고요? 🐻

조선시대 초상화를 검색해보세요. 조선 초기 세종 시절 황희, 조선 후기 홍봉한, 채제공 등 유명한 신하들의 초상화를 보면, 여리여리한 분홍 관료복을 입고 있었으니……. 양반 남자들이 입을 수 있는 최상급 색상이 핑크란 사실을 알 수 있겠지요?

채제공 초상, 황희 정승 초상, 홍봉한 초상화 (이명기 작품, 수원화성박물관 소장)

애초 고려시대에는 빨강, 파랑 관복을 입었기에 조선 건국 초까지 그 복식 규정이 이어져오다가 당상관은 핑크색, 당하관은 적색 관복을 착용해왔지만, 고종 시절인 1884년 복장 개혁으로 관복이 모두 검정색으로 교체되었다고 하네요. 그러니 다음부터는 조선시대 사극 만들 때 핑크핑크한 관복을 입은 꽃할배 정승들이 나오길 기대할게요~. 꼭이요~. 🐻

맛있고 유익한 색, 주황

순서가 어째 좀 뒤죽박죽 같긴 하지만, 무지개의 두 번째 색상 주황색 이야기를 해보겠습니다.

주황색은 자연계에선 보기 드문 색깔이에요. 주황(朱黃)색은 한자 글자 뜻 그대로 빨강과 노랑을 섞은 색이란 의미여서 오방색 이후 뒤늦게 정의된 색상이란 걸 알 수 있어요. 영어로는 오렌지(Orange)색인데, 과일 이름이 그대로 색상 이름으로 쓰이고 중국어에서도 귤을 의미하는 등자(橙子)색이라고 불리는 경우가 많을 정도로 일상 풍경 속에서 이 열매 말고는 주황색을 찾기는 쉽지 않습니다.

오렌지색 오렌지

역사적으로 각 나라 풍속에서도 주황색 관련된 정보는 잘 보이지 않고 딱히 특징적인 것이 없긴 합니다.

그런데 많은 분들이 오렌지는 서양 과일이고 귤(Mandarine, Tangerine)은 동양 과일이라고 생각하시지만 그건 가리지날! 《알아두면 쓸데 있는 유쾌한 상식사전》 - 일상생활 편 - 에서 제가 소개한 것처럼 멜론과 참외의 본산이 인도이고, 키위는 중국 남부 지역이 원산지이듯, 오렌지 역시 원래 인도와 중국 남부가 원산지라고 하네요. 🐽

이후 7세기에 이슬람이 팽창하기 시작해 우마미야 왕조가 스페인 지역을 통치하면서 비로소 오렌지가 인도로부터 유럽에까지 전파되었답니다. 그러니 그 이전에는 유럽인들이 오렌지란 걸 본 적이 없었으니 로마인들의 언어, 라틴어에 선 주황색을 콕 집어 지칭하는 색상 이름이 없었던 거지요.

주황색과 관련된 재미난 이야기는 네덜란드 축구 국가대표팀이 오렌지색 유니폼을 입는다는 건데요.

네덜란드 축구 대표팀 유니폼 (구글 이미지)

네덜란드 국기

보통 축구 국가대표 의상도 자기네 국기 색상을 토대로 디자인하는데, 네덜란드 국기는 빨강, 하양, 파랑 3색 가로 줄무늬로 구성되어 있어서 오렌지색과는 무관한데 유독 네덜런드 축구 국가대표팀 유니폼엔 오렌지색을 쓰고 있어요.

이는 네덜란드 독립을 이끈 빌럼 1세(Willem I, 1533~1584)가 지금은 프랑스 영토가 되어버린 오랑주(Orange)공국의 영주였기 때문에 이를 기념하기 위해서라고 합니다. 오랑주공국은 프랑스 남부 프로방스 지역에 있던 작은 공국으로 1163년부터 1713년까지 독립국가였다고 하네요. 1515년 이곳 영주가 네덜란드 왕가와 결혼을 하면서 처음 인연을 맺게 되었는데, 1544년 오랑주 영주가 된 빌럼 1세가 스페인으로부터 독립투쟁에 나선 네덜란드를 물심양면 도와 네덜란드 공화국의 국가원수가 되고, 아예 거점을 오랑주공국에서 네덜란드로 옮겨 와 후손들이 오렌지(정확히는 Orange-Nassau, 오라녜나사

우) 가문이라 칭하게 되면서 자기네 가문 이름과 동일한 과일 오렌지색을 가문의 상징색으로 썼던 전통을 기념하고 있는 것이죠.

그런데 재미난 건 프랑스 남부 프로방스에서 출발해 네덜란드로 거점을 옮긴 이들 오라녜나사우 가문의 원 출발지는 독일이었단 겁니다. 반면 네덜란드를 지배하던 스페인은 당시에는 신성로마제국 합스부르크 가문에 속했는데, 이 가문은 원래 스위스 출신이에요. 그런데도 오랫동안 합스부르크 왕가의 총 본산인 오스트리아가 자기네 왕가 출발지인 스위스 사람들을 엄청나게 억압했으니 역사의 아이러니이죠. 마치 일본 천황가 같다고나 할까요? 🐻

이밖에도 현재 영국 왕가는 독일 하노버가 본산, 합스부르크 왕가를 몰아낸 근세 스페인 왕가는 프랑스 부르봉 가문 후손. 어휴~,

유럽 왕가 혈통이 보통 복잡한 게 아니에요. 🐻

현대에 이르러서는 주황색이 눈에 잘 띈다는 점에 착안해 비상 상황 대처용 기기에 사용하는 경우가 많아요. 실제로 구명조끼나 비상 구조튜브 등을 주황색으로 칠하고, 비행기의 모든 조종기록을 저장하는 블랙박스 역시 실제로는 검은색이 아닌 형광주황색으로 만들어 비상 시에 찾기 쉽도록 한답니다. 미국 등에서는 해안구조대의 선박에도 오렌지색을 자주 쓰죠. 우리나라 역시 남북극을 오가는 쇄빙선 아라온 호가 오렌지색으로 칠해져 있고요. (남북극에 만든 우리나라 연구기지가 몇 갠데 여전히 1척으로 커버해야 하는 현실. 각 기지마다 전용 쇄빙선 빨리 만들어주세욧!)

군사 분야에서도 여러 국가에서 처음 제작한 시험 병기에 주황색을 쓰는 경우가 많은데 이 역시 눈에 잘 띄는 색이기 때문에 시험 운행 중 비상 상황 발생 시 구조하기 쉽다는 현실적인 이유도 있다고 하네요. 각종 산업 현장에서도 굴착기 등 공사 기기에 이 색상을 사용해 주변인들에게 경각심을 느끼게 하는 등 안전 관리에 요긴하게 활용되는 색이에요.

그런데 우리 눈에 가장 또렷이 보이는 색이 노란색이라고 배웠고, 공사 현장이나 교통 표지판에서도 노란색을 더 자주 보신다고요? 실제 우리가 보는 노란색도 정확히는 주황색을 일부 섞은 색상을 사용하고 있어요. 원래 노랑은 너무 채도가 밝아서 눈에 피로감을 주기 때문이래요.

어떤가요? 우리 주위를 둘러보니 주황색이 참 유용하지요? 🐻

이번엔 순서상 노랑 이야기를 할 차례네요.

우리말 '노랑'은 땅을 의미하는 '놀/눌'에서 유래했다고 합니다. '누리', '누룽지' 등도 같은 어원이라고 하지요. 노란색은 역사적으로 황제나 왕족들이 참 좋아한 색입니다. 동양에서는 오방색 사상에 따라 세상의 중심은 노랑이고 북쪽은 검정, 남쪽은 빨강, 동쪽은 파랑, 서쪽은 흰색이란 개념을 갖고 있었는데, 원래 이 개념은 메소포타미아 지역 특성에서 시작된 것이지만 중국으로 전파된 후에는 황하 유역이 중심 지역이다 보니 누런 흙으로 덮인 중원 땅과 누런 물이 흐르는 황하 색깔과도 공교롭게도 맞아 떨어지면서 노랑이 세상의 중심 색상으로 고착화됩니다.

노란색 곤룡포를 입은 당태종 초상화

그래서 천하의 중심이라고 여긴 중국 황제만이 노란 용포를 입을 수 있었어요. 우리나라 등 주변 국가들은 황제국을 자칭하던 시기에만 이 옷을 입을 수 있었다지요? 고종도 대한제국 선포 후에야 빨간 곤룡포 대신 노란 곤룡포로 갈아입었지요. 🐻

또한 건축물에서도 황금색 기와는 황제 궁궐에만 사용할 수 있었기에 지금도 북경 자금성은 황금색 기와로 덮여 있는 것을 볼 수 있습니다. 조선은 대한제국 선포 뒤 덕수궁과 창덕궁 본전 건물의 창틀 색을 누렇게 칠해 황제국임을 나타냈지요.

황금색 기와로 장식한 자금성

서양에서는 태양 또는 황금과 결부되어 노란색이 선호됩니다. 동양에선 떠오르는 해를 붉은색으로 표현하는 경우가 많았지만, 서양에서는 해를 숭상하던 후기 이집트 문화의 영향을 받은 로마제국이 태양력을 사용한 이래로 태양에 대한 선호도가 강해지면서, 태양의 색깔로 여긴 황금색과 노란색이 권력자의 상징으로 대두됩니다.

그래서 프랑스 베르사유 궁전에 가면 입구부터 번쩍번쩍 황금색으로 칠해져 있고 궁전 외벽이며 내부 장식에 황금 또는 노란색이 많이 사용되었어요.

당시 프랑스 부르봉 왕가와 대립하고 있던 신성로마제국 오스트리아 합스부르크 왕가 역시 이에 질세라 여름 별장 쇤부른 궁전을 지을 때, 마리아 테레지아 여

프랑스 베르사유 궁전 내부

169

제(Maria Theresia)가 가장 좋아하는 노란색으로 도배를 하지요. 그런데 이 여제가 그토록 미워하던 부르봉 왕가에 정략 결혼으로 딸을 시집보내게 되는데, 그녀가 바로 프랑스 대혁명 때 목이 잘리고 마는 마리 앙투아네트(Marie-Antoinette) 왕비이지요. 🐻

이 같은 마리아 테레지아의 취향에 따라 신성로마제국 산하에 있던 여러 지역에선 그 지역에서 가장 좋은 건물을 노란색으로 칠하는 경우가 많았어요. 오스트리아 잘츠부르크에 가면, 모차르트 출생지 건물이 노란색이고, 할슈타트에서도 가장 오래된 호텔이 노란색으로 칠해져 있어요. 또한 신성로마제국 우체국 서비스도 황제 칙령을 받은 탁시스 사가 독점할 당시 정했던 노랑 우체통과 노란색 포스트 버스가 지금도 다니고 있답니다. 🐻

또한 근래 들어 노랑은 어린이를 의미하는 색상으로 자주 쓰이죠. 남성은 파랑, 여성은 빨강이라는 이미지가 각인되어 있다 보니 어린이에겐 남녀 구분 없이 무난하게 노란

잘츠부르크에 있는 모차르트 생가

오스트리아 포스트버스

색이 사용되는데, 병아리 등 아기 새들이 노란색을 가진 경우가 많아 아이들과 어울리는 색깔이긴 합니다. 🐻

게다가 시각적으로도 빨리 인지되는 색상이어서 교통사고 예방 효과가 높은 것이 확인되면서 미국의 스쿨버스는 노란색으로 통일되었고, 국내에서도 어린이 교통안전 색상으로 선호되고 있지요.

노란색 스쿨버스

색상의 3원색이자 모두에게 사랑받는 따스한 노랑이 앞으로도 어린이 안전에 많이 기여해줄 것을 기대합니다~.

왜 슈렉은 녹색 괴물일까요?

다짜고짜 질문을 하나 할게요. 위에 붙인 제목 그대로 왜 슈렉은 녹색 괴물일까요?

그러고 보니 어벤져스의 끝판왕, 두 얼굴의 사나이 '헐크'도 녹색 피부네요. 아~, 추억의 미드 '브이(V)'에서도 외계인은 녹색 파

애니메이션 캐릭터인 슈렉

미드 '브이'에 나오는 파충류 외계인 (구글 이미지)

충류였지요.

그리고 일본의 명작 애니메이션 '건담'에서도 대표 악당은 녹색, 영화 '마스크'에서도 짐 캐리가 변신하면 녹색 인간이 되고, '반지의 제왕'에 나오는 괴생물체 오크 역시 녹색, 디즈니 만화 '몬스터 주식회사'의 주인공도 녹색 털복숭이 외눈박이 괴물, 우리나라 어린이들에게 사랑받는 애니메이션 '신비아파트'의 100년 묵은 도깨비, 신비도 녹색이에요. 👹

찾아 보니 꽤 많네요. 왜 괴물은 녹색 피부가 많을까요? 궁금하지 않으셨나요? 나만 궁금한 건가? 🐻👹

그건 바로, "이슬람 때문이야~, 이슬람 때문이야~, 무서운 이슬람 때문이야~."

헛! 죄송합니다. 모 CF에서 유행했던 "간 때문이야" 노래가 갑자기 떠올라서리……. 🐻

헐크, "아~놔. 오늘따라 바지가 끼네, 스판 100% 아닌가 봐!"

아랍권 국가 국기를 유심히 보신 분이라면 알겠지만, 사우디 아라비아, 리비아 등 여러 국기에 녹색이 사용됩니다.

이들 지역 대부분이 사막지대라 녹색의 오아시스를 늘 선망했기에 가장 선호하는 색이 녹색이 되었고, 자연스럽게

이슬람의 상징색
이 되었답니다.

사우디아라비아 국기

다만 기독교에서도 교황의 3중관
이 빨강, 하양, 녹색의 세
가지 색상이었기에 원래는
녹색이 좋은 의미였어요.

리비아 국기

지금도 크리스마스 장식 때 빨강과 녹
색이 주로 사용되고 이탈리아 국기 색
도 교황관 색상에서 유래한 것이랍니
다. 하지만 중세시대 천년 가까이 유럽
인에게 이슬람의 팽창은 가장 공포스러운 경

아랍에메레이트 국기

험이었기에 오랜 기간 녹색은 악의 상징으로
여겨 괴물 역시 으레 녹색 괴물로 연상되었다고 합니다.

이제 왜 서양 괴물들이 녹색인지 아시겠죠? 🐻

그리고 우리에게도 널리 알려진 '로빈 후드(Robin Hood)' 역시 셔
우드 숲에서 녹색 옷에 녹색 모자를 쓰고 포악한 관리와 욕심 많은
귀족의 재산을 빼앗아 가난한 이웃에 나누어 주는 영웅으로 묘사되
지요.

물론 이들이 숲속에 숨어 살기 때문에 위장색 효과를 노린 것일
수도 있지만, 이들의 반항적 성격을 잘 묘사하는 색상으로 단연 녹
색 만한 것이 없었겠지요. 14~15세기부터 내려온 영국 설화의 전통
이 이어진 것이 바로 '피터 팬(Peter Pan)'입니다. 애초에는 1904년 연

극으로 발표되었다가 1911년 소설로도 발간된 '피터 팬'은 로빈후드의 녹색 복장을 그대로 따르고 있어요.

하지만, 이제 녹색은 환경오염에 반대되는 개념인 '녹색 성장'에서 드러나듯 친환경 색상으로 누구나 사랑하는 긍정의 색깔이 되었고, 의료계에서도 가장 많이 사용하는 색상 중 하나가 되었지요. 그 이유는 빨간색과 보색 관계에 있어서 수술 시 피를 오래 보면서 겪게 되는 잔상 효과를 최소화하기 때문에 수술복 색상으로 많이 쓰이고 있답니다.

그래서 2009년에 보건복지부에서 의료관광 촉진을 위해 한국의료관광 브랜드인 'Medical Korea(메디컬 코리아)' 로고를 정할 때, 첨단의 이미지와 의료기관의 상징성을 고려해 Medical 글자 부분을 푸른 빛이 도는 녹색인 '에메랄드 그린'으로 정했지요. 당시 브랜드 개발을 위해 선정평가위원회를 결성하여 10명의 해당 분야 전문가를 초빙했는데, 가장 한국적인 고려 청자의 역사적 의미도 포함하는 저 색상을 쓰자고 의견을 낸 사람 중 한 명이 바로 저였습니다. 🐻

한국의료관광
브랜드 로고

지금 은근슬쩍 자기 자랑 하냐고요? 아니오! 대놓고 자랑하는 겁니다. 앗! 돌 날아온다~. 🐻

다음 이야기로 넘어갈게요. 후다닥!

이제 파란색 이야기를 할 차례네요.

스마트와 첨단, 신뢰를 상징하며 세계적 IT기업들의 상징색이기도 한 파랑은 현재 전 세계적으로도 가장 사랑받는 색상이라고 합니다. 〈포춘(Fortune)〉지 선정 세계 500대 기업 중 35%가 로고에 파랑색을 사용한다네요.

하지만 과거에는 동서양을 막론하고 파랑은 보라, 빨강, 흰색, 검정에 비해 한 단계 격이 낮은 색상이었다고 하네요. 심지어 서구에선 우울의 상징이기도 하지요. 영어 단어 blue에 '우울한'이라는 뜻이 있잖아요. 🐻

앞서 설명드린 것처럼 우리나라는 신라시대부터 관복 색상은 직급에 따라 자주 – 빨강 – 파랑 순이었고, 서양에서도 로마시대부터 보라 – 빨강이 고귀한 색상으로 인기를 끌었지요.

또한 중세 유럽에선 빨강, 하양, 검정이 3대 고귀한 색상이어서 서양 동화에서 이 3가지 색상이 자주 나와요. 백설공주를 예로 들면, 눈처럼 '흰' 백설공주에게 '까만' 망토 할머니로 변장한 왕비가 '빨간' 사과를 주는 식으로요. (어머 그렇게 깊은 뜻이? 🐱)

앞서 빨간색 설명할 때 나온 영국 궁전 근위병 복장도 빨강 – 하

글로벌 대기업 로고, 인텔, IBM, 삼성

(intel)

SAMSUNG

IBM

실제로 19세기까지 저 군복을 입고 전쟁을 했다죠. 위장색 개념이 없던 시절이니……

양- 검색 유니폼이군요.

그러던 유럽에서 10세기 이후 중세 후반기에 접어들면서 인식의 변화가 생깁니다. 예수를 안고 비탄에 젖은 성모 마리아 그림(피에타)의 상복 색으로 우울과 비탄을 의미하는 파랑이 쓰이게 되었는데, 성모 마리아의 인기가 오르자 파랑색이 유행하기 시작합니다.

그래서 파랑을 묘사할 단어가 필요해졌는데, 현재 파란색 유니폼을 입는 이탈리아 축구팀을 아주리 군단이라고 부르잖아요. 이탈리아어에 쓰이는 'azzurro(하늘색)'는 아랍어 'azur'에서 차용했다고 합니다. 라틴어에는 파랑에 맞는 단어가 없다나요? 반면 영어 Blue, 프랑스어 Bleu 등은 고대 게르만어에서 유래했다네요.

또한 세속 왕가와 귀족 사회에서도 변화가 생기는데, 보라색 염료가 되는 조개가 10세기경 멸종하면서 성직자들이 보라색을 대신

해 빨강을 의상에 사용하
자, 왕가와 봉건 영주 귀족
들은 자신들을 성직자와
구분하기 위해 기존에 주
로 쓰던 빨간색 대신 새
로운 색을 찾을 필요가
생긴 것이죠. 그러다 보
니 많은 왕족과 귀족들
이 경배의 뜻으로 파랑

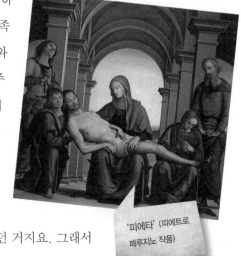

'피에타' (피에트로
페루지노 작품)

을 쓰는 경우가 늘어났던 거지요. 그래서
영어 표현 중 'blue blood'가 '귀족의 혈통'을
의미하게 된 거랍니다.

영국에선 윈저(Windsor) 가문이 왕위를 차지하면서 가문 휘장인
자줏빛이 섞인 짙푸른 파랑, 즉 '로열 블루(Royal Blue)'가 영국 왕실
의 상징색이 되었어요. 이 색깔은 엄밀히 말하면 파랑이라기보단 남
보라색에 가까워요. 기존 파란색보다 빨강이 좀 더 들어가거든요.

프랑스에선 중세시대, 루이 14세(Louis XIV)로 대표되는 부르봉
왕가가 푸른 바탕에 아이리스 꽃을 문양으로 삼았고, 1789년 프랑스
혁명 당시 파랑색이 '억압에서 풀려나는 자유'를 상징해, 혁명을 나
타내는 빨강과 더불어 새로운 시대의 상징으로 사용되죠.

19세기 이탈리아를 통일하게 된 사보이(Savoy) 왕가(통일 이후 사
르데냐(Sardinia) 왕국으로 이름이 바뀌죠.) 역시 프랑스 왕실과 밀접한

프랑스 축구 국가대표
유니폼

현재 프랑스 국기

중세 프랑스 국기

관계를 맺다 보니 지중해
빛 파랑색을 당시 국기로
사용했다고 해요. 그래서
이탈리아 축구팀도 이탈리
아 국기엔 안 쓰는 파란색
유니폼을 주 색상으로 사용
하고 있답니다.

이처럼 파랑색
은 다른 주요 색상
에 비해 늦게 구분되기 시작했지만, 성
모 마리아의 색으로, 혁명의 색에서 다시금
자유와 평화의 색으로 상징하는 바가 계속
바뀌었습니다. 특히 19세기 유럽에서 빨강을
상징색으로 사용하는 좌파가 대두되면서, 파
랑을 이에 대립한 보수의 상징색으로 여기게 됩니
다. 이 같은 정서로 인해 영국 보수당이 파랑을 상
징색으로 쓰면서, 대처(Margaret Thatcher) 전 영국 수상, 테리사 메이
(Theresa May) 전 영국 수상(이 책을 편집하는 도중에 은퇴했어요. 🐻)
등 보수당 출신 여성 정치인들이 파란색 의상을 즐겨 입음으로써 본
인이 보수당의 대표임을 드러내고 있습니다.

이처럼 점차 색상의 격이 올라간 파랑은 현대에 이르러서는 가장
스마트한 색, 첨단을 나타내는 색이자 평화의 색상으로 격상되어 온

이탈리아 축구팀

현재 이탈리아 국기

과거 사보이
왕국 국기

거죠. 그래서 UN평화유지군
도 파란색(엄밀히는 하늘색) 모자를 씁니다.

실제로 일반인들에게 설문조사를 하면 가장 많은 사람이 선호하
는 색상이 파랑이라고 하는데, 저 역시 제일 좋아하는 색깔이 바로
파랑이랍니다. 🐻

근데 그거 아세요? 차갑고 깨끗한 느낌을 주는 파랑이 실제로는
우주에서 가장 뜨거운 색상이라는 거~.

그게 뭔 소리냐고요? 🐻

촛불을 켜면 가운데 심지는 빨갛고 겉은
노란 빛인 건 아시죠? 그런
데 그보다 더 센 도시가스
는 파란 불이에요. 그죠?

우주로 시선을 확장해볼
까요? 별에도 자세히 보면
색깔이 있다는 걸 아실 거예

유엔 평화유지군 (news.un.org)

도시가스 불 (구글 이미지)

촛불 (depositphotos.com)

요. 온도가 낮은 별이 빨갛고, 이후 노랑 – 하양 – 파랑 순서로 점점 뜨거운 별이랍니다. 주로 겨울 밤에 보이는 가장 유명한 별자리, 오리온자리를 예로 들어볼게요.

왼쪽 윗부분 빨간 별이 베텔기우스(Betelgeus), 오른쪽 아래 파란 별이 리겔(Rigel)이에요. 이 중에서 더 뜨거운 별은? 맞아요. 파란 별 리겔이에요. 우리가 늘 보는 태양이 노란색인 것은 태양이 별 중에서 평균보다 조금 작은 크기라서 항성 평균온도 이하인 $6000\,°C$ 밖에 안 돼서 노랗게 보이는 거예요. 만약 태양이 엄청 뜨거운 별이었다면 우리는 파란 태양을 보면서 살았을 테지요.

오리온자리, 베텔기우스와 리겔) (www. skyandtelescope.com)

즉, 이 우주에서 가장 보편적이고 유니버설하면서도 코스모스적인 상식으로는 차가운 색이 빨강, 뜨거운 색이 파랑인 겁니다. 그런 줄 모르고 파랑을 차갑다고 하다니……. 쯧쯧~. 어리석은 지구인들 같으니라구. 🐻

이제 왜 소제목이 가장 뜨거운 색, 파랑인 줄 아시겠죠? 🐻

라푼젤은 왜 보라색 옷을 입고 있을까요?

무지개색 중 마지막 색인 보라색 이야기를 하기 위해 다시 애니메이션 이야기로 돌아가야겠네요.

디즈니 애니메이션 중 납치당한 공주의 부모 찾기 이야기인 '라푼젤'을 보면, 라푼젤이 보라색 드레스를 입고 나오는데, 이는 매우 중요한 상징을 내포하고 있답니다.

앞에서 빨강에 대해 이야기해드렸는데, 동서양을 막론하고 빨강과 함께 가장 선호되던 색상은 보라색, 엄밀히는 붉은색이 강한 자주색(purple)이었어요. 우리말에서는 빨강과 파랑이 섞인 색을 다 보라색이라고 하지만, 영어에선 붉은 보라(퍼플, purple)와 푸른 보라(바이올렛, violet)로 구분하는데, 그 중에서도 붉은색이 강한 'purple'이 더 품위있다고 본 거죠.

그 이유는 아직 인공색소가 없던 시절이라 천을 보라색으로 염색하기가 가장 어려웠기 때문이라고 합니다. 즉 경제학적 관점에서 보

면 희소성의 원칙에 따른 것이죠. 🐻

　서양에서는 보라색 색상으로 염색하려면 '무렉스 브란다리스(Murex brandaris)'라는 특이한 조개를 으깨어 염색해야 했는데, 원 재료가 매우 구하기 어려운 고가품이었답니다. 손수건 한 장 크기로 천연 염색을 하면 지금 시세로 2000만 원 정도 든다고 하네요. 그러니 그 옛날 보라색으로 염색한 옷 한 벌의 가격이 대략 얼마인지 아시겠죠? 후덜덜 🐨

　그런 고가품이었던 만큼 로마제국 시절에는 황제만이 보라색 망토를 두를 수 있었고, 그 아래 군단장 등 장군들은 빨간 망토를 둘렀지요.

　이후 로마 말기 기독교가 국교가 된 후에는 가톨릭 고위 성직자들도 보라색 옷을 입게 되었답니다. 이후 동로마제국 시절에는 황제의 자녀들은 콘스탄티노폴리스 황궁에서 보라색 방에 보라색 커튼을 드리운 방에서 태어났기에 "born in the purple(왕족으로 태어난)"이란 표현이 남아있지요.

　하지만 보라색 복장 착용자가 증가하면서 너무 많은 조개를 남획하다가 결국 10세기 무렵 이 조개의 씨가 마르게 되고, 도제식으로 전수되던 염색 기술마저 끊어지는 바람에 대안으로 보라색과 유사한 진홍색으로 염색하게 되었고 가톨릭 추기경 의상은 이후 진홍색이 되었다지요. 하지만 그 의미는 계속 전해져 가톨릭교에서 추기경에 서품될 때, 여전히 '자주색 반열에 오른다'는 표현이 남았답니다.

　참고로 동양에선 푸른 쪽물을 들인 후 홍화나 소목으로 2차 염색하는 방식으로 보라색을 염색해 서양에서 사용한 방법에 비해서는 그나마 수월했다고 하지만 귀하기는 마찬가지여서, 신라에서는 성골, 진골만이 자색 관복을 입을 수 있었고 고려시대에도 중국 사신을 접견할 때에만 왕이 예복으로 입을 정도로 사용이 제한되어 있었다고 합니다.

가톨릭 추기경이 입는 진홍색 복장

즉 디즈니 애니메이션 '라푼젤'에서 주인공 라푼젤이 보라색 옷을 입고 나온 것은, 디즈니 디자이너들이 그녀가 고귀한 존재임을 색상으로 알려주려는 의도가 있었던 거지요.

또한 최근 어린이들에게 인기를 끌고 있는 디즈니 '소피아 공주'에서도 주인공 소피아는 보라색 원피스를 입는 반면, 소피아와 대립관계인 앰버 공주는 서양에선 불길한 이미지가 강한 녹색 드레스를 입고 있어요. 옷 색상에 숨은 의미를 이제 아시겠지요? 🐻

이처럼 오랜 기간 보라색은 고귀함을 나타내는 색이었지만 1856년 영국 과학

보라색 드레스를 입은 라푼젤
(depositphotos.com)

183

자 윌리엄 퍼킨(William H. Perkin)이 18세 나이에 인공염료 개발에 성공하고, 뒤이어 1859년 독일계 영국 과학자 호프만(August Wilhelm Hofmann)이 빨간색 계열 마젠타 인공염료 개발에 성공하고, 1880년 독일 바이어(Adolf von Baeyer) 교수가 파란색 인디고 염료 개발에 성공하는 등 각국이 경쟁적으로 인공염료 개발에 성공하면서 싼 가격에 다양한 색상으로 천을 염색할 수 있게 되었답니다. 🐻

하지만 여전히 서구에서 보라색은 고결한 이미지여서 대중교통수단에는 잘 사용하지 않는 색상이었는데요, 우리나라는 1980~90년대 서울 시내버스나 육교 색상에 보라색을 많이 활용했어요. 우리나라 정서가 서구 색상 개념과는 별개이긴 하지만 왠지 보라색이 영~ 안 어울리긴 했지요. 🐻

당시 서울 시내 육교가 보라색으로 칠해진 것에 대한 에피소드가 있답니다. 30~40여 년 전 당시 서울시장이 새로 만드는 육교에 대한 브리핑을 듣더니 "도시가 화사하게 보이도록 핑크색을 칠하는 게 좋겠다."라고 지시했답니다. 그리고 몇 달 뒤, 드디어 새 육교가 완성되어 축하 행사를 하러 갔는데……. 아뿔싸! 육교가 연보라색으로 칠해져 있는 겁니다. 옆에서 수행하던

1980년대 보라색 서울 시내버스 (blog.naver.com/beryu1)

비서진은 '이제 난리가 나겠구나!'하며 등에서 서늘한 땀이 흐르는 상황. 🐻

그런데, 시장 옆에서 설명하던 공사 시공자가 "어떠십니까? 시장님 말씀대로 핑크색으로 칠하니 도시가 더욱 화사해 보입니다~." 라고 했고, 뜻밖에도 "오~ 정말 핑크색이 잘 어울리네요~."라고 답했다나요?

즉, 시장이건 공사 시공자건 그 누구도 핑크색이 뭔지 정확히 몰랐던 상황. 🐻 이로써 모든 상황 종료, 에브리바디 해피엔딩으로 끝났다고 하지요. 🐻

색상인 듯 색상 아닌 색상 같은, 하양과 검정

무지개색에 얽힌 이야기도 다 풀었으니 이제 슬슬 색상 이야기를 끝내야 할 것 같네요.

실제 자연계에선 하양이나 검정은 색상이라고 보기엔 조금 애매합니다. 모든 파장의 가시광선이 다 모이면 흰색으로 보이고 어떤 빛도 보이지 않으면 검은 것이기에 엄밀히 말해 색상이라고 하기는 곤란하지요. 🐻

하지만 오랜 옛날부터 전 문명권에서 가장 먼저 구분된 것이 밝음과 어둠이었기에, 흰색과 검정으로부터 색상 구분이 시작되었습니다. 그 후 여러 문명권에서 흰색은 밝음과 순수, 고결함의 상징으로 널리 쓰였고, 검은색은 어둠, 음모 등 부정적인 상징으로 간주되어 왔습니다. 이 같은 생각은 오랜 옛날 우리 조상들이 아직 수렵생활을 하며 살아가던 당시부터 밝은 낮과 캄캄한 밤이라는 뚜렷한 변화 속에서 각인되어 온 이미지이기도 합니다.

또한 자연 현상을 항상 면밀히 지켜보던 조상님들은 가끔씩 멜라닌 유전자 이상으로 인해 흰색 피부를 가지고 태어나는 동물을 발견하게 됩니다. 생물학적으로는 '알비노 현상(백색증)'이라고 부르지만, 과학적 원리를 알지 못했기에 이처럼 드물게 태어나는 별종을 신성하게 여겨 흰 피부에 파란 눈을 가진 '흰호랑이(백호, 白虎)' 등을 신성시했으며, 신화에서도 백마, 흰 닭 등을 하늘의 뜻을 전하는 귀한 동물로 여겨왔습니다.

이 같은 인식은 아메리카 원주민(인디언)들 사이에서도 존재해, '흰 피부를 가진 하늘의 전령이 언젠가 내려올 것'이라는 믿음이 있었다고 하네요. 그래서 처음 스페인 군대가 잉카제국을 침범해 왔을

알비노 흰호랑이
(dailynewsdig.com)

때, 원주민들은 아메리카대륙에는 없던 '말'이라는 동물을 타고 번쩍이는 갑옷을 입은 흰 피부의 백인들을 하늘이 보낸 사신이라 여겨 극진히 모셨다가 대학살당하는 비극의 역사도 있었습니다.

그런데 이 같은 흰색 선호 현상은 서양인도 마찬가지였는데, 이들이 세계를 지배하는 과정에서 인종학이란 옳지 못한 개념을 도입하여 자기네는 백인종이라 칭하고 그 외 인종은 황인종, 흑인종 등으로 부르며 차별했지요.

이 같은 인종간 장벽은 여전히 존재하는데, 오랫동안 아메리카 원주민들은 홍인종(紅人種), 동남아시아 말레이 인종은 갈색종이라고 따로 분리해 백인, 황인, 흑인, 홍인, 갈인 등 5개 인종으로 구분했고, 호주는 오랫동안 유색인종의 이민을 막았어요. 또 미국 버지니아 주에서는 타 인종간의 결혼을 금지한 법률이 1967년까지 남아 있었고, 남아프리카공화국에서는 그보다 더해 1985년까지 이 법률이 존재했을 정도로 세계 곳곳에서 인종 차별이 심했고, 지금도 암암리에 벌어지고 있지요.

그런데…… 엄연히 팩트로 따져 보면, 백인 중에서도 아주 하얗지 않은 사람들도 많잖아요. 🐻

한편 동양에서는 흰색이 죽음을 상징하기도 하지요. 불교에서는 해가 지는 서쪽에 이상향, '서방정토(西方淨土)'가 있는데, 선한 일을 행한 자는 죽어서 이곳으로 간다고 여겼지요. 이 사상이 동아시아로 건너오면서 오방색에 따라 서쪽의 상징은 흰색이므로 우리나라나 중국, 일본에서 공통적으로 상주들이 상복으로 삼베 옷이나 흰 광목

우리나라 전통 상복

천으로 만든 옷을 입게 됩니다.

다만 과거 우리나라나 중국에선 사람이 죽으면 일상복으로 매장했어요. 한때 우리나라에서도 크게 인기를 끌었던 중국 강시 영화에서도 망자가 일상복을 입고 매장되었다가 귀신이 되어 집으로 돌아가려고 콩콩 뛰어다니는 게 나오죠?

또 가끔 뉴스에서 조상님 무덤을 이장하다가 수백 년된 사체가 크게 손상되지 않은 채 발견되어 사체가 입고 있던 복장에서 당시 의상문화가 어땠는지 알게 되는 계기가 됐다는 보도를 보셨을 겁니다. 우리나라는 고려시대엔 불교식으로 화장을 했으니 매장 당시 복장을 알 도리가 없었지만, 조선 초기부터 유교식 매장 방식이 퍼지면서 사망자에게 가장 화려하고 좋은 옷을 입혀 매장했답니다. 그래서 관직을 한 남성은 관복을 입히고 여성은 혼례 때 입은 녹의홍상(綠衣紅裳) 혼례복을 입혔다고 합니다.

실제로 1924년에 제작된 최초의 국산 공포영화 '장화홍련전' 등 일제시대에 만들어진 영화에선 녹의홍상, 즉 연두 저고리에 다홍 치마를 입은 여성 귀신이 등장했으나, 해방 후 한국전쟁 등 역사적 비극이 이어지면서 이 같은 전통이 잊히고 맙니다. 그래서 1960년대 다시 공포영화를 제작할 무렵에는 일본에서 1700년대부터 유행한 괴담소설 류와 일본 영화에서 처녀귀신들이 흰 소복 차림으로 나타난 것을 참고해 우리나라 옛 귀신들도 흰 소복을 입고 나오게 됩니다. 일제시대부터 왜곡된 다른 장례문화처럼, 이런 일본식 귀신 복장은 개선해야 하지 않을까요?

반면 서구에서는 예전부터 죽음의 상징이 검은색이었기에 장례식에서 상주와 참석자들이 검정 옷을 입었는데, 최근 우리나라도 서구화되면서 이제는 대다수 상주가 검정 양복과 검정 치마저고리를 입고 있습니다.

이처럼 오랜 기간 서양에서는 신부, 수녀님을 제외하고는 일상생활 중 검정색 옷을 입지 않았다고 합니다.

그러던 풍습을 타파한 사람은, 프랑스의 유명한 패션 디자이너 코코 샤넬(Coco Chanel)이었어요. 향수 '샤넬 넘버 5'도 유명하지만 상복으로만 입던 검정색을 과감히 패션에 도입한 검정 원피스가 대성공을 거두면서 색상 금기를 깬 것도 샤넬의 큰 업적이었지요.

또 결혼식에서 우리는 가장 화려한 색상의 혼례복을 입은 반면, 서양에선 보통 흰 드레스를 입지요. 🐻

이처럼 흑백에 대한 동서양의 정서가 정반

코코 샤넬(© Man Ray)
(www.littleblackdress.
com)

대인 경우도 있답니다.

휴~, 알고 보면 참 이야깃거리가 많은 색상 이야기. 재미있었나요? 이젠 다른 이야기로 넘어가볼게요.

04
그리스 조각상이 하얀색이라굽쇼?

고려 청자와 조선 백자 이야기처럼 색깔과 관련된 서양 조각상에 대한 이야기를 해야 할 것 같네요.

모두가 잘 아는 르네상스 시절 천재 미술가 미켈란젤로 (Michelangelo Buonarroti, 1475~1564)는 평소 조각가로 불리는 것을 가장 좋아했다고 합니다. 그가 스물네 살이란 젊은 나이에 조각해 지금도 로마 바티칸 대성당에 전시되고 있는 '피에타 상'

피에타 상

다비드 상

이나 피렌체에 우뚝 서 있는 '다비드 상'을 보면 그가 얼마나 조각에 뛰어난 인재였는지 알 수 있지요.

그런 자부심을 가진 그에게 교황 율리우스 2세(Pope Julius II, 재위 1503~1513)가 시스티나 성당 벽화를 그리게 하자 처음에는 불쾌하게 생각했다지요? 하지만 그는 시스티나 성당 천장화와 '최후의 심판'이라는 대작을 완성해 지금도 후대 사람들에게 엄청난 감동을 주고 있지요. 그 외에도 성 베드로 대성당 재건축과 캄피톨리오 광장 설계에서도 천재적 실력을 발휘합니다. 흔히 캄피돌리오 광장 바닥의 기하학적 무늬에 감탄하는데, 그것보다 더 놀라운 것은 광장 출입구를 기존의 포로 로마노 쪽이 아니라 정반대 쪽에서 올라가도록 완전히 축을

캄피돌리오 광장
(wikiarquitectura.com)

바꿔버린 거라네요. 🐻

　게다가 내친김에 교황청을 지키는 스위스 근위대 복장 디자인까지 진행하니 천재는 못하는 게 없나 봅니다. 🐨

바티칸시티 스위스 근위병

　아 참, 그가 그린 천장화 가운데 '천지창조' 그림에서 아담과 손가락을 마주 대고 있는 야훼 하나님의 얼굴은 그리스 신화 속 최고의 신 제우스의 얼굴을 참조했다고 하지요?

　그 이전에는 창조주를 인간적 모습으로 표현한 적이 없었기에 서양 문화 속에서 가장 이상적인 모습을 형상화한 것이었다지요. 게다가 의뢰자인 교황 율리우스 2세의 얼굴을 모델로 한 예언자 즈카르아 뒤에 있는 아기 천사가 예언자를 향해 손가락 욕을 날리고 있다네요. 그걸 용인해준 당시 교황의 관용도 대단해 보입니다. 🐻

미켈란젤로

　하지만 교황 입장에서도 거대한 프로젝트를 의뢰해 놓고선 제때

교황 율리우스 2세

니케의 여신상, "내가 원조 나이키다."

밀로의 비너스, "원래는 팔이 있었다."

월급을 안 줘서 천장화를 돕던 조수들이 죄다 도망가는 바람에 미켈란젤로가 2년간 허송세월하게 만든 데 대한 미안함이 있을 수도 있었겠네요. 🐻

우리는 미술이라고 하면 흔히 회화 작품을 가장 먼저 떠올리지만, 건축과 조각 역시 중요한 분야였습니다. 예전에는 화학물감이 없었기에 광물 가루를 갈아서 그린 그림은 세월에 의해 풍화되거나 사라지는 경우가 많았죠. 그래서 로마시대에는 색깔 있는 돌을 잘게 부숴 모자이크 벽화를 만들었고, 중세시대에는 색유리를 만들어 성당 벽에 장식하는 '스테인드 글라스 기법(stained glass)'을 많이 이용했지요. 게다가 중국에서 탄생한 종이는 중세시대에 이르러서야 유럽에 소개되었고, 오랜 기간 수채화 물감은 존재하지도 않았으니 원형이 바뀌지 않는 건축

과 조각이 대중에게 정치적 사상이나 종교적 신념을 표현해주는 가장 강력한 상징이 되었고 각 시대마다 많은 작품을 남겨 왔죠.

유럽의 대형 미술관에 가면 많은 조각상들이 전시되고 있는데, 파리 루브르박물관에 가면 '니케(Nike)의 여신상', '밀로의 비너스' 등 많은 고대 그리스 걸작품이 전시되어 있고, 로마 바티칸미술관에도 '라오콘 군상' 등 많은 옛 걸작품이 하얀 대리석 조각상으로 전시되고 있지요.

그래서 고대 그리스인들은 맑고 깨끗하고 순수한 이미지를 표현하기 위해 새하얀 돌로 조각품을 만들었다고 생각해 미켈란젤로는 순백의 대리석으로 조각을 만들었고, 파리 등 많은 도시에서도 순백의 건물을 지어 로맨틱한 분위기를 연출했다고 알고 있지만……

그리스 조각이나 건물이 흰색으로 만들어진 것이란 상식은 가리지날. 원래 그리스-로마시대 건물과 조각들은 화려한 색상으로 칠해져 있었답니다. 당시엔 색상을 칠하지 않은 조각상은 아주 흉하게 여겼대요. 그래서 각종 건물에도 화려한 색상과 함께 금은보석으로 치장했다고 합니다. 🐻

그럼 왜 지금처럼 새하얀 조각 작품으로 남게 되었을까요?

그건 당시 색깔을 입힐 수 있는 화학물감이 없었기에 자연에서 추출한 광물 염료를 접착제로 붙였던

천연광물 염료
(depositphotos.
com)

것들이 로마제국 멸망 이후 오랜 기간 땅에 묻혀 있거나 바닷물 속에 잠겨 있으면서 풍화되어 겉면에 붙었던 색상 원료들이 다 떨어져 나갔기 때문이랍니다. 🐻

그 후 1000년 가까이 잊혔던 고대 유물들은 르네상스가 본격화될 무렵인 15세기 말 로마에서 한 유적이 발견되면서 화제를 불러일으킵니다. 로마 도심 개발을 위해 땅을 파다가 우연히 발견된 로마 황제 티투스(Titus)의 목욕탕으로 가는 지하통로와 네로(Nero)의 황금 궁전 폐허에서 낯선 광경을 보게 된 거지요. 지하통로였는지라 땅에서 파내려 간 굴이 유적 천장을 뚫는 바람에 햇살이 비치는 동굴 벽과 천장에는 식물과 인간 머리, 동물의 몸에 새나 물고기의 꼬리가 붙어 있는 등 여러 신화적 이미지가 결합된 벽화가 그려져 있었는데, 당시 기독교 종교화나 인물화만 보아 오던 사람들에게 그 공간은 정말 놀랍고도 불편하고도 매혹적인 공간이 되었지요. 그런데 그곳이 지하통로였는지라 '동굴(이탈리아어로 grotto)'에서 나타난 이 형상에 대해 '동굴스럽다'라고 하는 '그로테스크(grotesque)'라는 단어가 탄생합니다. 🐻

당시 유럽 사회는 이 오래된 매혹적인 예술품에 관심을 가지게 되고 르네상스시대를 맞아 미술에서 인간 중심의 화풍이 유행함은 물론 문학에서도 '로망스' 소설이 등장하는 등 큰 반향을 불러일으키면서 고대 그리스 – 로마 유물은 그야말로 '핫'하면서 '힙'한 레트로 장르가 됩니다. 🐻

이에 유럽 귀족들은 앞다투어 고대 미술품을 소장하고자 노력하게 되면서 발굴업자와 미술 도매상이 한몫을 잡게 된 것이지요. 하지만 발굴해낸 일부 조각 작품에선 얼룩덜룩 색상이 남아있기도 했는데, 르네상스 이후 고대 그리스 – 로마 미술품 수집에 열광하던 유럽 귀족들은 새하얀 작품만 고귀하다고 여겨 색상이 남아있는 작품은 선호하지 않았다네요.

미술 도매상 : "오늘은 어디서 조각상 파 가지고 왔나탈리아?"
발굴업자 : "이번 건 바다에서 건져 올랐다테네. 근데 좀 얼룩덜룩하다그리스."
미술 도매상 : "맘마미아~. 장사 원투데이 하냘라또. 하얗게 될 때까지 박박 갈고 잘 다듬어서 다시 오라리아~."
발굴업자 : "죄송하다리히. 새로 온 알바들이 매뉴얼을 제대로 안 보고 와 그렇다유로. 다시 오겠다수와~."
미술 도매상 : "거러췌랑스~! 조각상에 팔에 흠집 난 건은 비싸게 못 파니 아예 짜르고 갖고 오라부르봉~."

그래서 고대 유물을 건진 발굴업자들은 건져 올린 조각상에 색상이 남아있으면 일부러 세척하거나 갈아서 색깔을 다 지워서 팔았다고 하지요. 🐻 그 바람에 오랜 기간 그리스 – 로마 조각상이나 건축물은 처음부터 순백색으로 만들어졌다고 오해하게 된 거랍니다.

그래서 최근 여러 과학자들이 자외선 필터, 적외선 분광기, X-레이 형광기 등 다양한 방식으로 과거 조각상의 표면을 분석해 오리지

날 색상을 찾아내고 있는데, 그 결과물을 보면 마치 초등학생이 그린 것처럼 보여서 그만 웃음이 나오게 됩니다. 🐻

건물 역시 복원 상상화를 보면 차라리 하얀 게 나아 보이긴 합니다. 🐻

하지만 당시엔 다양한 색상을 조합해낼 수 있는 화학염료 기술이 없었기에 광물을 갈아서 재현 가능한 최선의 노력을 기울인 결과였다는 사실을 알고 다시 보면, 당시 장인들의 고민과 정성에 경탄하게 됩니다. 하지만 색상이 바래 하얗게 변해버린 지금도 그 미술품의 가치가 더해 보이는 건, 예술품이 가진 본연의 아름다움이 그만큼 훌륭했기 때문이겠지요?

05
지금 보는 건축물이
그 건축물이 아니라고라?

앞서 그리스 조각품에 대해 이야기했는데요. 지금은 미술 작품이라고 하면 회화, 조각들만 생각하지만 과거엔 회화 작품이나 조각이 건축물의 일부로 존재하는 경우가 더 많았답니다. 또한 종이가 유럽에 전래된 것이 중세 시절이라 그 이전에는 벽에 직접 칠한 벽화나 돌조각을 이용한 모자이크화밖에 남아있지 않지요. 그래서 고대 미술품은 건축물 자체인 경우가 많은데, 지금 우리가 보는 고대 건축물 중 당시 모습 그대로가 아닌 경우가 상당히 많답니다. 그 중 몇 가지 이야기를 해볼게요.

고대 불가사의 중 하나이자 지금도 외계인이 만들었다는 등 각종 미스터리의 떡밥 재료로 애용되고 있는 이집트 피라미드는 인류 역사상 가장 기념비적인 건축물입니다. 보수적으로 산정해 쿠푸 왕(BC 2589~2566)의 무덤이라고 간주해도 우리나라 단군 할배가 건국할 때보다 더 이전에 만든 것이 확실하니 더더욱 놀라울 뿐이지요. 🐻

우리에게 잘 알려진 고대 이집트의 마지막 왕이었던 클레오파트라(Cleopatra) 여왕을 기점으로 본다 해도 클레오파트라 여왕으로부터 지금까지의 기간보다 피라미드 건립부터 클레오파트라 여왕 사이의 기간이 더 길어요. 그 정도로 이집트의 역사는 정말 엄청나게 오래되었어요.

그런데 현재 우리가 보는 돌 계단이 쌓여 올라가는 형태의 피라미드 모습은 가리지날~. 원래 모습 그대로가 아니라 겉면이 뜯겨 나간 내부 재료를 보고 있는 것이랍니다. 🐻

처음 만들 당시 피라미드는 거대한 바위를 육면체 돌덩어리로 잘라서 운반해온 뒤 쌓아 올리고 마지막에 매끄럽게 다듬은 하얀 석회석을 경사면에 이어 붙여 매끈한 형태로 만들었답니다. 아마도 당시 멀리서 그 광경을 보았다면 나일강 옆에 하얗게 햇빛을 반사하는 멋진 거대한 세 개의 피라미드가 여행객을 반겼겠지요.

그리고, 피라미드가 정사각뿔 모습이라고 생각하시겠지만 이것도 가리지날~. 하늘에서 내려다보면 각 면의 중앙에 움푹 파인 선이 있는 게 드러나 보여요. 즉 정확히는 직각 삼각형 8면 형태인 것이죠. 하지만 왜 그렇게 만들었는지 그 이유는 아직 몰라요. 🐻

하지만 1303년 거대한 지진이 발생해 사선으로 끼워둔 석회석들이 무너져 내렸는데, 당시 이집트를 통치하던 무슬림 왕들이 보기엔 이교도들의 건축물에서 떨어진 돌들은 무척 훌륭한 건축 재료여서 이슬람 사원과 요새를 짓는 데 사용하게 되어 결국 지금처럼 거친 벽돌 같은 내부 자재가 그대로 드러나버린 것이죠. 하지만 두 번째 피라미드(카프레 왕의 피라미드)의 꼭대기 부근에는 아직 일부 매끄러운 표면이 남아있어서 과거의 모습을 유추할 수 있게 해주

지금의 이집트 피라미드, 최초 피라미드 상상도, 위성사진으로 본 쿠푸왕의 피라미드 (구글 이미지)

201

지요.

게다가 고대 이집트 시절 피라미드 건축물 인근에는 대도시가 없었어요. 신성한 지역으로 여겨 이 일대에는 일반인의 거주가 금지되었는데, 고대 이집트제국이 무너지고 로마 황제의 직할 식민지가 되었다가 7세기 이슬람이 팽창하면서 우마미야 왕조가 640년경 이집트를 점령한 뒤, 기존의 바닷가 알렉산드리아 대신 642년 피라미드 북쪽 지역에 푸스타트(Fustat)라는 신도시를 짓고 새 수도로 삼으면서 피라미드가 거주지와 가까워지게 됩니다.

지금의 이집트 수도인 카이로(Cairo)의 발음 역시 가리지날. 이건 영어식 발음이고 본토 발음으로는 '알 카히라 (Al-Qahira)'인데요. 969년 이집트를 새로 정복한 파티마 왕조가 푸스타트 남쪽에 새로이 세운 도시로서 '승리자의 도시'란 의미로 이렇게 이름을 붙였다네요.

그러면서 988년에 세계에서 가장 오래된 대학교인 '알 아즈하르(Al-Azhar) 대학교'도 바로 이 도시에 세우게 됩니다. 응?

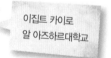

이집트 카이로
알 아즈하르대학교

세상에서 가장 오래된 대학은 1088년에 세워진 이탈리아 볼로냐대학교 아니냐고요? 그건 서유럽 지역에서 그런 거고요. 그런 식으로 따지고 들면 우리나라 삼국시대 고구려의 태학도 국립대학교이죠, 뭐~.

그 후 아랍 세계에서 가장 큰 도시로 성장한 카이로가 거주지를 확장하면서 그동안 빈 공간이던 기자 지역까지 팽창하던 차에 피라미드 외벽이 와르르 무너지니 '얼씨구나~. 이게 웬 돌이냐~.'하면서 건축물 재료로 가져다 쓴 것이죠. 🐻

하지만 그 직후 흑사병이 퍼져 카이로의 인구가 급감하면서 확장이 주춤해져 더이상의 피라미드 파괴는 진행되지 않았고, 1798년 나폴레옹의 점령에 이어 영국의 식민지가 되면서 고대 이집트에 대한 고고학적 연구가 진행되었고, 인류 문명에서 피라미드가 갖는 중요성이 부각되면서 이제는 잘 보존되는 상황입니다.

하지만 지금 카이로-기자 지역의 인구가 2800만 명에 달해 피라미드 바로 앞까지 도시가 확장된 상황이에요. 그래서 피라미드 건너편 피자헛 2층 창가에서 바라보는 피라미드가 가장 멋지다고들 하지요. 🐻

이처럼 피라미드는 늘 우리에게 궁금증을 불러일으키는 인류 문명의 거대한 발자취이지만 영국, 프랑스 등 유럽 학자들이 "피라미드는 인간이 만들 수 있는 건축물이 아니므로 외계인 작품이 아니겠느냐, 아니다 이집트 이전의 고대 문명이 만들었을 것이다." 등등 이상한 주장을 많이 하고, 이집트 학자들의 최근 연구 결과를 무시하자 이에 열받은 이집트 정부에서 피라미드 내부의 연구 및 조사를 엄격히 관리함에 따라 미공개 구역에 대한 탐사는 거의 이루어지지 않고 있어요.

왜 이집트 정부가 서구 학자들의 연구에 대해 간섭하느냐면 피라미드 미스터리를 언급하는 이면에는 '설마 너희 같은 미개한 민족이 저런 건축물을 만들었겠어? 분명 다른 문명이나 외계인이어야 가능할 거야.'라는 백인들의 오만한 인종주의가 자리잡고 있다고 여기기 때문이지요.

실제로 이라크, 멕시코, 중국 내륙 등에도 피라미드 형태의 유적지가 많고 우리나라 고구려 장군총도 규모만 작을 뿐이지 피라미드형 건축물이거든요. 생각해보세요. 철근과 콘크리트 같은 재료 없이 돌로만 건축물을 만들 때 가장 안정적인 형태가 바로 피라미드예요. 당시 유럽은 미개한 지역이라 피라미드형 구조물이 없었던 거고요. 그랬기에 세계 곳곳에서 피라미드 형태의 건축물을 많이 만들었고 가장 규모가 크고 잘 유지된 것이 이집트 피라미드인데, 이걸 어떻게 만들 수 있었는지 과학적으로 분석하지 않고 인간의 작품이 아니라는 식으로 매도해버렸으니 화가 날만 하네요.

어때요? 기존의 피라미드 미스터리 말고도 피라미드엔 참 재미난 비밀이 많지요?

유럽 속담에 "모든 길은 로마로 통한다."라는 말이 있지요. 이탈리아 수도인 로마는 고대 유럽 문명의 근원이 된 로마제국의 수도였을 뿐 아니라 중세시대에도 가톨릭 교회의 중심지로서 유럽의 정신적 지주가 되었기에 이 속담은 로마의 중요성을 잘 보여준다고 하겠습니다.

그런데, 로마는 심지어 두 개의 도시국가까지 안고 있어요. 그 중의 하나가 '몰타기사단령'이고, 또 하나가 '바티칸시국'이지요. 바티칸시티 지역은 사도 베드로가 십자가에 거꾸로 못 박혀 순교한 자리여서, 기독교가 로마제국의 국교로 선포되면서 성스러운 지역으로

재건축한 성 베드로 대성당

여겨져 지금까지도 로마 가톨릭 교황청이 자리잡고 있답니다.

그래서 가톨릭 신도는 물론 여행객들도 교황청 건물군을 끼고 찬란히 빛나는 성 베드로 대성당을 보면서 감탄하게 되는데요. 지금 우리가 보는 성 베드로 대성당은 건축 당시의 모습이 아니랍니다. 1506년 교황 율리우스 2세의 명으로 새로 건립하기 시작해 1615년 바오로 5세(Paul V) 때 완성한 새 건축물이죠.

그럼 원래의 성 베드로 대성당은 어떤 모습이었을까요?

최초의 성 베드로 대성당은 349년에 기독교를 공인한 콘스탄티누스 1세(Constantinus I)의 명으로 만들었는데, 원래 이 자리는 로마의 변두리 지역으로 네로 황제가 만든 마차 경주장 자리였는데, 경주장 바로 옆이 사도 베드로의 순교 장소였기에 이 장소에 성 베드로 대성당을 짓게 되었다고 합니다. 이에 처음 만든 옛 베드로 대성당은 바실리카 양식의 길쭉한 건축물로 지어져 첫 문을 열고 들어가면 샘으로 둘러싸인 정원이 나오

성 소피아 대성당

옛 베드로 대성당

고 다시 본당으로 통하는 5개 문을 지나서 들어가는 형태였다고 합니다. 또한 각 벽에는 성서 장면을 담은 프레스코 벽화가 그려져 있었다고 하네요. 이후 정문 오른쪽에 종탑도 하나 세웠다지요.

하지만 로마제국이 동서로 분리된 후, 동로마 황제 유스티니아누스 1세(Justinianus I)가 새로운 로마, 콘스탄티노폴리스 언덕에 거대한 돔을 얹은 신개념의 '성 소피아 대성당(하기야 소피아)'을 지으면서 기독교 본당이 되자 로마 바티칸 언덕 성 베드로 대성당의 위상이 하락하게 됩니다.

동로마 황제 : "야만족 사이에서 고생이 많다로마~. 이번에 새로 소피아 성당 만들었는데 구경해보라노폴리스"

로마 대주교 : "경하드리옵니탈리아~. 성당이 참 트렌디하면서도 엑조틱하면서도 어째 동방스럽다리아~."

동로마 황제 : "이제부턴 콘스탄티노폴리스 주교가 거처하는 이 성당이 기독교 최고 본당이 될 것이새로마. 서로마엔 황제도 없으니 신의 대리인은 오직 나 동로마 황제뿐인 거 잊지 말라티니아누스. 아~. 알렉산드리아 주교가 새 달력 만들었드리아. 얼른 새 달력 가져가 써라그리스."

로마 대주교 : "아놔~. 원래 여기가 본산인데 자꾸 넘버 3 취급하시네로. 이참에 확 독립 선언할가톨릭?"

그 후로도 로마 대주교(이후 가톨릭 교황)는 '신의 대리인'을 자

처한 동로마 황제의 간섭 속에 콘스탄티노폴리스 대주교와 서로 경쟁을 하다가 결국 800년에 프랑크제국 카를루스 대제(샤를 마뉴, Charlemagne)에게 서로마 황제 관을 씌우며 동로마제국의 간섭에서 벗어나게 됩니다. 이후 서유럽의 힘이 강해지면서 가톨릭 교회가 동방 정교회보다 영향력이 커지지만 상징적 건물인 성 베드로 대성당이 건립 후 1000년이 지나면서 벽이 기우는 등 부식이 심각해지자 재건축 논의가 시작되지요. 🐻

당시 동로마 황제와 동방정교회 주교들은 성 소피아 대성당에 큰 자부심을 가지고 있었기에, 라이벌 의식에 불타던 이탈리아 원조 가톨릭 교회들은 프랑스에서 시작된 고딕형 첨탑 건축물은 야만족(고트족)스럽다고 혐오하면서 로마 건축의 영광을 드러내는 돔 건축물

피렌체 두오모 대성당

을 재현할 것을 고심했지만, 기술의 퇴보로 좀처럼 성공하지 못하다가 드디어 1436년 필리포 브루넬레스키(Filippo Brunelleschi)가 피렌체 두오모(대성당)에 분할형 돔을 올리면서 돔 건축에 대한 자신감을 회복하게 됩니다.

이에 교황 니콜라우스 5세(Nicolaus V)가 성 베드로 대성당 재건축을 추진했지만 그가 사망하면서 공사가 중단됩니다. 그러다가 1453년 동로마제국 수도 콘스탄티노폴리스가 오스만투르크제국에 함락되어 동로마제국이 멸망하면서 대주교가 쫓겨나고, 소피아 대성당이 이슬람 성전으로 바뀌는 충격적인 상황을 맞게 되자, 1506년 교황 율리우스 2세가 소피아 대성당보다 더 멋진 성당을 만들자며 기독교 세계의 재도약을 위해 다시금 공사를 시작합니다. 그러나 1000년 전 소피아 대성당 위에 얹은 돔 지붕보다 더 크게 재현할 방법을 찾지 못해 공사 책임자가 연이어 교체되고, 설계가 바뀐 끝에 미켈란젤로가 제안한 돔 설계로 결국 완성하게 됩니다.

교황 바오로 3세 : "천년 전에 만든 소피아 성당 돔보다 여전히 크기가 작은데 어떻게 처리한다지바티칸?"

미켈란젤로 : "좋은 생각이 서든리 들었다리탈리아~. 돔 위에 첨탑을 올리면 소피아 성당보다 더 높아지리로마~. 넓이로 안 되면 높이로 승부 걸면 된다르네상스."

교황 바오로 3세 : "거러췌리아. 뜻이 있는 곳에 길이 있다했다할렐루야~."

즉, 돔 크기는 소피아 대성당보다 작지만 돔 지붕 위에 채광탑을 올려 소피아 대성당보다 더 높게 만들게 된 거지요. 오호~ 그런 방법을 제안하다니……. 역시 천재는 뭐가 달라도 달랐네요. 🐻

어때요? 성 베드로 대성당 재건축에도 많은 이야기가 숨어 있지요?

경주 안압지 건축물

신라 천년의 수도 경주에 가면 참 많은 볼거리가 있습니다. 그 중에서도 밤에 구경할 때 참 아름다운 곳이 안압지이죠.

하지만 안압지란 이름은 가리지날~. 이 지역의 정확한 명칭은 동궁(東宮)과 월지(月池)랍니다.

오랜 기간 안압지(雁鴨池)라는 이름으로 불린 이곳은 과거 조선시대

동궁과 월지(a.k.a 안압지) 야경 (www.slhotel.co.kr)

에 원래 이름을 제대로 알지 못해 '기러기와 오리가 노는 연못'이란 의미로 쓴 것이지요.

그래서 제가 어릴 적에도 안압지라고만 알려졌었는데, 1980년 발굴 과정에서 '월지'라고 쓰인 도기 파편이 나오면서 이 연못의 원래 이름이 '월지(달못)'란 걸 알게 되죠. 그래서 평지는 신라 왕궁 반월성의 동쪽 구역이고, 못은 월지란 의미에서 '동궁과 월지'란 새이름을 부여했다고 합니다. 1970년대부터 시작된 발굴 조사 과정에서 많은 유물과 건축물 토대가 나와 과거 형태를 알게 되었는데, 현재는 세 채의 전각과 연못, 석축을 보수한 상태이지요.

하지만 복원한 건물은 사실 가리지날 복원입니다. 🐻

이미 많은 건축 자재 유물이 나와 신라시대 건축물은 조선시대와 달리 화려한 금속 장식물을 기와 끝과 난간 등에 부착해 금빛으로 번쩍였을 것이라고 증명되었는데도, 조선시대처럼 나무로만 만들었고 심지어 조선시대부터 유행한 녹색 단청을 입혀 놓아 조선시대 건축물처럼 복원했으니…… 쩝! 🐻

드라마 속 삼국시대를 재현하기 위해 만든 세트장은 대부분 중국이나 일본 고대 건축물에서 벤치마킹해, 상상으로 만들긴 하지만 현재의 경주 동궁과 월지 유적보다는 차라리 더 고증에 가까울 듯합니다.

앞서 베드로 대성당 재건축 이야기를 해드렸듯이 우리나라는 예전부터 궁궐이나 사찰이 불타거나 훼손될 경우, 당시 모습대로 복원하는 게 아니라 최신 트렌드에 맞춰 재건축해 원형을 잃어버린 경우가 많았습니다.

실제로 경북 영주 부석사 '무량수전' 정도만 고려시대 건축 양식이 그대로 남아있지, 오랜 역사를 지닌 사찰이라 하더라도 여러 이유로 조선시대에 재건축하면서 당시 유행 사조에 맞춰 다시 만들었지요. 그리고 전통 건축 기술이 제대로 전수되기 어려웠던 상황이다 보니 광화문 현판이나 숭례문 등 각종 복원 사업 시 제대로 재현하지 못한다는 비난이 계속되고 있습니다. 뭐 후손들인 우리는 백년은 고사하고 한 20년만 지나면 다 때려 부수고 첨단 유행에 맞춰 재건축하느라 정신없으니 뭐라 비판하긴 좀 그렇긴 하네요. 🐻

하지만 일본의 경우, 과거 건축물에 대해 우직하리만큼 원형 그대로 복원하는 노하우를 지속적으로 유지해오고 있습니다. 특히 578년 쇼토쿠 태자(聖德太子)의 요청으로 건축 기술을 전수하러 건너간 백제 장인 3명이 세워 기네스북에서 '세상에서 가장 오래된 기업'으로 공인받은, 사찰 건물 복원 건축사무소 ㈜곤고구미(金剛組)를 보면 참 놀랍습니다. 이들 백제 장인들이 593년 오사카에 시텐노지(四天王寺)를 건립한 뒤 후손들에게 사찰의 관리를 맡겼고, 후손들은 곤고구미라는 회사를 만들어 지금까지 우직하게 건물 자체의 구조와 재질을 기록하고 연구하여 과거 유적을 그대로 복원하는 기술을 유지하고 있습니다.

그래서 1400여 년간 7번이나 불에 탄 시텐노지를 지금까지 원형 그대로 보존해오고 있는 것이지요. 이 회사의 사훈은 "보이는 곳은 정성스럽게, 보이지 않는 곳은 더 정성스럽게"라고 하네요. 🐼

오사카에 있는 시텐노지

이런 걸 보면서 조심스럽게 제 의견을 덧붙이자면, 동궁과 월지를 건축하던 통일신라시대엔 중국 당나라 스타일의 붉은 기둥 건물이 유행했었습니다. 일본에선 그 무렵에 만든 오사카 시텐노지, 이세 신궁 등 옛 건물을 당시 원형 그대로 유지해 붉은색 기둥과 단청을 보존해오고 있어요. 따라서 졸속으로 재건하지 말고 향후 확실한 증거가 나온다면, 그에 맞춰 우리 유적도 복원해야 하지 않나 싶습니다.

이처럼 건축물에 대한 인식의 차이, 전문가에 대한 우대와 경제적 뒷받침이 국가의 자존심과 품격을 지켜준다는 점에서 시사하는 바가 크다고 생각합니다.

이제 마지막으로 서양 명화에 얽힌 비하인드 스토리로 넘어갈게요.

06
그림 속 숨은 비밀을 찾아라

원시인들이 알타미라 동굴에 벽화를 그릴 때부터 미술은 우리 문화 속에서 지식의 전달 수단으로 이어져 오고 있습니다. 근래 들어 과거 미술 작품 속에 숨겨진 메시지를 찾는 것이 유행이 되고 있는데, 세계적 인기를 끈 소설 《다빈치 코드》에선 레오나르도 다빈치의 작품 속 비밀 메시지를 찾는 내용이 아주 흥미진진했지요.

이처럼 미술 작품 속에 화가가 그려 놓은 비밀 메시지가 숨겨진 경우가 있는데, 그 중 놀라운 이야기 몇 개를 해볼게요.

밀레의 '만종' 속 감자 바구니의 정체는?

밀레(Jean-François Millet)가 그린 '만종(晩鍾, L'Angélus)'이라는 그림을 잘 아실 겁니다.

그런데 이 미술 작품을 그냥 '만종'이라고 쓰면 무슨 의미인지 알기 어려워요. 그림의 원래 제목인 'L'Angélus'는 '삼종기도(오전, 정오, 저녁 하루 세 번 종을 칠 때마다 드리는 기도)'란 의미인데, 일본인들이 이를 나름대로 저녁 종소리라고 해석해 한자로 '늦을 만晩, 종 종鍾'이라고 번역한 것이니 지금이라도 우리식으로 '저녁 기도'라고 바꿨으면 하네요.

아, 맞다! 언어 편이 아니지. 🐻 자 본론으로 들어가면요~.

밀레가 그린
'저녁 기도(만종)'

215

저녁 노을이 지는 들판에서 농부 부부가 감자 바구니를 발 밑에 두고 저 멀리 교회 종소리를 들으며 고개를 숙인 채 하루를 마치는 감사 기도를 올리는 평화로운 그림이라고 알고 계시지만 이는 가리지날! 원래 이 작품은 굶어 죽은 아기를 담은 바구니를 땅에 묻기 전 명복을 비는 장면을 그린 것이라는 주장이 있습니다. 🐻

일단 이 문제의 그림을 그린 밀레 개인의 이야기부터 해야겠네요.

밀레는 1814년 프랑스 노르망디 지역 가난한 농부의 아들로 태어나 1837년부터 파리에서 화가로 활동했어요. 오랜 무명 화가 생활을 하던 중, 1848년 '곡식을 키질하는 사람들'이 미술전에 당선되면서 주목을 받지만 생활비에 쪼들리는 파리 생활을 더 이상 감당하지 못해 결국 1849년 파리 근처 시골마을 바르비종(Barbizon)으로 내려가 농사를 지으며 그림을 그렸다네요.

밀레의 '이삭줍기'

밀레의 자화상

하지만 당시 프랑스는 1840년대엔 가뭄이 휩쓸고 지나가고, 1857년부터 2년간 경제 공황이 닥쳐 도시 노동자와 농민의 삶이 더더욱 어려워져 흉년이 들면 봄에 감자를 캐려고 기다리다가 굶어 죽는 비참한 상황이었습니다. 우리나라가 1960년대까지 매년 봄 보릿고개를 겪던 것과 비슷한 처지였던 거지요. 이처럼 고요하고 평화로운 풍경 속에 숨겨진 농민들의 가난과 절망을 표현한 작품을 연이어 발표했던 밀레는, 프랑스혁명과 반동의 여파로 좌우 갈등이 심하던 상황에서 사회주의자라고 비난받습니다.

이처럼 생활고에 찌든 1857년 어느 날, 미국의 거부 토머스 G. 애플턴(Thomas G. Appleton)으로부터 풍경화 그림을 그려 달라는 요청을 받게 되는데, 소심해진 밀레는 '혹시나 제안자가 그림을 거부하지 않을까' 하는 우려와 '사회주의자라고 또 공격당하지 않을까' 하는 걱정으로 인해 3년에 걸쳐 그림을 여러 차례 수정해 바구니 속 아기 관 대신 감자를 그려 넣고 저 멀리 들판에 교회 첨탑을 추가하게 됩니다.

하지만 애초 그림을 주문한 애플턴이 무슨 이유 때문인지 마음이 변해 그림을 구입하지 않았고, 극심한 자금난에 시달리게 됩니다. 이에 1860년 미술 도매상 아르투로 스테반스가 밀레와 3년 독점 계약을 맺고 매달 1000프랑을 지급하는 대신, 완성작품을 모두 인수하게 됩니다. 이에 1000프랑에 넘긴 '만종'은 몇년 동안 여러 차례 유럽의 도매상들에게 되팔리면서 가격이 점차 오르게 됩니다. 하지만 여전히 가난과 질병에 시달리던 밀레는 이웃 농민들과 시골에서 살

다가 61세 나이에 숨을 거두고 맙니다. 재주는 밀레가 넘고, 돈은 미술 도매상이 벌고……. 🐻

밀레가 사망하자 '만종'에 대한 인기는 더욱 높아져 30만 프랑까지 치솟게 되고, 경매를 통해 미국예술협회에서 1865년에 58만 프랑에 인수하게 됩니다.

그제야 '만종'의 가치를 깨달은 프랑스 미술계는 모금 활동까지 벌이며 '프랑스의 자존심을 지키자!'고 하소연하게 되고, 10년 만인 1909년 백화점 재벌인 알프레드 쇼사르(Alfred Chauchard)가 80만 프랑을 지불하고 다시 사들여 루브르박물관에 기증합니다. '두 번 다시 거래하지 말라.'는 조건을 달고요.

오르세 미술관 전경

이처럼 '만종'은 불과 30년 만에 가격이 800배가 치솟은 셈이죠. 이후 '만종'은 루브르박물관에 전시되다가 1986년에 기차역에서 미술관으로 재탄생한 오르셰미술관이 1848

오르세 미술관 로비

년부터 1914년 작품을 전시하기로 결정하면서, 오르세미술관으로 옮겨져 로비층 17번 전시실에 전시 중입니다. 현재 이 작품의 보험금만 무려 1000억 원에 이른다고 하지요. 🐻

참고로 현재 프랑스 수도인 파리에서 보유 중인 미술품은 시대에 따라 1848년 이전 작품은 루브르박물관, 1848~1914년 작품은 오르세미술관, 1914년 이후 작품은 퐁피두센터에서 전시되고 있어요. (어이~, 프랑스! 그렇게 자기네 작품은 애지중지하면서 왜 외규장각 도서 등 우리나라 약탈 문화재는 안 돌려주는 건데? 모나리자도 이탈리아 꺼 아님? 밀로의 비너스와 파르테논 신전 조각들도 그리스에 돌려주셔야지~. 거참! 👐)

밀레의 그림은 이후 수많은 미술학도들에게 존경과 감탄의 대상이 되면서 빈센트 반 고흐(Vincent van Gogh)는 밀레의 그림을 수없이 복제해 그리기까지 하지요. 우리나라 박수근 화백도 어린 시절 밀레의 '만종'을 보고 화가가 되겠다고 결심했다고 알려져 있습니다.

세계적인 화가 살바도르 달리(Salvador Dali) 역시, 소년 시절 밀레의 '만종' 그림을 보고 충격을 받습니다. 그런데 그의 충격은 그림에서 느껴지는 숭고한 아름다움에서 오는 경외감이 아니라 막연한 불안감이었다네요. 이 알 수 없는 불안감이 계속 그를 괴롭혔지만 달리는 오히려 이 불쾌한 느낌에서 영감을

살바도르 달리

219

달리가 그린 '밀레 만종의 고고학적 회상'

받아 밀레의 '만종'을 패러디한 다수의 작품을 그리게 되고, 화가로 이름을 날리기 시작한 뒤 그는 "'만종' 그림 속 바구니 안에 어린 아이의 관이 있다."고 줄기차게 주장하게 됩니다. 🐻

당시 많은 이들이 달리의 주장을 귀담아듣지 않았지만, 달리가 논문까지 내며 집요하게 주장하자 진실을 규명하기 위해 루브르박물관이 X선 촬영을 실시해 감자 바구니 붓칠 아래에 네모난 작은 상자 초벌 스케치가 있음을 확인하면서 달리의 주장이 허구가 아님이 드러나게 된 것입니다.

달리 : "그것 보라산티에고. 내가 뭐라 했더카탈루냐~."
평론가 : "우와. 그걸 어찌 아셨더라만차?"
달리 : "아미고~. 내가 원래 모든 걸 달리 보는 사람이지마드리드."
평론가 : "올레~! 감탄의 박수 보내드바르셀로나~."

그러나 여전히 이 네모난 초벌 스케치의 의도에 대해서는 밀레 전문가들 사이에서도 여러 주장이 오가고 있어 뚜렷한 결론은 아직

없답니다. 🐻 이처럼 '만종' 그림의 최초 의도가 무엇이었었는지는 지금도 논란 속에 다양한 논의가 지속되고 있어요. 미술품에 얽힌 비밀스런 이야기가 흥미롭지 않나요?

클림트의 '키스'는 연인의 키스가 아니라고요?

또 하나의 그림 속 놀라운 비밀은 클림트의 '키스' 속에 숨어 있습니다.

오스트리아가 자랑하는 미술가, 구스타프 클림트(Gustav Klimt)는 황금을 섞은 화려한 색채와 관능적인 여성 이미지의 작품으로 유명한데, 그 중에서도 최고로 유명한 그림이 바로 '키스'이지요.

그런데 이 작품 이름이 '키스'라는 건 가리지날입니다. 실제 그림 이름은 '연인(Das Liebespaar)'인데 어느 순간 '키스'로 더 알려지기 시작하자 이제는 오스트리아 관광청조차 포기하고 그냥 '키스'라고 PR하고 있긴 해요. 🐻

비엔나 벨베데레 궁전에 전시 중인 '연인(a.k.a.키스)'은 햇빛이 잘 들어오는 전시실 한가운데 까만 벽에 그 작품만 딱 걸려 있어요. 그림 높이와 너비가 각각 1.8m로 사람 키만큼이나 큰 대작이지요. 클림트의 아버지가 금 세공사였기에 그 영향을 받아 금을 과감히 그림에 사용했던 터라, 황금색 붓질이 뚜렷이 보이는 진품을 보며 감동을 받았는데, 왼쪽 창으로 들어오는 햇빛 각도에 따라 오묘하게 빛

'키스'로 알려진
클림트의 '연인'

깔이 변하는 그림에 취해 20여 분이나 그 앞에서 못 떠난 기억이 있네요.

그런데 이 작품은 제목 말고도 또 하나의 가리지날로 대두되는 주장이 있어요. 이 그림을 보면서 정열적인 남자의 키스에 여성이 황홀히 눈을 감고 있다고들 생각하지만, 이것 역시 가리지날! 실제로는 입맞추는 연인이 아니라 낭떠러지 앞에서 여성의 목덜미를 물고 있는 흡혈귀라는 주장이 있습니다. 🐻

일본의 미술평론가 긴 시로(銀四郎)가 자신이 쓴 책《두 시간만에 읽는 명화의 수수께끼》에서 주장한 것인데요, 그러고 보면 여성의 흉하게 굽은 발가락과 일그러진 손, 퍼렇게 변해가는 발의 피부색을 묘사하고 있는 것처럼 보여요. 후덜덜. 🐻

설마 그럴 리가 싶나요? 이 그림이 그려진 1908년 당시 유럽에는 '뱀파이리즘(vampirism)'이라 불린 흡혈귀 이야기가 엄청 유행했답니다. 밤마다 관에서 일어나 사람의 피를 빨지만 마늘과 십자가는 무서워한다는 드라큘라 이미지는, 영국 소설가 브램 스토커(Bram Stoker)가 15세기 루마니아에 살았던 실존인물 블라드 드라큘라 백작(Vlad III Dracula)을 모델로 해 1897년에 쓴 소설 《드라큘라》를 발표하면서 시작된 겁니다.

소설 《드라큘라》를 쓴 브램 스토커

클림트보다 한 살 어려 같은 시기에 활동한 노르웨이 화가 뭉크는, 그의 작품 중 '절규'가 가장 유명하지만, '키스'와 '흡혈귀' 등의 작품도 그렸다는 점에서 그 유행이 짐작이 가지요.

그래서 무성영화 시절인 1922년에 벌써 '드라큘라'가 영화로 만들어졌고, 지금까지 수도 없이 리바이벌되고 있어요. 최근 들어서도 앤 라이스(Anne Rice)의 1976년 소설을 바탕으로 한 영화 '뱀파이어와의 인터뷰'나 멋진 뱀파이어 청년들이 나오는 '트와일라잇' 시리즈에 이르기까지 흡혈귀가 묘한 매력으로 인기를 끌고 있지요.

뭉크의 '뱀파이어'

이런 사실을 알고 보니 클림트의 그림이 달리 보이죠? 🐻

뭉크의 '절규'는 어떤 의미일까?

이야기가 나온김에 에드바르트 뭉크(Edvard Munch)의 대표작 '절규 (Scream)'에 대해서도 이야기해봐야겠네요.

실존의 고통을 가장 강렬하게 표현했다고 평가받는 작품 '절규' 는 그림 속 인물이 엄청난 고통 속에 절규하는 모습을 그린 것이라 고 생각하겠지만……, 이 역시 가리지날입니다. 🐻

실제 저 그림 속의 사람이 절규하고 있는 것이 아니라 핏빛으로 물든 하늘을 보다 자연의 절규 소리를 듣고 놀란 화가 본인이 자신 의 귀를 막고 있는 것이랍니다. 🐻

뭉크는 '절규'를 50여 작품이나 제작했어요. 우리가 흔히 접하는 저 채색 그림 말고도 흑백 석판화 도 있는데, 그 석판화에 작가 본 인이 "1892년 산책 중 핏빛으 로 물드는 하늘을 보면서 자연 의 거대한 절규에 내 귀를 막았 다."고 직접 써 놨다고 합니다.

그가 이처럼 절규하는 목 소리를 듣고 괴로워하게 된 건 그의 일생이 절망의 연속 이었기 때문이었을 겁니다. 노르웨이 명문가의 5남매

뭉크의 '절규'

중 둘째로 태어난 뭉크는, 다섯 살에 어머니가 결핵으로 사망하고 10년 뒤에는 누나도 결핵으로 사망했어요. 아버지와 남동생도 뭉크가 어릴 적 사망하고, 누이동생은 정신병에 걸리는 비극을 차례차례 겪으면서 평생을 죽음에 대한 공포와 불안감 속에 괴로워했어요. 성인이 되어서도 사랑하는 애인이 바람을 피우는 등 눈물 없이는 들을 수 없는 자신의 불행한 인생을 절절히 표현한 것이겠지요. 🐻

　이처럼 미술 작품을 제대로 이해하려면 그 화가의 일생과 당시 사회 상황까지 알아야 그 의미를 제대로 평가할 수 있기에, 쉽게 접할 수 있으면서도 이해하기는 어려운 예술 장르라 할 수 있습니다. 하지만 "아는 만큼 보인다."는 말처럼 조금만 노력을 기울여 미술 작품과 화가에 대해 관심을 갖고 정보를 찾아본 뒤 다시금 명작 그림을 보면, 더 큰 감동과 새로운 아이디어를 느낄 수 있을 거예요.

　앞으로도 미술이 우리 인류의 문화에 얼마나 많은 기여를 하게 될지 기대하면서 미술과 관련된 가리지날 이야기를 이만 마칠까 합니다.

앞서 우리 인류가 다른 동물과 달리 지식 사회를 만들어간 동력으로서 언어와 미술을 소개했는데요. 이와 더불어 인류의 지식을 전파하고 의식을 장엄하게 하며, 노동을 즐기도록 해준 또 하나의 묘약이 바로~ 음악이었습니다.

예전 우리 조상들은 한자를 외울 때 흥얼흥얼 장단을 붙여 더 빨리, 더 오래 기억할 수 있게 했는데, 요즘도 초등학교에서 구구단을 욀 때 음을 넣어서 외우고 있지요. 또한 수많은 종교 행사에서 의식을 위한 연주곡이나 찬송 노래 등을 통해 행사를 더욱 엄숙하게 함으로써 모두가 동참할 수 있게 했고, 힘든 노동을 할 때에도 같이 노래를 부르거나 라디오를 통해 음악을 들으면서 스트레스를 해소하는 등 노동요의 역할도 담당해왔습니다.

지금부터는 음악과 관련된 여러 가지날 이야기를 풀어볼까 합니다.

3부
음악

01
오페라의 탄생

고급 음악의 대명사, 서양 클래식 음악에서 가장 화려하고 큰 공연은 바로 오페라 공연입니다.

요즘 우리는 오페라 공연을 상류층이 향유하는 고급 문화로 인식하지만 이는 가리지날입니다. 원래 오페라는 유럽 시민혁명에 의해 새롭게 권력을 쥔 시민 대중에게 적합한, 상대적으로 저렴한(?) 공연이었습니다. 😺

오페라 이야기를 하기에 앞서 먼저 음악의 역사부터 살펴봐야겠네요.

지금은 음악이 별도의 영역으로 구분되지만, 음악이 만들어진 초기에는 국가적 행사나 종교 의식에 들어가는 소품으로서 참가자들의 마음에 감동을 주고 흥을 돋우는 것으로 주로 활용되었습니다.

그래서 원시 부족들은 밤에 모닥불을 피우고 그 주위를 돌면서 노래를 부르며 하늘에 제사를 지냈고, 이후 국가가 형성되면서 하늘에 지내는 제사나 국가

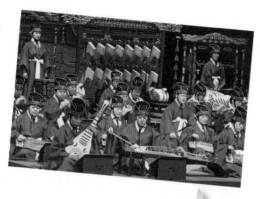

궁중 음악, 아악
(구글 이미지)

적 행사 등에서도 음악은 중요한 역할을 했었죠.

　동양에서는 주(周)나라 시절 하늘에 지내는 제사 음악이자 궁중 행사 음악인 아악(雅樂)이 완성되었고 이후 중국은 물론 주변 국가로 전파되는데, 정작 중국에선 온갖 전란으로 그 원형을 잃어버린 반면, 우리나라에서 그 원형을 잘 간직해 가장 오래된 동양 고전음악을 계승해오고 있지요. 🐻

　서양에서는 공연의 시초라 여겨지는 고대 그리스 연극에서 연기와 합창, 음악 반주가 어우러졌고, 고대 올림픽 등 대형 스포츠 행사 등에서 널리 활용되기에 이릅니다. 이후 로마시대에도 이어져 대규모 공연, 스포츠 행사 등에 활용되었고 음악 경연대회도 열리게 됩니다. 폭군으로 유명한 네로 황제가 그리스 여행 당시 직접 음악 경연대회에 참가해 리라를 뜯으며 노래해 1등을 독차지하지요. 누가 감히 황제 대신 우승하려 들겠습니까? 🐻

　이후 중세시대에는 신이 주신 최고의 악기는 사람의 목소리라는 생각이 퍼지면서 악기 연주 대신 아카펠라로 대체되기도 했지만, 주

로 교회에서 예수님이나 선지자들의 생애를 공연으로 표현해 문맹자들에게 교훈을 주는 내용이었기에 공연이라고 하면 으레 연기와 노래, 무대 미술이 어우러진 복합 예술로 이어졌지요.

그래서 '클래식의 아버지'라 불리는 바흐(Johann Sebstian Bach, 1685~1750) 등 많은 음악인들이 집안 대대로 음악 가업을 이어감에 따라 바로크시대에 이르기까지 교회 연주단에 소속되어 작곡도 하고, 파이프오르간도 연주하는 등 해당 지역 교회 전속 음악가로 활동했죠. 또 궁정 악단에 취업해 공식행사용 음악이나 여흥을 위한 무도회 음악 등을 다루며 왕족과 귀족의 후원을 받아 실내악 위주로 작곡과 연주를 병행했습니다.

클래식의 아버지, 바흐

클래식의 어머니, 헨델.
"아놔~, 나도 남자라구!"

바흐와 곧잘 비교되며 '클래식의 어머니'라 불리는 헨델(Georg Friedrich Händel, 1685~1759)은 아버지의 유언에 따라 법관이 되기 위해 독일 할레대학교 법학과를 나왔지만 적성에 맞지 않아 이탈리아에 음악 유학을 갔다가 독일 하노버의 선제후 게오르그 루드비히(George Ludwig) 공작을 만나 1710년 하노버 왕실 악장이 되고, 이후 그의 작품이 유명해지기 시작합니다. 하지만 영국 왕실에서도 헨델에게 관심을 보이자 '큰물에서 놀아야겠다!'고 결심하고, 1711년 여름, 하노버 공작에게는 "잠시 휴가 다녀올게요~." 하고선 영국으로 건너가 앤 여왕(Queen Anne)의 총애를 받으며 그만 영국에 눌러 앉아버리고 맙니다. 🐻

그런데 1714년 앤 여왕이 갑자기 후손 없이 사망하자 영국 귀족들은 대책회의 끝에 가장 가까운 친척을 대륙에서 불러들여 영국 왕 조지 1세(George I)가 새로 등극하게 되는데……. 하필이면 새 영국 국왕은 바로 헨델이 배신 때리고 도망갔던 하노버 공작, 바로 그 분이었던 것이죠. 안그래도 하노버 공작이 무단이탈한 헨델에게 '걸리기만 해봐라!' 라며 분노하고 있다는 소식에 아예 영국으로 귀화한 처지였는데, 이 무슨 아침 막장 드라마급 대참사 전개인지……. 대박으로 망했어요. 🐻

이에 밤잠을 설치며 괴로워하던 헨델은 조지 1세 취임 기념으로 템즈 강 유람을 준비한다는 소식을 듣게 됩니다.

그러자 급히 '수상(水上)음악(Water music)'을 작곡하고, 자기 돈으로 악단을 꾸리고 배를 띄워서 국왕이 탄 배 옆으로 졸래졸래 따라가면서 라이브 공연을 하며 "제발 용서해 달라~."고 애걸복걸했다지요? 🐻 독일의 한 지방 영주에서 대영

헨델의 수상음악을 듣는 조지 1세
(에두아르 함만 작품)

제국 국왕으로 승격해 기분이 좋았던 조지 1세는 그 곡들이 마음에 들었는지 세 번이나 더 연주하게 한 뒤 쿨하게 용서했다고 합니다. 이 이야기는 당시 음악인들의 처지를 극명하게 보여주는 에피소드라 할 수 있겠네요. 🐻

이후, 볼프강 아마데우스 모차르트(Wolfgang Amadeus Mozart)의 아버지이자 본인 또한 음악가였던 레오폴트 모차르트(Leopold Mozart)가, 세 살에 악기를 연주하고 다섯 살에 작곡을 하면서 음악신동으로 소문난 아들을 데리고 비엔나까지 순회하며 후원자를 구하려 한 것도, 당시로선 자식을 위한 최상의 선택이었을 겁니다. 모차르트가 오스트리아 사람이니까 수도 비엔나에 가서 합스부르크 왕가에게 어필한 게 당연한 것처럼 보이지만, 모차르트가 오스트리아 출신이라는 건 가리지낟!

음악신동 모차르트

아빠 모차르트

그가 태어날 당시만 해도 잘츠부르크는 '소금의 도시'란 이름답게 소금 광산으로 엄청난 부를 소유한 가톨릭 대주교가 다스리던 도시국가였기에 오스트리아 순회 공연은 엄연히 해외 여행이었습니다. 잘츠부르크가 오스트리아에 병합되는 건 1816년이었으니 모차르트는 죽을 때까지 오스트리아 사람이 아니었습니다. 🐻

아들 모차르트 : "파터. 꼭 외국까지 가서 스폰서를 구해야 합니잘츠?
아버지가 맡고 있는 잘츠부르크 궁정 부악장 자리를 제가 승계해서
편하게 살면 안 되나요돌소금?"

아빠 모차르트 : "모르는 소리! 음악가 피라미드 꼭대기에 오르려면
이 쬐그만 도시국가 수준이 아니라 반드시 신성로마제국 황제 궁정에
들어가야 하느트리아! 내 말을 믿어야 합스부르크!"

아들 모차르트 : "알겠잘츠! 꼭 비엔나 왕궁에서 피라미드 꼭대기에
오르고 말겠부르크!"

  그래서 대오각성한 여섯 살 모차르트는 비엔나까지 긴 여행을 가
게 됩니다. 당시 막 완성한 여름 별궁인 쇤부른 궁전에 마련된 연주

모차르트의 데뷔 무대
(구글 이미지)

회장에서 신성로마 제국 오스트리아의 실질적 통치자이던 마리아 테레지아 여제 앞에서 연주를 하고서는 여제에게 달려가 치마폭에 안겨 애교를 부리며 평생의 스폰서가 되어 달라고 말하지요. 그리고 나중에 프랑스 대혁명의 희생자가 되는, 당시 일곱 살 마리 앙투아네트 공주에게는 "나랑 결혼해주세용~." 하며 아부 멘트도 날립니다. 영악한 천재 소년 같으니! 🐻

하지만 아버지 레오폴트의 지나친 요구에 오히려 여제가 빡치는 바람에 아무런 결실을 얻지 못했을 뿐 아니라 10여 년 뒤 밀라노공국 궁중 음악가로 취업하려는 것조차 마리아 테리지아가 반대 편지를 보내며 방해합니다. 그 여제도 참 부지런하셨네요. 🐻

그 뒤로 독일, 영국, 프랑스 등 여러 국가를 떠돌며 25세까지 구직 활동을 하지만, 스폰서는커녕 구직 여행 중에 어머니마저 파리에서 사망하는 지경에 이릅니다. 당시 돈이 다 떨어져 제대로 병원 치료도 못 받았다고 하지요. 🐻

모차르트가 곤경에 빠지던 이 당시 유럽 사회가 혁명의 열풍에 휩싸이면서 음악인들의 처지 역시 급변하게 됩니다. 평생 동안 든든한 후원자가 되어주던 귀족, 성직자 계급이 몰락하는 상황에서 음악가들이 스스로 먹고 살기 위해서는 일반 시민들에게 프로페셔널한 능력을 어필해야 하는 세상이 된 겁니다. 쉽게 말해 실력만 뛰어나면 평생 철밥통 공무원이 될 줄 알았는데 하루아침에 자영업자로 내몰린 신세가 된 거지요. 🐻

그래서 당시 실업자가 된 음악인들이 단체를 이루어 신흥 부르주아와 손잡고 극장 공연을 하며 생존을 도모하게 됩니다. 그때까지는 후원하는 귀족들을 위한 소규모 실내악이 주류였지만, 이제 일반 관객들로부터 관람료를 받아야 먹고 살 수 있게 된 음악가들은 각자 능력에 따라 성악가는 노래와 연기를, 악기 연주자는 오케스트라를 만들어 연주하는 대규모 공연 형식인 오페라에 주력하게 되고 이것이 전 유럽으로 전파됩니다.

오페라는 이미 1597년 르네상스의 근원지가 된 피렌체에서 그 원형이 나타났다고 합니다. 그리스 비극에 관해 연구하던 학술단체 카메라타(Camerata)에서 시와 노래가 합쳐지는 고대 그리스 연극을 가장 이상적인 예술이라고 여겨 노래하는 배우와 중창단, 연주단이 어우러지는 '다프네(Daphne)'라는 악곡을 만든 것이 오페라의 시초라고 하지요. 재미난 사실은 이 학술단체의 회원 중 한사람이 바로 갈릴레오 갈릴레이의 아버지인 빈센초 갈릴레이(Vincenzo Galilei)였다고 하네요. 이 집안은 아버지와 아들 모두 천재였네요. 🐻

이 새로운 시도는 유럽에서 가장 자유로운 도시인 베네치아에도 알려져 클라우디오 몬테베르디(Claudio Monteverdi)란 작곡가가 1607

파리 오페라 가르니에,
'오페라의 유령'의 주 무대

년 진정한 최초의 오페라인 '오르페오 (L'Orfeo)'란 작품을 발표하면서 확산되기 시작해 헨델이 46개의 오페라 곡을 만드는 등 바로크시대에 이미 그 형식이 완성되면서 이탈리아가 오페라의 중심지가 됩니다.

이에 유행에 민감했던 프랑스 루이 14세(Louis XIV)가 최초로 국가 차원의 오페라 극장을 만들게 되고, 여러 궁전과 귀족 저택에도 소규모 실내 오페라 극장을 만드는 것이 유행이 되었다네요.

하지만 국내외에서 여러 전쟁이 벌어지면서 귀족 계급의 재정이 악화됩니다. 이에 따라 후원자가 사라지게 된 음악가들은 대중들에게서 입장료를 받아서 돈을 벌어야 하는 상황이 되자 손님을 모으기에 최적인 오페라로 눈을 돌리게 됩니다. 게다가 부를 축적하면서도 계급의 한계로 인해 사치를 하지 못하던 부르주아 시민들 역

스타킹 매니아 루이 14세. "내 아름다운 다리를 보라부르봉~."

시 귀족이나 즐기던 오페라를 볼 수 있게 되자 저녁이면 극장에 몰려와 오페라 공연을 보며 열광하게 됩니다. 그동안 왕족이나 귀족들이 우아하게 자기네 집에서 친구 귀족들만 초청해서 보여주던 공연을 돈만 내면 누구나 극장에서 볼 수 있게 되었기에, 부를 거머쥔 신흥 부자들은 비싼 값을 치르고 가장 좋은 자리에 앉아 다른 이에게 자랑할 수 있게 되다 보니 오페라 공연장은 사교의 장이자 증권거래소 역할도 하게 되지요. 이처럼 오페라 극장으

프랑스 대혁명, '민중을 이끄는 자유의 여신' (외젠 들라크루아 작품)

로 모여든 부르주아 계급의 부상과 단결은 유럽 사회의 근간을 흔들기 시작했고, 결국 1789년 프랑스 대혁명으로 이어지게 됩니다.

또한 1830년 8월 25일 벨기에 독립 혁명 역시 브뤼셀 모네 극장에서 공연 중이던 오페라 '포르티치의 벙어리 처녀(La Muette de Portici)'를 보던 시민들이, 나폴리인들의 스페인 독립 투쟁 결투 장면에서 독립운동가들이 일제히 일어나 선동하자, 모든 관객들이 시위대로 쏟아져 나와 가두투쟁을 벌이기 시작해 결국 네덜란드로부터 독립을 쟁취하게 됩니다.

이처럼 오페라가 유럽을 뒤흔들기 직전인 1770년, 모차르트 역시 이탈리아에서 음악 여행을 하며 오페라에 눈을 떠 14세 나이에 첫 오페라 '폰토의 왕, 미트리다테(Mitridate re di ponto)'를 작곡했다지요. 하지만 큰물에서 놀려다가 구직에 실패해 눈물을 머금고 애초 아버지가 맡았던 잘츠부르크의 궁정 악단장을 승계하지만, 그 마저도 하이든(Joseph Haydn)의 동생, 미카엘 하이든(Michael Haydn)에게 밀려나면서 결국 프리랜서가 되기로 결심합니다. 이에 다시 비엔나로 진출해 초기엔 피아니스트로 큰 인기를 끕니다. 그러면서 '마술피리(Die Zauberflöte)', '피가로의 결혼(Le nozze di Figaro)', '돈 조반니(Don Giovanni)' 등의 걸작 오페라 음악을 만들게 되고, 당대 최고의 오페라 작곡가라는 명성과 함께 드디어 큰돈을 벌게 됩니다. 게다가 꿈에 그리던 오스트리아 황실 음악가로 임명되지만 후원하던 황제 요제프 2세(Joseph II)가 급사하면서 자신도 짤리게 되자 라이벌인 살리에리(Antonio Salieri)를 배후자로 의심했다고 합니다. 이처럼 안정적인 수입이 끊어지고 모차르트 부부의 사치로 인해 벌었던 돈이 거덜나면서 빚을 갚기 위해 너무 무리하게 다수의 곡을 계약했던 것이 원인이 되어 35세에 과로사하게 된 것이지요. 🐻

하지만 당시 모차르트와 살리에리의 라이벌 관계가 유명했기 때문에 살리에리의 독살을 의심하는 사람은 당시에도 존재했다고 하지요. 그게 영화 '아마데우스(Amadeus)'의 주요 모티브가 됩니다만, 당시에는 살리에리의 오페라가 더 인기를 끌던 시기여서 모차르트를 살해할 동기가 부족하고 증거도 없는 실정이지요.

이처럼 모차르트에 의해 거듭난 오페라는, 시작 당시에는 클래식 음악의 정점이 아니라 중세 신분제 질서가 무너지고 새로운 시대로 나아가던 상황에 맞춰 음악가들이 생존을 위해 대중화의 길로 나아간 출발점이었던 것이지요.

그나저나 잘츠부르크는 천재 모차르트 덕에 매년 성대한 음악회도 열고 각종 관광 상품마다 모차르트의 얼굴을 넣어서 잘 팔고는 있습니다만, 살아생전 모차르트는 평생 잘츠부르크에서 탈출하려고 아등바등 했으니……. 만약 저 세상에서 모차르트가 지금 이 광경을 본다면 뭐라고 생각할까요? 🐻

이후 오페라는 베르디(Giuseppe Fortunino Francesco Verdi), 푸치니(Giacomo Puccini), 바그너(Wilhelm Richard Wagner) 등 다수의 작곡가가 만든 '토스카(La Tosca)', '나비부인(Madame Butterfly)', '투란도트(Turandot)', '니벨룽의 반지(Der Ring des Nibelungen)' 등이 인기를 끌면서 종합 무대예술로서 현재까지도 사랑받고 있지요.

그런데 대형 극장에서 노래와 연기, 연주가 어우러진다는 점에서 많은 분들이 오페라와 뮤지컬을 유사한 장르로 생각하시는데요. 오페라는 공연 중 모든 대사를 다 노래로 부르는 반면, 뮤지컬은 일상적인 대화를 하다가 가끔씩 노래를 하죠. 그래서 마치 뮤지컬이 오페라에서 분화되어 나온 것처럼 보이지만 둘은 그 출발점부터 다릅니다. 🐻

오페라는 고대 그리스시대로부터 이어져 온 서양 공연예술의 종합판으로서, 성악에서 출발했기에 무대에 선 성악가에게는 노래가

엄청난 스케일의 오페라 '니벨룽의 반지'
(구글 이미지)

중심이고 연기가 부수적입니다. 반면, 뮤지컬은 연극에서 출발했기에 대사와 연기가 중심이고 춤과 노래가 부수적으로 곁들여지는 차이가 있는 거예요. 따라서 오페라 가수, 뮤지컬 배우라 불리는 겁니다.

따라서 오페라를 보러 갔는데 연기가 어색하다거나, 노래 가사가 잘 안 들린다고 짜증을 내면 안 돼요. 🐻

오페라는 성악과 음악이 중심이기에 스토리보다는 성악가가 노래로 어떻게 감정을 표현하는지를 유심히 봐야 합니다.

그러니 오페라를 보러 가기 전에 스토리를 먼저 이해하고, 현장에서는 성악가들의 감정 표현에 주목하는 것이 현명한 관람법입니다. 🐻

오페라는 주연이 부르는 독창곡 '아리아(aria)'와 대사 진행 노래인 '레시타티브(recitative)'가 반복됩니다. 그 중 오페라의 하이라이트라 할 수 있는 독창곡, 아리아는 해당 인물의 감정을 표현하는 음악인데요. 유심히 보면 한 사람당 부르는 아리아가 2개라는 것을 알수 있어요. 즉, 입장할 때 자신을 소개하는 아리아와 퇴장하면서 자신의 감정을 표현하는 아리아인 것이지요. 그 외의 장면에서는 노래하듯이 부르는 가사, 즉 레시타티브로 꾸며집니다.

또한 오페라는 스토리가 비극으로 끝나는 경우가 대다수입니다. 그리스 연극에서부터 비극이 압도적이었는데, 이는 관객들이 나보다 잘난 사람의 비극을 보는 것에서 쾌감(카타르시스)을 느끼고, 비극을 감내하는 주인공의 존엄성에서 전율을 느낄 수 있기 때문이지요. 그래서 고전 오페라가 아닌 최근 오페라 역시 무대나 시대 배경은 현재라도 고전적 비극 스토리를 응용해 만드는 경우가 많습니다. 물론 모차르

'마술피리' 중 밤의 여왕 아리아
(구글 이미지)

트의 여러 작품처럼 가벼운 코미디 오페라인 희가극(오페라 부파)도 다수 존재하긴 하지요. 반면 뮤지컬은 희극이 기본이기에 '맘마미아(Mama Mia)', '캣츠(Cats)' 등 다수의 뮤지컬이 해피엔딩으로 끝나는 것도 차이라 할 수 있겠네요.

또 오페라는 마이크 없이 성악가의 가창력으로 승부를 걸어야 하기에 오페라 전용극장은 1000석 규모가 이상적이라고 합니다. 그런데 국내의 대형 오페라 극장은 좌석이 2000석 가까이나 되어서 마이크를 사용하는 뮤지컬에 더 적합한 경우도 많으니 무조건 큰 극장만 선호하지 마시고 1000석 내외의 오페라 전용극장에서 적정한 가격대의 오페라를 직접 경험해보는 걸 추천드립니다.

이 정도만 알고 가도 오페라에 대한 흥미와 이해가 훨씬 더해질 겁니다. 암요~. 🐻

그런데, 글을 읽다 보니 뭔가 이상한 점이 느껴지지 않나요? 모차르트나 살리에리 이후에 등장한 베토벤(Ludwig van Beethoven) 등 후대 작곡가 중 다수는 왜 오페라가 아닌 교향곡을 만들었을까요? 당시 오페라 공연이 그렇게 유행했다면 교향곡 등 연주곡은 어떻게 만들게 되었을까요? 이 역시 경제적 관점에서 나름의 사정이 있었답니다.

극장주 입장에선 저녁에만 오페라 공연을 하다 보니 낮에 시간이 비는 겁니다. 그렇다고 성악가들을 낮에도 공연시키기에는 목에 무리가 가니까 무대 아래에서 연주하던 오케스트라만 낮에 무대에 올려 공연하도록 해 추가 수입을 얻게 되지요. 이것이 바로 콘서트의

출발점입니다. 원래 '오
케스트라(Ochestra)'라는
이름 자체가 오페라 하단
자리를 의미해요. 나쁘게 얘기하자
면 연주자들을 달달 볶아서 부수입
을 얻은 극장 경영주의 탁월한 승
부수였다고 봐야 할까요? 🐻

"내가 배트맨,
아니 베토벤이닷!"

　게다가 오페라는 저녁 공연이라
2시간 이상 소요되는 데 비해 낮에 음악을 들으러 오는 이들에게는
장시간 연주를 들려줄 수 없기에 점심시간에 맞춰 30분 내외로 연
주했다고 합니다. 애초에는 오케스트라용 대규모 악곡이 별로 없다
보니 오페라의 시작을 알리는 오프닝곡(서곡)을 연주해 관중을 끌
어모았습니다. 마치 영화 예고편 모음 연주회
같다고나 할까요? 🐻 그래서 지금도 로시니

"왜 우리만 하루 2번 공연
시켜요~." 🐻 "떽! 그럼
노래를 하덩가~!"

(Gioacchino Antonio Rossini)의 '윌리엄 텔 서곡(Overture of William Tell)' 등이 유명하지요.

하지만 매일 이런 음악만 연주할 수도 없는 노릇. 그래서 순수 연주곡으로서 대형 오케스트라에 맞춰 만든 것이 교향곡입니다. 이에 초기에 20~30여 분 남짓이던 교향곡이 점차 인기를 끌면서 단독 공연으로 발전하자 74분 분량의 '베토벤 9번 교향곡 합창(Beethoven Symphonie No. 9 'Choral')이 탄생할 수 있게 된 것입니다. 🐵

또한 오케스트라와 별개로 쓰이던 최신 악기로 피아노와 협연하는 피아노 합주곡, 일부 악기의 유명한 연주자를 초빙한 기념으로 그를 부각하기 위해 만든 바이올린, 오보에 협주곡 등 다양한 변주가 나오게 되지요.

이처럼 교회나 궁정에 예속되지 않고서도 프리랜서로서 성공할 수 있다는 사례를 모차르트가 실제로 보여주면서 이후 수많은 후배 작곡가들이 자신의 작품을 무대에 올리고 시민들에게 직접 평가받아 부와 명예를 거머쥐게 됩니다. 이 유행이 유럽 각국으로 번져 나가면서 자기네 문화와 결합한 국민음악으로 발전해가게 되지요.

모차르트보다 앞선 바흐, 헨델 등 바로크시대 작곡가들의 작품들만 하더라도 후대까지 전해지지 않은 경우가 많았는데, 이는 귀족들이 즉흥적으로 새 노래를 만들 것을 지시하고 행사 때 한두 번 쓰고는 또 다른 곡을 만들라고 계속 요구해 많은 곡들이 소수에게만 공유되고 사라진데다가 작곡가들도 악보를 자산이라 여기지 않아 소실된 경우가 많았기 때문입니다.

한국인이 가장 좋아하는 클래식 음악 중 하나인 '사계(The Four Seasons)'를 작곡한 비발디(Antonio Vivaldi)의 작품만 하더라도 바흐가 편곡한 악보가 20세기에 들어서야 비로소 재평가되면서 알려졌고, 이제는 강원도 홍천에 비발디파크가 운영되고 있지요. 🐻

안토니오 비발디

바흐나 헨델의 작품 역시 아직도 발견되지 않은 곡들이 많을 것이라고 하네요. 하지만 모차르트 이후로는 유명 작곡가의 작품은 경제적 가치를 인정받아 대부분 손실되지 않은 채 현재에 이르기까지 끊임없이 연주되고 있는 거예요.

또한 시간이 지날수록 음악을 접할 수 있는 기회가 늘어난 것도 클래식 음악이 고전으로서 그 가치를 유지할 수 있는 계기가 되었습니다. 과거에는 최상류층만이 따로 모여 실내에서 즐기던 음악이 시민혁명을 통해 대규모 극장에서 누구나 볼 수 있게 되었다지만, 여전히 재산이 많은 이들이 향유하는 고급 문화였고, 일반 서민이나 농어촌 지역민들은 실제 공연을 보기가 어려웠습니다.

그러던 중 20세기 중반에 이르러 과학 기술의 발달로 레코딩 기술이 발전해 앞뒷면 각 30분씩 수록 가능한 LP 레코드판이 나오게 되면서 초기의 SP판에서는 담지 못했던 클래식 연주곡이 음반에 녹

음되었고, 그 후 굳이 라이브 공연을 가지 않아도 집에서 언제든지 클래식 음악을 감상할 수 있게 됩니다.

참고로, 필립스와 소니가 합작해 1981년 CD를 처음 선보이기 직전, 레코드 녹음의 진가를 알아보고 적극적으로 음반 녹음에 앞장서 온 베를린 필하모닉의 지휘자 헤르베르트 폰 카라얀(Herbert von Karajan)에게 어느 정도 분량이 적합한지 물어봤다고 합니다. 애초 제작진은 LP 레코드처럼 음반 앞뒷면을 합해 60분 정도면 적당하다고 생각했지만, 카라얀이 "베토벤 9번 교향곡을 한 번에 듣고 싶다."고 얘기해 74분 동안 음악 재생이 가능하도록 만들게 했다지요. 이후에 80분 분량의 곡도

재생 가능하도록 CD 분량이 조금 더 늘어나긴 했지만요. 🐻

어때요? 왠지 어렵게 느껴지던 서양 고전음악도 이렇게 설명하니 좀 더 친근해지지 않나요? 🐻

02

빵과 서커스

앞서 서양 고전음악의 역사에 대해 간략히 알아봤는데요. 오랫동안 상류층이 즐기던 클래식 음악이 대중화되기 전에는 상류층과 서민층 간 향유하는 문화가 달라 서민층의 음악 대다수는 마을 축제나 노동 현장에서 부르는 노동요 성격이 강했지요.

유럽의 초기 역사를 한데 아우르는 로마제국은 다른 나라들과는 달리 시민권자들에게 매달 한 달치 분량의 음식과 콜로세움에서 열리는 경기를 관람할 수 있게 하는 등 일종의 복지정책, 즉 '빵과 서커스(bread and circuses)'를 제공해 제국을 유지합니다. 당시엔 시민 복지정책이었겠지만 이후 로마제국의 멸망 원인 중 하나로 비난받게 되지요. 🐻

그런데 어떤 기고문을 보니 로마시대에도 서커스 공연이 있었다고 이해하시는 분이 있으시더라고요. 하지만 이때의 '서커스(circus)'는 현재 우리가 아는 그 '서커스' 공연이 아닙니다. 현재 우리가 알고 있는 곡예 공연 '서커스'는 18세기에 등장한 가리지날 용어입니다. 오리지날 '서커스'는 라틴어로서 '원형 경기장'을 의미해요. 이 단어는 고대 그리스어 'kirkos'에서 유래한 단어로 영어로 옮기면 'circle, ring'이란 의미였는데, 원형 경기장에서 여러 경기가 열리면서 자연스럽게 '경기장'이란 의미로 확대되었답니다. 지금도 이탈리아 로마에 남아있는 '키르쿠스 막시무스(Circus Maximus)'는 '대 경기장'이란 뜻으로, 영화 '벤허(Ben Hur)'에 나오는 마차 경주가 열리던 곳입니다.

당시 마차 경주는, 청색, 녹색, 흰색, 빨강 등 4가지 색으로 표시된 4~8대의 마차가 7바퀴를 돌아 승부를 가르는 로마 최고의 흥행경기로, 로마제국 각지에서 매주 1회씩 열렸다고 합니다. 당시 제국의 수도였던, 로마 키르쿠스 막시무스 경기장엔 최대 25만 명이 들

영화 '벤허' 속 유대 마차 경주장 (wolfpack.tistory.com)

어갈 수 있었다고 하는데, 지금까지도 그 정도 규모의 경기장은 짓지 못하고 있습니다. 🐨

또한 서기 200년경 현재의 포르투갈 지역 출신인 '가이우스 아풀레이우스 디오클레스(Gaius Appuleius Diocles)'라는 기수는 압도적인 경기력으로 24년간 1000번 이상 우승해 상금을 긁어모았다는데, 현재 시세로 치면 150억 달러(15조 원)랍니다. 🐨

현재 최고의 상금왕 타이거 우즈(Tiger Woods)가 고작(?) 10억 달러 수입이니, 이 기록 역시 현재까지도 갱신되지 못하고 있는 거네요. 대체 로마의 경제력은 얼마였던 것인가! 🐨

콜로세움의 3배에 이르는 이 거대한 경기장 유적이 고스란히 남아있을 수 있었던 것은, 중세 시절엔 로마 인구가 대폭 줄어 콜로세움 이남 지역은 사람이 살지 않아 목동들이 그 넓은 폐허 위에서 양들에게 풀을 먹이고 있었던지라 아무도 그 너른 땅에 집을 짓고 살지 않아 그대로 보존될 수 있었다고 합니다.

4세기경 키르쿠스 막시무스 조감도, 1978년에 촬영한 지금의 키르쿠스 막시무스 터

그런데 라틴어는 시대에 따라 발음이 변해왔기에 로마제국 초기까지는 Circus가 '키르쿠스'로 발음되다가(복원 라틴어 발음), 3세기 이후 중세시대엔 '치르쿠스'로 'c' 발음에 변화가 생기고(교회 라틴어 발음), 프랑스로 넘어가면서 'c'가 'ㅅ(시옷)' 발음이 된 후, 다시금 영국으로 넘어가 '서커스'가 됩니다.

현대 이탈리아어에서는 더 변형되어 로마 시내 표지판엔 'Circo Massimo(치르코 마시모)'라고 써 있지요.

그 외에도 콜로세움 등 로마제국 내 각종 원형 경기장에선 평민들도 수시로 검투사 경기, 맹수와의 싸움 등을 무료로 관람할 수 있었습니다. 그래서 영어권에서 현재의 서커스와 헷갈리는 것을 방지하기 위해 일부에선 '빵과 서커스'를 'Bread & Games'라고 번역한다고 합니다.

그렇게 번창하던 원형 경기장 경기는 로마제국 멸망 후 자취를 감추는 반면, 중세시대엔 각 왕국이나 귀족 가문 성(城) 내에 각종 예능인이 살게 되는데, 어릿광대로 대표되는 곡예사들이 실내악단과 짝을 이뤄 평소에는 각종 연회에서 연주와 유흥거리를 제공하고, 1년에 몇 번씩 치르는 마을 축제 때에는 광장에서 공연을 담당하게 되지요. 그러면서 자연스럽게 '서커스'라는 단어는 원형 경기장이란 뜻보다는 '곡예'의 개념으로 바뀌게 됩니다.

다만, 영국 런던의 중심가 '피커딜리 서커스(Piccadilly Circus)'는 과거처럼 '원형 공간'이란 의미가 남아있어요.

그러던 중 앞서 설명드린 것처럼 중세 질서가 무너지면서 왕조와 귀족이 몰락하자 그들에게 기대어 살던 예능인들이 큰 타격을 입게 됩니다. 🐻

결국 거리로 나오게 된 음악가 중 우수한 인재들은 오케스트라나 오페라 공연장으로 갔지만, 그외 보통 실력의 음악가들은 어쩔 수 없이 곡예사들과 힘을 모아 유랑극단을 만들어 시민들에게 입장료를 받고 '서커스' 공연을 하게 되는데요, 곡예사들이 곡예를 하고 악단은 중간중간 연주를 하는 복합 공연 형태를 띠게 됩니다. 이처럼 곡예단은 오페라를 즐기기 어려운 시골 서민층의 오락거리로 인기를 끌면서 이후 서커스와 고전음악은 완전히 다른 방향으로 나아가게 되지요.

이 유행이 미국으로도 넘어오면서 1871년 전설적인 비즈니스맨 '피니어스 T. 바넘(Phineas Taylor Barnum)'이 창립하고 이후 1881년에 타 서커스단과 통합 발족한 '링링 브로스 앤 바넘 & 베일리 서커스(Ringling Bros. and Barnum & Bailey Circus)'가 공중 그네, 각종 동물 쇼, 화려한 음악 등을 선보였는데, 이것이 근대 서커스 공연의 표준 모델이 됩니다. 그 공연의 이름은 바로 '지상 최대의 쇼'. 많이 익숙하죠? 🐻

당시 이 서커스가 얼마나 유명했는지 알려주는 이야기가 하나 있

지요. 미국 보잉 사에서 만든 대형 여객기 '보잉747'의 별명이 '점보'인 건 잘 아실텐데요.

이 '점보'는 사실 가리지날입니다. 오리지날 점보는 앞서 설명한 링링 서커스단에서 특히 유명했던 코끼리 쇼의 주인공 코끼리 이름이에요. 🐻

점보(Jumbo)는 1861년 아프리카 수단에서 태어난 코끼리로, 파리 동물원, 런던 동물원을 거쳐 미국 링링 서커스단에 팔려 와 어린이를 등에 태우고 공연장을 한 바퀴 돌고, 바나나도 먹고, 돈도 받

고 했다고 합니다. 아프리카 코끼리는 흔히 공연에 나오는 인도 코끼리보다 훨씬 크고 사나워서 인간이 사육하기 힘들다고 하는데, 점보는 아주 예외적으로 순한 코끼리였답니다.

당시에 이미 하마, 얼룩말, 열대지방 새들의 공연을 선보였지만 단연 이 코끼리 쇼가 가장 인기가 높았다는데, 1885년에 서커스단이 미 대륙 순회 공연 때문에 타고 다니던 기차에 치여 순직하시니……, 그의 나이 겨우 스물네 살. 🐻

이후 1941년 한 차례 제작되었고, 2019년에 다시 제작된 디즈니 애니메이션 '덤보(Dumbo)'가 바로 이 서커스단의 상징이던 '점보'의 아들 코끼리 이야기예요. 원래 이 아기 코끼리의 이름은 '점보 주니어'이지만, 주변에서 멍청하다고 놀리면서 멍청한 점보(Dumb + Jumbo=Dumbo) 즉, '덤보'라고 불린 것이니, 영화 제목 자체가 가리지날인 거지요.

2019년 판 덤보

1941년 판 덤보 이야기는 귀가 엄청 큰 덤보가 우연한 계기로 귀를 펄럭여 하늘을 날게 되면서 서커스단의 인기 스타가 되어 엄마(미세스 점보)와 함께 기차 맨 뒤 점보 전용칸을 타고 다른 도시로 공연 떠나는 장면으로 끝납니다.

그래서 1970년대 미국 보잉 사가 당시 세상에서 가장 큰 비행기인 '보잉 747'을 만들면서 이 만화에서 힌트를 얻어 미국인이 가장 사랑한 코끼리 '점보'로 애칭을 정합니다. 그러자 에어버스 사에서는 보잉 747보다 더 큰 'A380'을 만들면서 '수퍼 점보'라 부르지요. 그리고 태평양 건너 한국 제주도에는 '점보 빌리지'가 문을 열었고요. 🐻

이처럼 바넘이 만든 링링 서커스단은 코끼리 쇼로 유명했지만, 동물 학대 논란으로 코끼리 공연을 중단한 후 관객이 감소하면서 결국 2017년 5월에 해체했고, 500여 명의 곡예사들은 실업자가 되었습니다. 🐻

코끼리 쇼하면 동물 학대라고 비난하고, 코끼리 공연 안 하면 재미없다고 안 오고. 아놔~, 어쩌라구! 🐻

2017년 말 개봉한 영화 '위대한 쇼맨(The Greatest Showman)'은 '지상 최대의 쇼맨'이자 '지상 최대의 사기꾼', '야바위의 제왕'이라 불린 바넘이 쓴 자서전을 바탕으로 만든 영화로, 그가 서커스, 동물 쇼, 기형인 쇼, 수족관, 박물관 등 당시로선 상상을 초월한 기획을 어떻게 해냈는지 보여준 작품입니다. 마침 화려했던 링링 서커스단의 해체 시기와 맞물리면서 미국에선 추억에 잠긴 중장년들이 자녀의 손을 잡고 가족 단위로 많이 봤다고 하지요.

링링 서커스의 시작을 알린 영화 '위대한 쇼맨'의 영화 포스터

태양의 서커스

이처럼 미국 최대의 서커스단이 동물 학대 논란으로 문을 닫는 와중에 1984년 캐나다 몬트리올에서 길거리 서커스로 출발한 '태양의 서커스(Cirque du Soleil)'는 낡고 오래되었다는 인상을 주며 외면받던 서커스에서 동물을 제외시키고 다양한 스토리를 가진 종합예술로 재탄생시켜 다시금 주목을 받고 있어요. 이 공연에서도 곡예와 함께 연주되는 라이브 음악이 핵심요소로 작용하고 있습니다. 이처럼 유럽과 미국에서 18세기부터 본격화된 서커스 공연은 우리나라에는 언제 소개되었을까요? 이미 일제시대인 1913년에 첫 선을 보였다고 하니 100년이 넘습니다. 🐻

당시 일본 고사쿠라 서커스단이 부산에 들어와 서커스 공연을 한 것이 최초였었는데, 일찍이 서양 세계에 눈 뜬 일본에선 그 당시에도 서커스단이 수십 여 개가 존재하던 상황이었다지요. 1930년대엔 식민지 조선에서도 인기가 많아 무려 20여 개의 일본 서커스단이 전국을 유랑하며 공연을 했다고 합니다. 이 같은 상황에서 1925년 한국인들로 구성된 최초의 서커스단이 생겨나니, 바로 현재까지 90여 년째 존속하고 있는 '동춘 서커스'이지요. 한때 10여 개가 넘던 국내

서커스단 중 유일하게 현재까지 남은 동춘 서커스단의 이름은, 설립자 박동춘의 이름을 딴 거라고들 아시는데, 이는 가리지날!

설립자의 이름은 박동수 씨고요, 동춘(東春)은 그의 호라고 합니다. 원래 동춘 박동수 씨는 일본인이 운영하던 서커스단에서 일했지만, 조선인에 대한 차별과 횡포 때문에 동료 30여 명과 함께 독립해 목포에서 서커스단을 창단했다네요. 이후 동춘 서커스단은 전국을 돌면서 대표적인 서커스 쇼로 사랑받았는데, 영화배우 허장강, 장항선, 코미디언 서영춘, 배삼룡, 백금녀, 남철, 남성남, 심철호, 이주일, 가수 정훈희 씨 등이 이 서커스단 출신이었다고 하죠. 🐻

1960년대 최전성기에는 150여 명의 곡예사, 악단과 함께 사자, 호랑이는 물론 코끼리까지 40여 마리 동물도 보유하고 있었다고 합니다. 당시 최고 인기를 끌던 코끼리 '제니'는 콘테이너 트럭에 싣고 다녔다고 하는데, 1980년 2월 16일, 그만 그 코끼리가 얼어 죽고 맙니다. 열대지방 동물인데 고생만 하다가 한반도 강추위에 그만……. 🐼

옛날 동춘 서커스단 공연
(www.economytalk.kr)

게다가 TV가 보급되기 시작하면서 서커스의 인기가 떨어지고 서커스단의 에이스들도 새로운 길을 찾아 떠나면서 위기가 찾아오고, 유사한 서커스단들은 죄다 사라지고 맙니다.

1978년 가수 박경애가 부른 '곡예사의 첫사랑' 노래도 이런 당시 상황을 반영하고 있지요.(이런 노래가 있는 걸 모르는 척해야 하는데 ……. 나이가 들통남. 🐻)

그럼에도 중국인 곡예사들로 채워가며 연명하던 동춘 서커스단은 2003년에 불어닥친 태풍 매미로 천막과 장비가 모두 파손되는 타격을 입고 경영난에 못 이겨 2009년 말 폐업을 선언합니다. 그런데 때마침 캐나다의 '태양의 서커스'가 국내에서 인기를 끌자, 네티즌 사이에서 "동춘 서커스를 살려 한국판 '태양의 서커스'를 만들자."

동춘서커스 대부도 공연장,
어째 색상이 '태양의 서커스'
공연장을 따라한 듯. 🐻

는 청원이 올라와 성금이 모이기 시작했고, 정부에서도 2009년 12월 전문 예술단체로 지정해 후원하면서 다시금 전국 순회 공연을 시작했고, 2016년부터 2022년 11월 11일까지 대부도에서 상설 공연을 하는 상황이지요.

대부도는 안산시, 화성시와 다리로 연결되어 있는 섬인데, 안산시에서 다리를 넘어 대부도로 들어가면 초입 왼쪽에 동춘 서커스단 공연장이 보입니다.

하지만 미국 링링 서커스단도 146년 만에 해체되고, 화려하게 등장했던 '태양의 서커스'도 경영난 끝에 2015년 미국 사모펀드와 중국 푸싱그룹에 넘어가는 등 종합예술 장르인 서커스가 아스라이 역사 속의 유물로 사라져가고 있어 안타까울 뿐이네요.

이처럼 서양에서는 종교 개혁과 시민혁명 등 거센 소용돌이 속에서 음악가들이 서로 뭉쳐 오케스트라, 오페라, 뮤지컬, 서커스 등의 분야를 발전시켜 대중화의 길로 나아간 반면, 동양에서는 제례악 등 정형화된 궁중 음악과 지배계층을 위한 유흥 음악, 서민 중심의 농악으로 구분되면서 고급 음악 문화를 백성이 공유하고 즐길 여건이 끝내 마련되지 않은 채 서구 문명에 휩쓸리면서 이제는 전통 음악이 소수 전문가들에 의해 유지되고 있는 상황이라 참으로 안타깝습니다.

다음 장부터는 대중음악 이야기를 할게요.

03
보헤미안 랩소디, 록이여 영원하라

제가 제일 좋아하는 음악 장르가 록(Rock)입니다. 🐻

록음악은 1950년대 미국의 젊은 음악가들이 백인의 컨트리 (Country)와 흑인의 블루스(Blues) 음악을 결합해 탄생시킨 음악 장르로, 1960년대 영국 비틀스(Beatles) 등장 이후 다양한 실험이 전개되면서 점차 세분화되어 갔고 1970~80년대까지 크게 유행했는데, 최근에는 인기가 많이 시들해졌지요.

지금에야 웬만해선 금지곡이 잘 없지만 1980년대까지만 해도 외국 그룹의 앨범이 국내에서 발매 금지되는 경우도 많아 선배 록 덕후들이 백판을 찾아 헤맸어요. 🐻 덕후 생활은 개인뿐 아니라 국가 경제 및 문화 수준과 밀접한 관계가 있습니다. 일단 덕후 개인이 취미활동 관련 정보를 구할 수 있는 인프라가 갖춰져야 하고, 시간과 돈이 뒷받침되어야 하기에 선진국 반열에 올라서야만 일정 수준의 덕후 생태계가 완성될 수 있답니다. 그렇기에 우리는 '덕후' 하면 흔히 일본을 먼저 떠올리지만, 유럽이나 미국 덕후계가 더 심오합니다.

해당 역사만도 수백 년에 이를 정도이고, 심지어 지금도 제2차 세계대전 코스프레 대회를 하면, 군복만 갖춰 입고 나오는 게 아니라 탱크나 비행기까지 몰고 등장하지요. 영화 '덩케르크(Dunkirk)' 제작 당시 제2차 세계대전에서 실제 활약한 영국 스핏파이어(Spitfire) 전투기 3대가 동원되었는데, 그 비행기가 모두 다 밀리터리 덕후 개인들 소유였다는 거 아닙니까! 🐻

하지만 머언 옛날 우리나라 덕후계에 한 획을 남기신 대가가 계셨으니, 그 분은 바로 흥부님 되시겠습니다. 응? 못 믿으시겠다고요? 🐨 흥부전에서 흥부가 가족들과 박을 타는 장면에서 자기도 모르게 흥얼거리면서 속내를 드러내지요. "덕질하세. 덕질하세. 슬금슬금 덕질하세~." 어려운 살림에 아내 눈치보랴, 애들 키우랴 빠듯한 살림 속에 비상금 모아 덕질하던 흥부로선 박을 타서 생길 보너스로 덕질할 생각에 흥이 났다는 거 아닙니까~. 🐨

네? 뭐라고요? "톱질하세. 톱질하세~."였다고요? 아뿔싸! 🐻

이처럼 오랜 세월 록음악을 사랑하던 이들이 점차 중장년으로 늙어가던 2018년 10월 31일. 극장에 음악영화 하나가 걸렸으니, 이름하야 '보헤미안 랩소디'! "그 당시 영국에는 두 명의 여왕이 있었다."고 전해지는 세계적 록그룹 '퀸(Queen)', 특히 20세기 최고

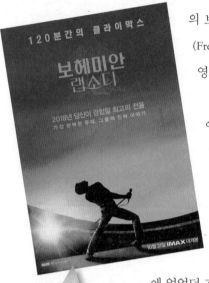

영화 '보헤미안 랩소디' 포
스터 (© 20세기폭스, 구글
이미지)

의 보컬로 손꼽히는 프레디 머큐리
(Freddie Mercury)의 일대기를 그린
영화였지요.

애초 관람객 100만 명 정도를
예상했다는데, 우리나라에서만
1000만 명 가까운 엄청난 관객
이 몰렸고, 신문 기사와 TV 특
집 방송이 수차례 나오는 등
한동안 큰 화제가 되었습니
다. 언론이 크게 주목할 수밖
에 없었던 것이, 현재 언론계 데스크들이나
중견 기자분들이 죄다 학창시절에 퀸의 음
악을 즐기던 세대였으니 얼마나 반가웠을까
요? 🐻

하지만 이들 중년뿐 아니라 청년층에게까지 40여 년 전 록음악이
크게 환영받은 건, 18~19세기 클래식 음악이 끊임없이 연주되고 재
해석되듯이 영국의 록그룹 퀸의 음악이 그만큼 뛰어났고, 그들의 인
생도 다른 가수들보다 파란만장했기 때문일 겁니다.

영화 내용 중 리드보컬 프레디 머큐리가 "우리는 아웃사이더
(Misfits)를 위해 노래하는 아웃사이더들"이라고 자신들을 소개하는
데, 어디서 구라를! 실제 그들은 록계에서 보기 드문 엘리트들이었
습니다. 🐻 보통 록음악계엔 사회 부적응자들이 많았지만, 이들 4명

은 모두 대학교 졸업자들이었어요. 처음부터 좋은 의미에서 록계의 이단아들이었지요. 🐻

퀸 멤버 4명을 소개하면, 퀸의 실질적 리더인 기타리스트 브라이언 메이(Brian May)는 가수 데뷔 전 이미 천문학 석사 과정 중이었고, 퀸 활동이 잠정적으로 중단된 뒤에는 세계적인 공과대학 중 하나인 런던 임페리얼대학교 천문학(우주물리학) 박사 학위를 취득한 데 이어, 2008년부터 2013년까지 리버풀 존무어스대학교의 총장까지 역임했습니다! 🐻 그는 기타도 직접 만들었는데, 고딩 시절 아버지와 함께 200년 된 화로통 나무를 뜯어 만든 '레드 스페셜(Red Special)'은 오직 세상에 한 대만 존재하지요. 핼리 혜성으로 유명한 에드먼드 핼리(Edmond Halley)가 1690년 세계 최초의 잠수정을 만든 사람이기도 하듯, 천문학자들이 이렇게 다재다능하답니다. 여러분~! 🐻

퀸의 기타리스트, 브라이언 메이
(www.queenonline.com)

퀸 활동 초창기에 밴드의 얼굴 마담으로 여성 팬을 끌어모은 드러머 로저 테일러(Roger Taylor)는 당시 치과대학 학생이었는데, 치과 관련 공부가 재미없다고 식물학과로 전과했죠. 또 베이스를 담당한 존 디콘(John Deacon)도 첼시칼리지 전자공학과 출신이라, 직접 새로운 기기를 만들고 음향효과도 담당했습니다. 퀸 활동 초기에는 임시직 교사까지 했다는 군요.

그리고, 이 영화의 주인공이자 퀸의 상징이었던 리드보컬, 프레디 머큐리는 오페라 덕후였고, 원래 미술학도 출신이라 퀸 앨범의 표지를 직접 디자인했지요.

그런데 프레디 머큐리는 참 복잡한 출생의 비밀(?)을 갖고 있습니다.

그는 1946년 아프리카 잔지바르(Zanzibar) 술탄국에서 태어났어요. 응? 그런 나라가 있냐고요? 그 나라는 지금은 사라졌어요. 1964년 옆 나라 탕가니카와 연합정부를 수립하면서 탄자니아가 되었으니까요. 🐻

그런데 그의 부모님 국적은 인도로, 인도가 영국 식민지이던 시절 영국 공무원이 되어 당시 또 다른 영국 식민지였던 잔지바르에서 근무 중이었지요. 부모님 국적이 인도이긴 했지만, 민족은 인도인이 아니었어요. 그들은 파르시(parsi)였거든요. '인도의 유대인'이라 불리는 파르시는 원래 페르시아(지금의 이란) 지역의 조로아스터교 신도들이었는데, 651년 사산조 페르시아제국이 이슬람제국에 멸망당하자 인도로 도망간 난민들로, 1500여 년 동안이나 자기들끼리만 결혼하며 민족과 종교를 지켜오고 있어요. 인도의 최대

퀸의 리드보컬, 프레디 머큐리 (구글 이미지)

기업인, 타타그룹(Tata Group)을 설립한 사람도 파르시 출신이에요. 제가 쓴《알아두면 쓸데 있는 유쾌한 상식사전》- 과학·경제 편 - 에 파르시에 대한 자세한 내용이 나와요. 흠흠. 🐻

즉 프레디 머큐리는 이란 혈통을 가진 인도 국적의 부모님이 아프리카 잔지바르에서 낳은 아이였고, 혼자 인도로 유학을 갔지요. 그러던 중 1964년 잔지바르가 영국에서 독립한 직후 폭동이 일어나 영국 식민지 시절 이주해 온 수많은 아랍인과 인도인들을 학살하는 소위 '잔지바르 혁명'이 일어나고, 프레디의 가족은 영국으로 피신합니다. 그래서 그는 아프리카에서 태어난 이란 핏줄의 인도인에서 귀화한 영국인이 되는 거죠. 아이쿠 복잡타! 🐻

원래 '파로크 불사라(Farrokh Bulsara)'가 본명이지만 인도에서 학교 다닐 때 '프레디'라고 영어식 이름을 만들어 사용했고, 퀸 데뷔 직전에 성도 '머큐리'로 개명합니다. 그리스 신화 올림포스 12신 중 막내신인 '머큐리(Mercury, 헤르메스)'는 음악의 신이기도 하니, 그가 얼마나 음악에 대한 열정을 갖고 있었는지 알 수 있지요.

이들 4명은 모두 작사, 작곡 능력까지 갖추고 있었는데, 4명 모두 영국과 미국의 음악 차트에서 각각 10위권 이내에 오른 노래를 만들어내서 록그룹 중 최초로 모든 멤버가 '로큰롤 작곡가 명예의 전당'에 오르는 영광을 누립니다.

그런데 원래 그룹 '퀸'은 '스마일(Smile)'이란 그룹에서 출발했는데요, 보컬이던 '팀 스타펠(Tim Staffel)'이 다른 밴드로 옮겨가면서, 프레디 머큐리와 존 디콘이 합세해 '퀸'이란 이름으로 새출발하죠. 그럼 팀 스타펠은 그 후 어떻게 되었을까요? 옮겨간 밴드 '험피 봉(Humpy Bong)'의 활동이 흐지부지해지자 다시 다른 그룹으로 옮기지만 이마저도 제대로 되지 않자 1970년대 말 영원히 음악계를 떠납니다.

팀 스타펠이 디자인한 '토마스와 친구들' (구글 이미지)

그래서 자신의 대학시절 전공을 살려 디자이너가 됩니다. 어흑~, 왠지 굉장히 불쌍하게 여겨지죠?

벗뜨~, 그러나~, 그 역시 1980년대 왕대박을 치며 부자가 됩니다. 그가 디자인한 어떤 어린이용 애니메이션이 초대박을 쳤기 때문이지요. 그게 무슨 애니메이션이냐고요? 그거슨 바로~~~ '토마스와 친구들' 되시겠습니다!!!

오늘날에도 인기를 끄는 영국 만화영화 속 기차 캐릭터와 배경을 디자인한 사람이 바로 팀 스타펠이었던 것이었던 것이었습니다~. 또한 BBC 드라마 '은하수를 여행하는 히치하이커를 위한 안내서(Hitchhiker's Guide to the Galaxy)' 시리즈 디자인도 담당했다는군요. 이런 능력쟁이 같으니라고! 🐻

영화 제목으로 쓰인 퀸의 최대 히트곡 '보헤미안 랩소디(Bohemian Rhapsody)'는 우리나라에선 1989년에야 금지곡 신세에서 풀려납니다. 그 외에도 퀸의 많은 노래들이 오랫동안 금지곡이었기에 1980년에 발매한 히트곡 모음 1집 'Greatest Hits' 앨범의 경우, 1989년까지 우리나라에선 금지곡이었던 4곡이 금지곡이 아닌 다른 노래로 바뀌어 발매되어 현재 해외 마니아층에게는 괴랄한 희귀 음반으로 팔리고 있다고 합니다. 🐻

그런데 '보헤미안 랩소디'는 어떤 의미일까요?

보헤미아(Bohemia)는 체코 지역에 있던 옛 왕국 이름인데, 여기서 집시와 유랑민들이 많이 서유럽으로 들어오면서 이후 '보헤미안'이라고 하면 '자유로운 영혼, 방랑자' 등의 의미로 쓰이고 있지요. 실제로 푸치니의 오페라 '라 보엠(La Boheme)'도 보엠이 보헤미아 사람을 뜻한답니다. 프레디 역시 오페라 덕후였던 만큼 그 작품에서 힌트를 얻었을 수도 있었겠네요.

그런데 '랩소디'를 보통 '광시곡'이라고 번역하는데……, 이게 일본을 통해 번역되면서 용어가 괴상해진 겁니다.

광시(狂詩)란, 우리나라 시조나 일본 하이쿠처럼 격식에 맞춘 싯구가 아니라 마음 내키는 대로 '자유롭게 쓴 시'를 의미합니다. 따라서 보헤미안 랩소디는 '방랑자의 자유로운 노래'라 번역해야 합니다.

이 노래 가사는 난해하기로도 유명한데요, 그간 널리 알려진 해석으로는 '아버지를 살해한 불행한 아들에 대한 노래'라는 의견이 많았습니다. 그런데 이 영화에선 복잡한 출생의 비밀로 인해 언제나 아웃사이더인데다가, 그의 탄생지인 잔지바르 역시 폭동으로 많은 인도인들이 목숨을 잃었던 아픈 현대사가 있었기에 돌아갈 고향도 없는 영원한 떠돌이 신세인데다가, 성적으로도 극소수인 양성애자 취향인 자신의 정체성을 깨닫게 된 프레디가 기존의 자신을 파괴하고 새로운 삶을 살겠다는 의지를 나타낸 것으로 해석하고 있지요.

또한 가사 중에 계속 나오는 '갈릴레오'로 인해 영화 속에서도 "대체 갈릴레오가 누구냐?"고 고함치는 장면이 나오는데요, 갈릴레오는 위대한 과학자 '갈릴레오 갈릴레이'를 의미하는 게 아니라 이탈리아어로 '갈릴리 사람'이란 뜻이어서 예수 그리스도를 의미하지요. 합창 부분에서 대악마 베엘제붑(Beelzebub)과 선(善)의 상징 갈릴레오(예수)가 재판을 하는 장면에서 그 의미가 명확해집니다.

이 노래가 영국에서 9주 동안 1위에 오르는 등 대성공을 거두자 이후 멤버간 싱글곡 발표에 대해 서로 각을 세우게 되면서 두 번째 싱글곡은 음반사가 원한 대로 막내 존 디콘이 만든 'You're My Best Friend'로 정해지고, 뒤이어 5집 앨범 제작에 들어가게 되면서 프레디가 작곡한 퀸의 대표 발라드곡 'Love of My Life'는 싱글 발표를 못하고 베스트 앨범에도 실리지 않았답니다. 하지만 라이브 공연에서는 떼창 필수곡이 되어 널리 사랑받게 되지요. 🐻

이후 1980년에 발표한 'The Game' 앨범에서 'Crazy Little Thing Called Love', 'Another One Bites the Dust' 두 노래가 처음으로 미국 빌보드 차트 1위를 달성하고, 뒤이어 'Play The Game', 'Save Me'까지 연달아 히트하는 대성공을 거두며, 최초의 남아메리카 순회 공연도 성공하면서 최전성기를 보냅니다.

그런데, 원래 'Another One Bites the Dust'는 싱글로 발표할 노래

마이클과 프레디의 만남, 노래 3곡을 같이 불렀는데 이제야 한 곡 공개

가 아니었다고 합니다. 당시 퀸이 미국에서 인기 짱이던 시절이라 'The Game' 앨범을 LA에서 녹음하고 있었는데, 퀸 왕팬이던 마이클 잭슨(Michael Jackson)이 놀러옵니다. 잭슨파이브 시절부터 유명하긴 했으나 당시엔 아직 전성기가 아니었던 마이클 잭슨이 놀러오자 퀸 멤버들이 기특한 동생 왔다며 그때 만들던 노래들을 들려주었다네요. 마이클 잭슨은 프레디 머큐리보다 열두 살 어려요. 이때 미발표 노래를 듣던 마이클 잭슨이 화들짝 놀랍니다.

마이클 잭슨 : "우왓~ 프형님. 이 노래 뭐에유에스에이? 쥑인잭슨~."

퀸 멤버들 : "'또 한 넘 뒤졌으'란 노래이지유케이. 벗뜨 노래가 이상해 앨범에 넣을지 고민잉글랜드."

마이클 잭슨 : "왓더……! 이거슨 요새 가장 핫한 디스코이지아메리카~. 무조건 싱글 각이지잭슨!"

퀸 멤버들 : "리얼리? 에잉 설마웸블리~."

하지만 마이클 잭슨이 "이 노래는 진짜 뜰 각이다. 싱글로 내라."고 추천을 했고, 설마설마 하며 싱글 발매한 이 노래가 빌보드 차트 3주 연속 1위, 31주간 100위권에 오르면서 앨범이 300만 장 넘게 팔려 퀸 앨범 사상 최대 판매 싱글이 됩니다. 그래서 프레디가 곡을 만든 막내 존 디콘을 업어줬다지요? "아이쿠! 이런 복덩어리~." 하면서요. 🐻

이 노래도 가사가 잔인하다고 오랫동안 우리나라에선 금지곡이었지만 당시 디스코 열풍이 불던 미쿡에선 이 노래가 흑인 가수 노래인 줄 알았을 정도였다고 하네요. 하지만 정작 영국에선 '그동안 안 쓴다고 자랑하던 신디사이저를 쓰고, 미쿡 애들이나 좋아할 디스코 노래나 만들었다'며 시큰둥한 반응을 보여 1위가 되지 못하지요.

영국에서 퀸의 두 번째 1위곡은 1981년에 데이비드 보위(David

Bowie)와 듀엣으로 부른 'Under Pressure'였는데요, 퀸이 처음으로 타 가수와 협업한 곡이었지요. 이 노래는 퀸과 데이비드 보위의 만남이라 영국에서 흥행 대폭발, '보헤미안 랩소디'에 이어 영국에서 두 번째 1위(데이빗 보위는 3번째 1위)를 달성하지만, 미국에선 반응이 좋지 않았습니다.

그런데 데이비드 보위는 왜 퀸과 공동 작업을 했을까요? 그 인연은 10여 년 전으로 거슬러 올라갑니다.

1969년 데이비드 보위가 'Space Oddity'란 앨범으로 벼락 스타가 되던 때, 프레디가 보조 매니저를 했거든요. 🐻 도대체 이때 프레디는 몸이 몇 개였던 건지……. 당시 보위는 매니저를 잘못 만나 음반 사와 노예 계약을 맺는 바람에 음반사는 돈을 벌어도 정작 자신은 돈이 없었고, 또 매니저가 보조 역할을 하던 프레디에게 월급도 제대로 주지 못해 생계가 어려워지자 프레디는 부업으로 옷 장사를 했답니다. 그런데 어느 날 보위가 프레디의 옷 가게에 놀러 갔다고 합니다. 가게를 둘러보던 보위가 한 예쁜 부츠에 꽂혔는데 돈이 없어 눈길만 주고 있자 이를 눈치 챈 프레디가 흔쾌히 공짜로 부츠를 선물했답니다. 그래서 둘 다 대스타가 된 10년 뒤, 프레디가 "퀸의 새 앨범에 들어갈 'Cool Cat' 노래에 피처링을 해줄 수 있느냐?"고 부탁하자 보위가 흔쾌히 달려와준 것이죠. 그런데 보위가 피처링을 마치고서도 돌아가지 않고 스튜디오에서 퀸 멤버들과 밤새 놀면서 즉흥 연주를 하다가 'Under Pressure'란 노래가 완성된 거예요. 천재들은 밤새 놀면서 만들어도 1위곡이 나오는 군요. 🐻

퀸의 라이브 에이드 공연
(© Neal Preston)

이후 1980년대 초반 내리막길을 걷던 퀸은 1985년 '라이브 에이드(Live Aid)' 공연으로 기사회생하지만, 에이즈를 앓고 있던 프레디의 병세가 깊어져 1986년 공연 이후로는 스튜디오 앨범만 발표합니다. 퀸의 영국 세 번째 1위곡은, 프레디가 살아있을 때 마지막으로 발표한 1991년 작 'Innuendo' 앨범에서 첫 싱글로 공개한 6분 33초짜리 대작 'Innuendo'입니다. '1990년대 보헤미안 랩소디'라는 찬사를 받으며 영국에서 3번째 1위곡으로 등극하게 되지요.

하지만 '퀸이 부활했구나~!'하고 기뻐하는 것도 잠깐, 비보가 들려옵니다. 🐻

프레디 머큐리가 사망한 1991년 11월 24일은, 늦가을치곤 따뜻하고 화창한 일요일이었습니다. 대학교 기숙사 테니스장에서 친구들과 운동을 하고 돌아와 들은 충격적인 사망 소식.(요즘엔 숨쉬기 운동만 하루 24시간 잊지 않고 하고 있습니다만…… 🐻) 이제 막 퀸의 음악을 좋아하기 시작했는데, 갑작스러운 비보를 접한 다음날 제가 다니던 동아리 방에선 애도의 물결이 넘쳐났지요. 🐻

비록 프레디 머큐리는 떠났지만 퀸은 많은 후배 가수들에게 영감을 주었고 존경을 받고 있어요.

레이디 가가(Lady GaGa)는 퀸의 '라디오 가가(Radio GaGa)'에서 예명을 지었고, 메탈리카(Metalica)는 퀸의 'Stone Cold Crazy'를 다시 불렀고, 건즈 앤 로지스(Guns 'N Roses)의 엑슬 로즈(Axl Rose)는 "내가 죽을 때 무덤에 '퀸2' 앨범을 같이 넣어 달라."고 할 정도이지요.

그리고 미국 애니메이션 '심슨 가족(The Simpsons)', 일본 애니메이션 '크로마티 고교(Cromartie High School)'에서도 프레디는 맹활약합니다. 일본 만화에선 저작권 문제를 우려해서인지 일부러 프레디 철자를 FREDDY라고 다르게 표기했지만, 누가 봐도 영락없는 퀸의 프레디 머큐리. 그런 꼼수 좀 쓰지마! 🐻

퀸은 활동 당시 스튜디오 앨범 15개를 남겼는데, 지금까지 라이브 앨범이 9 종류나 나왔답니다. 앞으로 더

심슨 가족에 나오는 프레디 (구글 이미지)

발굴돼 나오겠지요? 퀸은 라이브 공연에서 더 멋지게 부르던 그룹이거든요. 공연 도중에 바닥에 엎드려 푸쉬업을 하는 가수를 본 적 있습니까? 그게 프레디예요. 🐻

원래 활동 중에는 라이브 앨범을 2개밖에 안 냈지만, 최근 들어 40여 년 전 초기 시절 라이브 공연까지 앨범이 되어 나오고 있답니다. 초창기 매니저와 아주 사이가 나빴는데, 1971~74년 사이 공연과 스튜디오 앨범의 수익금 일부가 여전히 그에게 가도록 계약되어 있었기에 수 년 전 그가 죽고 나서야 비로소 정식 발매했다고 하지요. 그와 결별하고 만든 4집 앨범의 첫 노래가 그 넘을 욕한 'Death On Two Legs(걸어다니는 시체)'였을 정도로 살아생전 그 넘에게 돈이 더 가는 꼴을 못 봐주겠다는 의지였다고나 할까요? 🐻

이처럼 다이내믹한 퀸의 세계에 빠진 일반인들이 세계 곳곳에서 퀸의 퍼포먼스를 재현하는 트리뷰트 밴드를 만들어 활동 중인데, 우리나라에는 1997년도에 결성된 '영부인 밴드'가 있습니다. 우리나라가 왕이 없는 국가여서 여왕 대신 영부인이라고 이름 지었다는데, 영어 표기로도 '0vueen'이라 그럴 듯해 보입니다. 🐻

실제로 영부인 밴드의 실력도 상당히 우수한데, 보컬 신창엽 씨는 점점 프레디처럼 변해가고 있고, 기타를 치는 김종호 씨는 우리나라에서 제일가는 브라이언 메이 열성 팬이에요. 1990년대 말에는 PC통신 인터넷 포털 '유니텔(Unitel)'의 퀸 팬클럽에서 만든 '유니퀸(Uni-Queen) 밴드'도 존재했는데, 당시엔 김종호 씨가 유니퀸 밴드에 잠시 합류했었습니다. 2000년 어느 일요일 저녁, 두 밴드 멤버들이 연습을 마치고 홍대입구역 근처 어느 고기집에서 만나 식사를 할 때 저도 팬으로서 동석했던 적이 있었습니다. 20년 전 퀸을 사랑하는 마음에 모이던 팬클럽 회원분들은 다들 지금 어떻게 지내고 있는지 궁금하네요. 🐻

프레디의 사망 후, 퀸의 남은 멤버들은 프레디의 사망을 헛되이 하지 않기 위해 매니저 짐 비치(Jim Beach)와 함께 '머큐리피닉스재단(The Mercury Phoenix Trust)'을 설립하고, 1992년 4월 20일에 뜻 깊은 웸블리 스타디움에서 추모 공연을 펼치게 됩니다. 당시 수많은 걸출한 가수들이 프레디 머큐리가 부른 노래를 만만히 보고 불렀다가 망신을 당한 가운데……, 조지 마이클(George Michael)이 'Somebody To Love'로 환상적인 공연을 펼쳐 "퀸의 새 보컬이 되는 것 아니냐?"는 희망을 잠시 품기도 했지요. 실제로 여러분도 노래방에서 원음으로 퀸 노래를 불러보세요. 바로 목 나갑니다. 프레디가 얼마나 위대한 보컬이었나 실감하게 되실 겁니다. 🐻

이날 공연 이후, "프레디와 맞먹는 보컬은 이 세상에 없구나~." 라고 실감한 팬들이 프레디에 대한 그리움이 더욱 커져가던 가운데, "아직 발표하지 못한 프레디의 유작이 있다."는 소문이 퍼집니다. 이후 1995년에 마지막 공식 앨범 'Made In Heaven'을 발표한 남은 멤버들은 프레디 머큐리와의 아름다운 여정을 마치고 현재는 브라이언 메이(기타)와 로저 테일러(드럼)가 다른 가수와의 협업을 통해 퀸의 명성을 이어가고 있고, 2012년 런던 올림픽 폐막식에서 프레디의 "에~오!"를 되살려내면서 영국 국민그룹 퀸의 위상이 결코 줄어

들지 않았음을 보여주었습니다.

더불어 2018년 가을에 상영된 영화 '보헤미안 랩소디'를 통해, 퀸을 알지 못했던 전 세계 젊은이들 사이에서 다시금 주목을 받으며 퀸은 화려하게 부활하고 있습니다. 그리고 프레디가 사망한 11월 24일이 되면, 전 세계적으로 그를 기리는 퍼포먼스가 이어지고 있답니다. 아직 잘 모르시던 분은 이제라도 퀸에 입덕하시길 기원합니다.

스위스 몽트뢰에 있는 프레디 머큐리 동상

아직 '퀸'으로 활동하기 전 프레디가 친구들에게 다짐한 말을 끝으로 퀸에 대한 이야기를 마쳐야겠네요.

"I won't be a rock star. I will be a legend.(나는 록스타가 되지 않을 것이다. 나는 전설이 될 것이다.)" 🐨

04
비틀스의 5번째 멤버,
브라이언 엡스타인을 아시나요?

앞서 퀸과 영화 '보헤미안 랩소디' 이야기를 했는데요, 퀸의 보컬 프레디 머큐리가 살아생전 존경한 선배 가수가 있었으니, 그의 이름은 바로 존 레논(John Lennon)입니다. 누군지는 다 아시죠? 🐻

누구나 20세기 최고의 그룹으로 인정하는 '비틀스(The Beatles)'의 리더이자 반전반핵운동의 기수였던 존 레논이 1980년 불과 40세 나이에 팬이 쏜 총에 맞아 사망했다는 소식을 들은 프레디는 퀸 라이브 무

여러 남자를 울린 나쁜 남자, 존 레논 (www. johnlennon.com)

대에서 존 레논의 대표곡 'Imagine'을 부르고, 'Hot Space' 앨범에 추모곡 'Life is Real'을 수록하지요. 🐻

하지만 프레디 머큐리에 앞서 존 레논을 진정 사랑하다 인생을 활활 태워버린 한 남자에 대해서는 아마 다들 잘 모르실 겁니다. 아아~ 그의 이름은 바로 브라이언 엡스타인(Brian Epstein, 1934~1967)입니다. 퀸의 기타리스트 브라이언 메이와는 아무 상관이 없다능. 🐻

엡스타인 이야기에 앞서 간단히 비틀스를 소개해야 할 것 같네요.

'비틀스'라는 그룹 이름을 못 들어본 사람은 없을 것입니다만, 젊은층에선 1960년대 활동한 영국의 4인조 그룹으로 'Yesterday'라는 유명한 발라드 노래가 있다 정도로만 알고 있을 겁니다. 하지만 서양사에서 모든 역사가 로마로 집결되었다가 다시 퍼져나갔

브라이언 엡스타인

듯이, 록의 역사에서 비틀스는, 1950년대에 등장한 이후 음란하다는 이유로 급격히 사그라들던 로큰롤(Rock n' Roll)을 부활시킨 장본인이자 다양한 실험을 통해 헤비메탈(Heavy Metal), 사이키델릭록(Psychedelic Rock), 프로그레시브록(Progressive Rock), 애시드록(Acid Rock) 등 현재 주요 록 장르의 시초를 열어 놓은 전설적인 대형 그룹이었지요. 🐻

존 레논, 폴 맥카트니(Paul McCartney), 조지 해리슨(George

Harrison), 링고 스타
(Ringo Starr) 4명으로
구성된 비틀스는 1962
년부터 8년간의 공식
활동 기간 동안 13개
의 정규앨범을 남겼
고, 1970년대에 등장

좀 띨해 보여도
우리가 지구 최강
가수다!

하게 되는 대부분의 록 장르를 시도하는 놀라
운 창조력을 선보였습니다.

이들은 영국 가수 중 최초로 세계 최대 미국
시장에서 성공했는데, 한 번 1위 하기도 힘들다는 빌보드 차트에서
무려 21곡이나 1위를 기록했고, 1964년 어느 주간에는 1위부터 5위
까지 모두 비틀스 노래가 차지하기도 했지요. 또한 전 세계 위성 생
중계로 4억 명이 보는 가운데 신곡 'All You Need Is Love'를 선보였
을 뿐 아니라 한 해에 무려 4개의 앨범을 발표하는 무시무시한 창작
력을 과시했습니다. 이들은 해체 이후 솔로 활동 기간에도 4명 모두
합쳐 16곡을 빌보드 1위에 올려 놓기도 했습니다. 한마디로 인류 역
사에 그 같은 업적이 두 번 다시 나오지 못할 슈퍼 그룹이었습니다.

🐻

하지만 비틀스는 스타가 되기 전 6년 동안 고향 리버풀과 독일 함
부르크 싸구려 술집을 전전하며 하루 8시간씩 노래를 부르던 무명
인디그룹이었다는 사실은 잘 알려지지 않았지요.

무명 시절 독일 함부르크 클럽에서 연주하는 비틀스 (www.beatlesbible.com)

　이들이 리버풀의 술집 무대에서 술주정꾼들의 욕설과 날아오는 병을 피하던 시절, 오늘의 주인공 브라이언 엡스타인이 등장합니다. 엡스타인은 원래 영국 리버풀의 한 부잣집 도련님이었다고 합니다. 배우가 될 꿈을 품고 런던 왕립연극학교에 진학했으나 성공하지 못하자 아버지가 불러들여 자기네 가문이 운영하던 가구 가게 매니저 일을 시켰다네요. 그러나 이 아들내미가 예술에 대한 미련을 버리지 못하고 클래식 음악에 심취하자 아예 리버풀 최대 규모의 레코드 가게인 NEMS(North End Music Stores)를 열어주었는데, 그 가게에선 오히려 로큰롤 음반이 더 잘 팔렸다고 합니다.

　이에 엡스타인은 영국 문화의 중심지 런던에 비해 낙후한 지방 항구도시 리버풀 지역에서 활동 중인 인디밴드의 레코드를 제작해 판매하기 시작합니다. 1961년 당시 그의 나이 겨우 26세. 🐻

각종 '비틀스' 관련 전기에서는, 한 소년이 이 가게에 비틀스 음반을 사러 왔는데 그 음반이 없어서 팔지 못하자 엡스타인이 앨범을 구하러 비틀스가 연주하던 캐번 클럽(Cavern Club)에 찾아갔다가 비틀스의 연주를 보고선 '한눈에 뿅갔다!'고 나오지만 이것은 가리지 날!

실제론 비틀스 멤버들이 먼저 이 가게를 찾아와 자기네 자작 음반의 판매를 부탁하고, 다른 그룹의 앨범을 들으러 종종 들르는 등이미 서로 안면이 있던 사이였고, 동성애자이던 엡스타인은 이들 중존 레논에게 홀딱 반하고 맙니다. 오노 요코(Ono Yoko)가 최근에 폭로한 데 따르면 존 레논도 양성애자였다죠?(또냐?) 🐻

제갈량이 먼저 유비를 찾아갔지만, 유비가 3번이나 찾아가서 모셔 온 인재로 포장한 '삼고초려(三顧草廬)' 에피소드가 더 널리 알려진 것처럼요. 문화대국들은 스토리텔링도 참 잘해요. 🐻

여튼, 그래서 이 열혈 청년은 비틀스를 성공시키겠다고 결심하고후원자가 없던 비틀스의 매니저가 됩니다.

일단 엡스타인은 허름한 캐번 클럽 대신 더 나은 환경의 술집에서 연주할 수 있도록 힘씀과 동시에 리버풀 레코드 도매상 거물이라는 자신의 위치를 활용해 런던의 여러 레코드 사에 데려가 비틀스연주를 들려주지요. 하지만, 1962년 1월 1일 새해 새아침을 맞아 런던까지 간 엡스타인과 비틀스가 가장 먼저 찾아간 데카(Decca) 레코드는 아예 처음부터 지방 촌동네 무명 밴드를 만나주려 하지 않아, 엡스타인이 간부에게 돈을 쥐어주면서 1시간만 연주를 들어보라고 설득하죠. 하지만 데카 레코드는 "이미 기타(록밴드)는 한물간 구닥다리라 계약할 수 없다."고 걷어찹니다. 엥? 록음악이 구닥다리? 🐻

지금 시점에서 보면 황당해 보이지만, 1950년대 미국에서 태동한 록음악은 워낙 보수적인 미국 사회에서 받아들여지지 않아 이미 인기가 시들해지고 영국 등 유럽에서 뒤늦게 유행이 시작되던 상황이었죠. 비틀스가 다시 불을 붙이지 않았다면, 록음악은 이미 1960년대에 소수 마니아만 좋아하는 마이너 장르가 될 뻔했습니다. 🐨

결국 이날 비틀스를 걷어찬 데카 레코드는 50여 년이 지난 지금까지도 최악의 판단 실수 사례로 두고두고 대차게 까이고 있습니다. 원래 회사 이름 자체가 '대'차게 '까'이자여서 그랬더라능! 🐻

이후 여기저기서 문전박대를 당하던 엡스타인과 시골 밴드는 결국 EMI 산하 팔로폰(Parlophone) 레코드와 계약을 맺는 데 성공하죠. 그런데 팔로폰 레코드도 지금은 지구상에서 가장 오래된 121년 역사와 전통을 자랑하며 시장점유율 1위에 빛나는, 해가 지려야 도저히 질 수 없는 영원불멸 음악천하제국인 우주적 음반사 '유니버설 뮤직(Universal Music)'에 흡수되어 유통되고 있지요.

엡스타인은 인맥을 동원해 유명 프로듀서 조지 마틴(George Martin)을 붙여 1962년 10월 역사적인 첫 싱글 'Love Me Do'를 발매합니다. 당시 드러머 조지 베스트(George Best)와 사이가 틀어진 세 멤버들이 요청하자, 프로듀서 조지 마틴이 악역을 맡아 실력이 모자란다는 핑계로 내쫓고 링고 스타라는 새 멤버를 찾아주기까지 합니다.

지금에야 비틀스 음악이 처음부터 대성공이었다고 하지만, 당시 데뷔곡은 영국 차트 17위에 오르면서 "어라? 시골 밴드가 제법 인기 있네?"라고 주목받게 되는 정도였습니다. 하지만 이 같은 차트 진입 역시 엡스타인의 노력 때문이었어요. 응? 어떤 노력이었냐고요? 엡스타인이 밴드를 알리기 위해 무려 1만 장을 사재기했거든요. (아아~, 음반 사재기의 시조, 엡 선생님!)

그리고, '록음악의 생명은 반항'이라며 생양아치 스타일로 다니던 멤버들을 단정한 교복차림 더벅머리 총각으로 이미지 변신(모즈 룩)을 시키는 등 호감도를 높이는 작업을 단행합니다. (아아~, 전문 의상 코디의 시조, 엡 선생님!)

경영학 용어 중 '티핑 포인트(Tipping Point)'란 것이 있습니다. 초기에 소수의 얼리어답터만 알던 제품이 어떤 계기로 폭발적으로 알려지게 되는 순간을 의미하는데, 비틀스의 두 번째 싱글곡 'Please Please Me'가 차트 1위에 오르더니, 이후 3, 4번째 싱글곡도 7주, 6주 연속 1위에 오르게 됩니다. 1집 앨범 'Please Please Me'가 30주 1위를 한 후, 바로 2집 앨범 'With the Beatles'가 1위를 차지할 정도로 1963년 영국은 비틀스 천하가 됩니다.

그러자, 용기백배 엡스타인, 모두가 반대한 미국 진출을 준비합니다. 그 전까지 영국 가수가 미국에서 성공한 적이 없었다네요.

지금도 화제가 되고 있는 비틀스의 1964년 2월 7일 첫 미국 방문 당시엔 케네디 공항에 수많은 인파가 몰렸는데, 그 중 수백여 명의 언니들이 비명을 지르고 쓰러지면서 각 방송사, 신문마다 대서특필

되고, 유명 TV 토
크쇼 〈에드 설리
번 쇼(Ed Sullivan
Show, 최근에 우리
나라 보이그룹 방
탄소년단이 이 토

크쇼에서 1960년대 당시 비틀스 공연 무대와 비슷하게 연출해 화제를 모았
죠. 🐻))에 출연하는 등 미국에서도 드디어 비틀스 열풍이 불어닥칩
니다. 이때 엡스타인이 미국 진출을 위해 뿌린 마케팅 비용이 무려
4만 달러! 이게 얼마나 큰돈이냐면, 지금 시세로 환산하면 60만 달
러, 6억 원이 넘는 금액입니다. 그런데…… 공항에서 쓰러진 수백
명의 언니들도 다 엡스타인이 돈 주고 산 알바라는 얘기가 있습니
다. (아아~, 미녀 알바 동원해 미쿡 매스컴을 농락한 엡 선생님!)

결국 1964년 미국에서 팔린 음반 중 60%가 비틀스 앨범이었다고
하죠. 대체 얼마를 번 거야? 🐻

비틀스가 성공하면서 이후 롤링 스톤즈(Rolling Stones) 등 영국 밴
드들이 미국에 진출하는 '영국 침략, 즉 브리티시 인베이전(British
Invasion)'이 시작됩니다.

앞서 소개한 비틀스 최고의 히트곡 'Yesterday'는 인기가 최절정이던 1965년에 발표되는데, 폴 매카트니가 당시 꿈속에서 들은 멜로디에 Scrambled Egg라는 제목을 붙였지만, 엡스타인이 마음에 안 든다고 지적해 가사와 제목을 다 고쳤다고 해요. 그리고 다른 멤버 없이 폴 혼자서 노래하고 실내악 합주를 덧붙이면서 다른 멤버들이 "폴의 솔로곡으로나 내라."며 별 관심없어 하자 강력히 설득해 비틀스의 앨범에 수록하게 한 사람 역시 엡스타인이었어요. (아아~, 곡 이름도 막 바꾸시는 마이더스의 손, 엡 선생님!)

그리하야 1965년 영국 정부는 양키들에게서 달러를 박박 벌어 국가 경제를 회생시킨 네 청년에게 MBE 훈장을 수여하게 됩니다. 당시 수익금의 96~97%를 세금으로 환수했으니 영국 경제에 크게 이바지한 것이 맞긴 하지요. 당시 연예인으로선 첫 영광이었다고 하지만, 일부 MBE

"우리 훈장 받았쩌염~."
(구글 이미지)

훈장 보유자가 "저런 애들이랑 동급이라니!"라고 반납하며 항의할 정도로 화제가 되었지요. (방탄소년단 훈장의 원조, 비틀스)

그 후 미국 뉴욕 셰어 스타디움 공연에 5만 6000여 명이 몰려와 당시 최다 관객 공연으로 기록되는 등 라이브 공연으로도 떼돈을 벌지만, 멤버들은 더 이상 공연을 안 하겠다며 슬슬 엡스타인에게 싫증을 내기 시작합니다. 뭐 4년간 앨범 5장 발매, 1400회 라이브 공연, 영화도 2편이나 찍었으니 살인적인 스케줄이긴 했지요.

당시 공연 관련 에피소드도 많은데요. 아시아 투어 당시 일본은 "공연 전 야스쿠니 신사를 먼저 참배하라니뽄, 우리는 얼굴에 철판 깔았데스!"라며 권유하지만 엡스타인과 비틀스 멤버들이 단호히 거부합니다. 쯧~. 일본 넘들은 예나 지금이나……. 게다가 엡스타인은 유대계여서 전쟁 범죄에 더 강한 비판의식이 있었지요.

필리핀에선 그 유명하신 구두 덕후 마르코스 대통령의 영부인 이멜다(Imelda Marcos) 여사가 "아침을 같이 먹자필리피노~."라고 초대했는데 멤버들이 "아 귀찮아~, 싫어요. 엡 선생님이 좀 짤라주세요!"라고 해서 엡스타인이 거절했다가 성난 필리핀 시민들에게서 머리카락을 뜯기며 탈출하는 사태도 생깁니다. '왜 하필 아시아 투어 국가가 필리핀이냐?' 싶겠지만, 1960년대엔 아시아에서 필리핀이 일본 다음으로 잘사는 나라였어요. 🐻

그 와중에 리더 존 레논이 "비틀스가 예수보다 더 유명하다."라고 말했다며 왜곡 보도한 한 잡지 기사가 문제가 되어 미국 남부의 독실한 기독교인들이 앨범을 불태우며 불매운동을 벌이자, 언론 역보도도 막고, 왜곡 보도한 잡지는 고소하는 등 엡스타인은 뛰어난 위기 대응 능력까지 보여줍니다. 결국 앨범을 불태웠던 사람들이 훗날 후회하면서 다시 앨범을 사게 되어 매출이 2배 늘었다는 훈훈한 결말이었다지요?(아아~, 위기대응 PR 전문가이기도 하신 엡 선생님!)

이후 비틀스는 공연 대신 앨범에 집중하면서 아이돌 스타에서 아티스트로 거듭나게 되어 '말랑말랑 정신(Rubber Soul)' 앨범을 시작으로 '리볼버(Revolver)', '페퍼 상사의 외로워요 클럽 밴드(Sgt. Pepper's Lonely Heart Club Band)', '앨범명 없음 : 화이트 앨범(No Title : White Album)', '아빠의 길(?)🐻(Abbey Road)', '냅둬라(Let It be)' 같은 걸작 앨범을 연달아 발표합니다.

그 중 'Rubber Soul' 앨범 두 번째 곡인 'Norwegian Wood'란 노래가 참 많은 사랑을 받았는데, 일본의 소설가 무라카미 하루키(村上春樹)가 이 노래에서 영감을 받아 《노르웨이의 숲》이란 첫 장편소설을 발표해 우리나라에서도 큰 인기를 끌었어요.

비틀스의 앨범들
(thebeatles.com)

그런데 이 노래 'Norwegian Wood'를 노르웨이의 숲이라고 번역한 건 가리지날이에요. 원래 뜻은 '노르웨이 나무로 만든 가구'란 의미랍니다. 🐻 노래 가사에서도 젊은 여성이 남자친구를 자기 집으로 데려가서 이렇게 말합니다.

She showed me her room (그녀는 나를 자기 방으로 데려가 보여주었지)

Isn't it good? Norwegian Wood. (좋지 않아? 노르웨이산 가구야.)

1960년대 당시 영국산 수제 가구는 너무 비싼 반면, 북유럽산 가구가 실용적이면서도 값이 저렴해 자취하는 청년들이 많이 구입했다고 하지요. 하지만 지금은 노르웨이가 아닌 스웨덴산 이케아(IKEA)가 세계 최대 가구회사가 되었어요. 🐻

이후 엡스타인은 자기 레코드 가게 이름을 딴 'NEMS 엔터테인먼트' 회사를 차려 비지스(Bee Gees), 지미 헨드릭스(Jimi Hendrix), 크림(Cream)과 계약하는 등 바쁘게 활동하면서 비틀스 멤버들로부터 소외되기 시작합니다. 엡스타인은 위기감과 고독으로 인해 술과 마약에 찌들기 시작했지만, 비틀스 멤버들은 명상가 '마하라시(Maharashi)'의 사상에 경도되어 엡스타인만 남겨 놓고 인도로 슝~ 날아갑니다. (아아~, 엔터테인먼트 산업의 선구자이신 엡 선생님!)

이에 더 이상 매니저 계약을 연장할 수 없을 것이라고 상심한 엡스타인은 '아아~, 마이달링 존, 나한테 이러면 안 돼애애애~.'라고 한탄하다가 과도한 수면제 복용과 마약 복용 후유증으로 1967년

인도로 간 순진한
어린 양들 (구글 이미지)

8월 27일 급

사하게 되니

……. 당시

그의 나이

겨우 32세! 🐻 (그리고 보니 팬

픽에도 영감을 주신 엡 선생님.)

그의 마지막 유언은 " 'Sgt. Pepper's Lonely Heart Club Band' 앨범
을 팔 때는 반드시 종이 포장지를 싸서 앨범 표지가 안 보이게 해라.

팬들이 놀라서 돌아서지 않게."였다고

해요.(아아~, 마지막 순간까지 언박싱 디

자인 고민하신 엡 선생님! 🐻)

그가 죽고 난 후, 멤버들은 구심점

이 사라지면서 흔들리게 됩니다. 리

더 존 레논은 부인 신시아와 이혼한

후 일본 출신 예술가 오노 요코를

만나면서 밴드 활동에 흥미를 보이

지 않게 되지요. 그 덕에 폴이 존

엡스타인의 사망 소식

레논 아들 줄리안을 위로하기 위해 만든 'Hey

Jude'라는 명곡이 탄생하게 되지만요. 이후 주

도권을 잡은 폴 매카트니는 야심차게 '애플(Apple) 레코드'를 설립하고 경영하지만 엡스타인 같은 경영 능력이 없다 보니 사업은 부진에 빠지게 됩니다. 이 당시 고민에 빠진 폴이 꿈에서 돌아가신 어머니를 만나서 들은 충고를 바탕으로 만든 노래가 바로 '렛잇고Let It Go'의 선배, '렛잇비Let It Be'예요. 🐻

"냅둬라~ 냅둬라~ 냅둬라~ 냅둬라~, 엄마의 지혜로운 말씀, 냅둬라~" 일부에선 가사 속 Mother Mary를 '성모 마리아'로 번역하던데, 실제 폴 엄마 이름이 메리(Mary)예요. 🐻

게다가 조지 해리슨은 "왜 내 노래는 싱글 커트 안 해주고 존, 폴 두 형 아들만 저작권료 버냐?"고 삐치고, 링고 스타는 "나도 곡 쓸 줄 아는데, 킁!" 이러면서 갈등이 깊어져, 결국 1970년, 8년이라는 짧지만 거대한 행보를 했던 비틀스는 해체하게 됩니다.

PR을 업으로 삼고 있는 저로서는 엡스타인의 애환이 남 일 같지가 않네요. 영업도 뛰고(데뷔 싱글 1만 장 사재기 신공), 마케팅도 하고(의상 코디하기, 알바 풀어서 쌩쇼하기, 포장 디자인 연구하기 등등), 홍보도 하면서(TV 출연 섭외, 예수보다 유명하다고 한 레논 역보도 대응), 그리 노력을 했건만……, 비틀스 멤버들은 지들이 원래 잘나서 그런 줄로만 알다가 그가 사망하자 우왕좌왕하다 결국 뿔뿔이 흩어지게 된 거지요. 🐻

거 있을 때 잘 좀 지내지, 왜 엡 형님 놔두고 너네끼리 놀러 가서 결국 이 지경을……. 🐻

어째 쓰다 보니 비틀스 멤버들을 디스한 것 같지만, 4명 모두 작사 및 작곡을 하고 모두 빌보드 1위곡을 탄생시키는 등, '퀸'보다 10년 앞서 사기성 캐릭터가 뭉쳤던 위대한 밴드가 바로 비틀스예요. 그리고 그런 위대한 밴드를 우리에게 알려준 한 젊은 열혈 음악 덕후, 엡스타인의 스토리는 우리에게 잔잔한 감동을 주고 있죠.

자~, 이제 비틀스 노래가 궁금하지 않나요?

⟨뽀나스~! 제가 권해드리는 비틀스 노래 입문 Tip⟩

1. 완전 초보 : 일단 글에서 소개한 3대 명곡 'Yesterday', 'Hey Jude', 'Let It Be'를 들어보자.

2. 입문기 : 미국과 영국 차트에서 1등한 노래 모음 앨범 '1'을 들어보자.

3. 탐색기 : 앨범 '1'이 초중반 히트곡 위주이니, 'Red', 'Blue' 등 베스트 앨범도 들어보자.

4. 감상기 : 앨범 'Rubber Soul' 이후 걸작 음반들을 죄다 들어보자.

5. 팬기 : 'Rubber Soul' 이전 초기 음반도 다 들어보자.

6. 마니아기 : 희귀곡 모음 'Anthology 1, 2, 3', 태양의 서커스 비틀스 공연 OST 'Love' 등 관련 음반도 들어보자.

7. 덕후기 : 비틀스 데뷔 전 음악도 듣고, 비틀스 관련 상품도 구해보자.

05
너희가 록음악의 역사를 아느록?

앞서 '퀸'과 '비틀스'에 관한 이야기를 보니 어떠세요? 록음악에 관심이 좀 생겼나요? 🐻 그럼 지금부터는 유명 그룹을 중심으로 록의 역사를 간략히 알려드릴게요.

록음악이 등장하기 전, 20세기 초까지 클래식 음악이 서구를 지배하지만, 이후 레코드와 라디오가 보급되면서 모든 대중이 즐겨 들을 수 있는 새로운 대중음악이 등장하게 되지요. 미국에서는 서부개척시대부터 불린 백인 전통 음악 컨트리와 중부 지역에서 유행한 재즈(Jazz), 흑인의 감성이 담긴 블루스와 소울(Soul) 등이 발달하게 됩니다.

그러던 1955년, 백인 음악 컨트리를 연주하던 빌 헤일리(Bill Haley & The Comets) 악단이 흑인들의 블루스 음악에서 힌트를 얻어 이

로큰롤의 아버지, 빌 헤일리

둘을 융합한 'Rock Around The Clock'이란 노래를 발표하면서 큰 인기를 끌게 됩니다. 빌 헤일리는 뒤이어 'Shake, Rattle And Roll' 등을 발표했는데, 이 새로운 음악에 대해 한 라디오 DJ가 2곡의 제목에서 단어를 합쳐 'Rock And Roll'

이라고 부르면서 '로큰롤'이라는 새로운 장르가 탄생하게 되니, 이것이 록음악의 출발점이 됩니다.

비록 록음악의 시조는 빌 헤일리였다고 하나 록음악을 본격적으로 주류 음악으로 끌어올린 장본인은 미남 청년 엘비스 프레슬리(Elvis Presly) 형님 덕분이었지요. 미국 남부 멤피스 깡촌 출신인 엘비스는 통기타를 들고 엉덩이를 흔들면서 끈적한 목소리와 미소로 당시 미국 소녀들을 기절시키며 단숨에 록음악이 주도적인 음악 장르로 자리매김하는 데 기여하고, 'Don't Be Cruel'이라는 노래가 1956년에 11주간 미국 차트 1위에 오릅니다.

엘비스 프레슬리

그러나 이 같은 열풍도 잠시, 엄격했던 미국 보수층의 반발과 일부 스타들의 문란한 사생활에 대한 거부여론이 일면서 1950년대 로큰롤 열풍은 흔적도 없이 사라지고, 엘비스 프레슬리 역시 1960년대 이후 발라드 가수로 변신할 수밖에 없었답니다.

이처럼 미국을 휩쓸던 로큰롤이 잊히던 1963년, 영국 항구도시 리버풀 싸구려 술집에서 미국의 옛 로큰롤을 연주하던 무명 그룹 비틀스가 유대인 레코드 가게 주인 엡스타인의 눈에 들면서 그들의 인생도 바뀌고 록음악의 역사도 바뀌게 되지요. 록음악 역사상 최고의 그룹으로 평가받는 비틀스는 초기 경쾌한 로큰롤 음악을 통해 케네디 암살, 베트남전 참전 등으로 암울했던 1960년대 미국 사회에 잊혔던 로큰롤 감성을 되살려내더니, 점차 세련된 음악으로 변신을 시도해 이후 후기로 갈수록 모든 장르의 곡을 소화해냄으로써 예술적 경지에 이르러 '20세기의 모차르트'란 찬사까지 받게 됩니다.

또한 그때까지 가수와 연주자, 작곡가로 분리되어 있던 체계를 멤버 4인이 모두 스스로 작곡하고, 연주하고, 노래하는 현재의 록그룹 체계로 바꾸는 데 선구자가 되었지만, 결국 1970년 해체한 뒤 존 레논 피살, 조지 해리슨 사망 등으로 이제 역사 속으로 사라져가고 있어요.

당시 비틀스가 미국을 뒤흔든 사건은 뒤이어 영국 출신의 록그룹들이 대거 미국으로 진출하는 계기가 되면서 '영국 침략'이란 표현이 유행하게 됩니다. 비틀스와 동시대에 결성한 밴드인 롤링 스톤즈는 주술적이기까지 한 강렬한 록음악과 데뷔 당시부터 껄렁한 외모와 반항적인 가사 등 뒷골목 깡패 분위기의 극단적인 대비를 통해

비틀스의 라이벌,
롤링 스톤즈

여타 영국 신진 그룹과의 차별화에 성공함으로써 비틀스의 유일한 라이벌로 등극했으며, 현재까지도 장수하는 그룹이지요. (원래는 런던 출신 고학력자들이었다능~!)

이후 1970년대에는 록음악이 다양한 장르로 발전해나가기 시작합니다. 로큰롤로 불리던 장르 이름은 록(Rock)으로 단순화되지만 하드록(Hard Rock), 애시드록, 프로그레시브록, 사이키델릭록 등 다양한 방향으로 발전하는데, 1970년대 들어 가장 주목받은 세부 장르는 레드 제플린(Led Zepplin), 딥 퍼플(Deep Purple)로 대표되는 강력한 하드록 계열의 음악이었어요.

레드 제플린은 록음악 중 현재 가장 광범위한 세력을 갖고 있는 헤비메탈 그룹의 대선배로 추앙받는 전설의 팀으로, 비틀스 해체 당시 등장해 강력한 기타 사운드와 카리스마 넘치는 보컬로 바로 비틀스의 인기를 이어받았고, 레드 제플린과 함께 1970년대 초반 록의 전성시대를 연

레드 제플린 (구글 이미지)

딥 퍼플은 당시 '세계에서 가장 시끄러운 그룹'으로 기네스북에 올랐던 하드록 그룹이에요. 10년 동안 4명이 함께하다 드러머의 사망으로 해체한 레드 제플린과 달리, 멤버 교체가 잦아 8년간 4차례나 보컬이 바뀌는 등 바람잘 날 없어 더 비교되기도 했지요.

또한 1970년대에는 제가 가장 좋아하는 록 장르인 프로그레시브록 음악의 대표 그룹 '핑크 플로이드(Pink Floyd)'의 전성기였지요. 1967년에 결성되어 실험적인 음악을 전개해오며 소수의 마니아로부터만 인정받던 핑크 플로이드

무지개 이야기에도 나온 핑크 플로이드

는 1973년 9집앨범 'Dark Side of The Moon'으로 한번에 대형 그룹으로 발돋움한 뒤 인간 내면의 문제, 자본주의, 영미국 팽창주의, 의사소통 부재 등 앨범마다 사회를 통렬히 비판하는 문제작을 연이어 발표해 1970~80년대 서구 지식인들이 가장 좋아하는 록그룹으로 인정받습니다.

'Dark Side of The Moon' 앨범은 인간이 창조할 수 있는 모든 음향이 집약되었다고 표현될 정도로 각종 음향효과가 총동원되어 있어요. 게다가 모든 곡이 끊어지지 않고 계속 연결되는 콘셉트 앨범

으로 구성하여 1973년 앨범 발표 이후 1988년까지 무려 15년, 741주 동안 빌보드 차트 앨범 판매 부문 100위권에 들면서 매주 수만 장씩 팔려 총 2500만 장이 팔리는 대기록을 세웁니다. 이 같은 대성공에도 당시 평론가들은 라이브로 연주할 수 없는 음향 장난일 뿐이라고 혹평했지만, 이들은 전 곡을 라이브로 표현해 멋지게 복수하지요. 하지만 멤버간 갈등도 심해 심지어는 미국 순회 공연 때에는 각각 별도의 차량으로 이동했는데, 아예 서로의 눈에 띄지 않으려고 별도의 도로로 제각기 이동했을 정도였다네요. 🐨

이처럼 미국에서 출발한 록음악은 비틀스 이후 완전히 영국 그룹이 장악한 채 10여 년이 흐르지만, 미국 고유의 컨트리 음악과 연계한 캘리포니아 중심의 웨스트코스트록(West Coast Rock)이나 텍사스 중심의 서던록(Southen Rock) 등이 인기를 끌면서 미국 나름의 자존심을 지켜 나갑니다. 대표적인 웨스트코스트 컨트리록 그룹인 이글스(Eagles)는, 캘리포니아 골드 러시(Gold Rush)로 대표되는 아메리칸 드림의 허상을 비꼬는 'Hotel California'를 발표했지만 심각한 가사와 달리 너무나 서정적인 멜로디로 인해 미국 내에서 폭발적인 인기를 얻게 되지요. 하지만 이 노래의 대성공은 이후 멤버들에게 더 좋은 곡을 만들어야 한다는 부담감으로 작용해 결국 3년 뒤 그룹을 해체하는 비극을 안기게 되고 맙니다.

이렇듯 1970년대는 록의 전성기였기에 유명 그룹들은 앨범 판매량이 1000만 장이 넘는 대성공을 거두었지만 지나친 상업화는 초기 젊은이들의 반항을 상징하던 록 정신과 위배되는 것이었지요.

게다가 당시 경제난으로 IMF 위기를 겪던 영국에 선, 1976년에 지나친 록의 상업화에 반기를 들고 누구나 쉽게 노래할 수 있어야 한다는 기치 하에 등장한 '펑크록(Punk Rock)' 이 크게 유행하게 됩니다. 이들은 단 3개의 악기

이글스의 '호텔 캘리포니아' 앨범

(기타, 베이스기타, 드럼), 단 3개의 기타 코드로 누구나 쉽게 연주하고 즐기던 초창기 록의 정신으로 되돌아가자는 일종의 르네상스운동을 전개했고, 그 선구자인 '섹스 피스톨즈(Sex Pistols)'는 엽기에 가장 어울리는 원조 엽기발랄 그룹으로, 국내 인디 록그룹의 대선배로 추앙되고 있지요. 재밌는 건 섹스 피스톨즈가 성공하게 된 계기를 마련해준 이들이 앞서 소개한 퀸이었단 거예요.

당시 BBC 방송에 퀸이 출연하기로 되어 있었는데, 프레디가 이가 아파 치과 치료를 하는 바람에 노래를 부를 수 없었다네요. 그래서 방송사가 대타로 부른 그룹이 '섹스 피스톨즈', 그래서 방송 기회를 잡은 이 열혈 청년들이 첫 출연한 방송에서 'Anarchy in The U.K.'(난장판 영국. 의역하자면 '헬영국, 이게 나라냐?')이란 띵곡을 불러 대히트를 치게 되지요. 하나 더 반전은 이 똘끼 충만한 그룹의 앨범을 낸 레코드 사도 바로 퀸이 계약한 EMI라는 거~.

이들은 연주할 때 관객에게 침을 뱉고 의자를 집어던지는 등, 관객 모독 공연을 선보여 1977년 단 한 장의 앨범 'Never Mind The Bollocks Here's The Sex Pistols' 이후 해체했지만, 그 충격은 비틀스에 버금간다고 평가받고 있습니다. 이처럼 영국에선 청년실업 사태에서 비롯된 펑크록 열풍이 불어닥쳐 록음악의 전성시대를 마감하는 역할을 하게 되지만, 미국은 경제적 풍요에 젖어 경쾌한 디스코 음악에 맞춰 고고장에서 하늘을 향해 손가락을 찌르며 희희낙낙하고 있었지요. 🐻

이에 많은 영국 록그룹들은 사회적 질시 속에 미국으로 주 활동 무대를 옮기게 되고, 고국인 영국과 미국 내 다른 지역의 팬들에게 자주 가지 못함에 따라 뮤직비디오를 제작해 배포하게 되는데, 이것의 시초가 퀸의 'Bohemian Rhapsody'였지요. 이 같은 효과로 인해 영국과 달리 미국에서는 1980년 초에 영국 록음악이 최고 절정기에 다다르고 펑크 플로이드가 'The Wall' 앨범으로 1400만 장, 퀸 앨범도 1000만 장을 기록하게 됩니다.

하지만 뮤직비디오의 효과는 아무래도 현란한 몸 동작을 보여줄 수 있는 댄스 가수에게 유리한 법. 24시간 뮤직비디오를 틀어주는 MTV가 등장하고, 마이클 잭슨, 마돈나(Madonna) 등 경쾌한 팝음악이 유행하면서 록음악의 인기는 시들해집니다. 이에 따라 1980년대 록음악은 잘생긴 외모와 춤추기에 알맞은 경쾌한 사운드로 무장한 '뉴웨이브(New Wave)'가 주류로 등장하며, 영국 그룹 듀란듀란(Duran Duran), 컬처클럽(Culture Club), 노르웨이 그룹 아하(a-ha) 등이 세계적인 인기를 끌게 되지만, 평론가들에겐 좋은 평가를 받지 못했지요.

　이 같은 1980년대 침체기 중에도 미국 언더그라운드에서는 많은 신진 그룹들이 새로운 시도를 전개하고 있었습니다. 그 중에서도 LA를 중심으로 한 'LA메탈'은 과격하고 빠른 음악을 선보여 마치 채찍을 휘두르는 것 같다는 의미로 '스래시(Thrash) 메탈'이라 불리게 되는데, 이들 중 메탈리카(Metallica)는 1983년 첫 앨범 당시 1만 장도 팔지 못한 무명 그룹이었지만, 이후 서서히 이름을 알리기 시작합니다. 그러면서 1980년대 후반 스래시 메탈을 록음악의 주류로 끌어올린 뒤, 1991년 5집 'Metallica(Black Album)'의 대성공으로 언더그라운드 그룹의 인간 승리라는 극적인 스토리와 함께 메탈계 최강자로 떠오르죠. 이들은 미국 록음악의 자존심을 살린 건즈 앤 로지스와 함께 합동 순회 공연을 펼치며 그동안 영국에 밀리던 미국 록음악의 세계 정복이란 오랜 숙원을 이루게 됩니다.

한국 공연 자주 오시는 메탈리카 형아들

또한 리드보컬 제임스 헷필드(James Hetfield)는 무서운 외모와 달리 딸바보인지라 딸이 다니는 유치원 학예회에 통기타를 들고 나타나 동요 부르는 딸의 노래를 반주해주는 등, 반전 허당 매력도 선보였어요. 우리나라에도 여러 차례 공연하러 왔지요. 🐻 당시 유치원에 다니던 제임스 헷필드의 딸과 담임 선생님 간의 이야기는 나름 유명합니다.

> 헷필드의 딸 : "선생님, 이번 학예회에서 노래 부를 때 아빠가 기타 쳐줘도 되나아틀라스라이즈?"
>
> 담임 선생님 : "응. 오셔도 되긴 하는데스래시메탈~, 아빠가 기타는 잘 치시니어리틀불안?"
>
> 헷필드의 딸 : "그건 잘 몰라라이드 더 라이트닝. 아빠가 '메탈리카'라는 그룹에서 기타 치세마스터오브푸펫."
>
> 담임 선생님 : "응? 메탈리카!!! 반칙이지만 너무나 감사하지메리카!! 여러분 이번 장기자랑 대박리로드!"

메탈리카와 라이벌 관계를 형성하며 1980년대 후반부터 1990년대 초반을 관통한 '건즈 앤 로지스'는 록그룹 역사상 최고의 말썽쟁이 그룹이에요. 공연 중 마이크 집어던지기, 갑자기 뛰어내려 관중 부상입히기, 경찰이 과속 딱지 끊어서 기분 나쁘다고 해당 도시 공연을 전격 취소하기 등등 각종 뉴스를 만든 건즈 앤 로지스는 미국 서부 지역의 새 메탈 음악을 선보인 '메탈리카'와 달리 1970년대 미

딱 봐도 문제 있어 보이는 건즈 앤 로지스

국, 영국 그룹의 장점을 받아 정통 하드록을 부활시키며 큰 인기를 끌었습니다.

이처럼 미국 헤비메탈 그룹이 승승장구하자 1989년이 끝날 무렵 모든 음악 평론가들은 1990년대는 헤비메탈의 시대가 될 것이라고 예측하지요. 하지만 미국 록음악 시장 역시 1991년 새로운 전환기를 맞게 됩니다. 역사는 순환한다는 말이 있듯이 미국 역시 록의 대성공은 역효과를 불러일으킵니다. 1976년 영국 펑크록이 탄생한 지 15년 뒤인 1991년, 드디어 미국에서도 지나치게 비대해진 록음악을 비판하며 시애틀을 중심으로 미국판 펑크록인 '얼터너티브록 (Alternative Rock)'이 태동하게 되지요. 불교 용어 '열반(Nirvana)'을 그룹명으로 채택한 '너바나'는, 록음악의 기본인 3개의 악기를 기반으로 록의 초심으로 돌아가자는 취지로 영국 펑크록의 시조 섹스 피스톨즈 앨범의 첫 단어와 똑같은 'Nevermind' 앨범을 발표했는데, 이 앨범의 첫 곡인 'Smells Like Teen Spirit'은 발표와 동시에 엄청난 인

기를 끌게 되면서 다른 시애틀 록그룹들의 잇따른 성공을 이끄는 기폭제가 됩니다.

그런데 흔히 너바나의 출세곡 'Smells Like Teen Spirit'을 '10대 정신을 느껴라' 등으로 번역하면서 반항하는 젊은이를 찬양하는 의미로 알고 있는데, 이건 가리지날~! 원뜻은 '틴스피릿(Teen Spirit) 탈취제 냄새가 난다'예요. 🐻

엥? 그게 뭔 소리냐고요? 틴스피릿(Teen Spirit)은 '10대 정신'이 아니랍니다. 당시 미국에서 판매되던 탈취제 브랜드 이름이에요. 🐻

너바나의 리더 커트 코베인(Kurt Cobain)이 곡을 구상하던 중 친구인 캐서린이 벽에다가 'Kurt Smells Like Teen Spirit.'이라고 쓴 낙서를 보고는 '오호라~! 내가 10대 청소년처럼 반항기가 넘친다고 생각했구니르바나~.'라고 오해해 자기 이름만 빼고 그 낙서를 제목으로 삼아 곡을 썼어요. 하지만 그 노래가 대성공을 거두고 난 뒤 알게 된 진실은……, 캐서린 해나가 친구들에게 "커트 몸에서 여자친구 토비 데일이 쓰는 탈취제 냄새가 난대요~. 둘이서 뭐했을라나~. 얼레리 꼴레리~."라고 흉본 낙서였던 거죠. 정작 커트 본인만 여친이 쓰는 탈취제 브랜드가 'Teen Spirit'인 줄 몰라 혼자 엉뚱하게 해석하고선 노래를 만든 거예요. 🐻

하지만 너버나 멤버들은 뜻밖의 대성공에 부담을 느끼게 되고, 결국 커트 코베인이 1994년 27세 꽃다운 나이에 권총 자살하면서 3년간의 신화는 막을 내리고 맙니다. 그는 유서에 이런 글을 남기죠. "관객들의 열광적인 함성이 들리기 시작해도 나는 아무런 감동이 없다. 나는 프레디 머큐리처럼 그것을 사랑하고 관객들이 바치는 애정과 숭배를 진심으로 받아들이는 일이 되지 않는다. 그렇게 할 수 있었던 그가 정말 존경스럽다. 열정 없이 사느니 차라리 죽는 게 낫다." 흑! 🐻 프레디처럼 되고 싶었던 커트는 짧은 삶을 살다 가고, 그 이후엔 더 이상 한 시대를 풍미하는 새로운 록스타는 나타나지 않고 있습니다. 🐻

1990년대 초반 이후 록음악의 인기가 잠잠해지게 되는데요, 무엇보다 흑인 특유의 리듬감과 사회 비판적 가사로 무장된 랩음악이 주류가 되고, 래퍼들이 대거 진출한 것이 가장 큰 원인이었습니다. 이에 대한 록계의 즉각적인 반응이 바로 두 장르의 혼합이었고, 랩과 메탈이 합쳐진 '랩메탈(Rap Metal)' 또는 '하드코어(Hard Core)'라는 새로운 장르가 탄생하게 되지요. 애초 록음악을 하던 청년들이 결합해 만든 '레이지 어겐스트 더 머신(Rage Against The Machine)'은

1991년 메탈 기타와 힙합 리듬을 절묘하게 결합하고 미국을 비판하는 공격적 가사로 큰 인기를 끌게 되고, 이후 이와 유사한 '린킨 파크(Linkin Park)' 등 다수의 하드코어 그룹이 대거 등장합니다. 국내에서도 1992년 서태지가 처음에 랩음악으로 대성공을 거둔 뒤, 3집부터 본격적으로 록음악과 결합해온 과정 역시 이 같은 시대 흐름을 정확히 파악했기 때문이었지요.

이후 다양한 변화가 일어나던 미국 록음악계에 복고의 바람이 붑니다. 이는 얼터너티브록의 원조라 할 수 있는 1970년대 영국 펑크록을 계승한 '네오펑크록(Neo-punk Rock)'이 인기를 끌면서부터인데요. 1994년 '그린데이(Green Day)'의 'Basket Case'가 기폭제가 되었습니다. 전주 없이 바로 나오는 보컬, 3분을 넘기지 않는 짧은 노래 등 펑크록의 기본기를 충실히 답습한 이들 그룹의 성공으로 록음악도 시대에 따라 돌고 도는 유행이 있음을 증명해 보인 것이지요.

한편, 미국에 완전히 주도권을 내준 영국에선 어찌 되고 있었을까요?

1980년 중반 이후 록음악의 주도권을 뺏긴 영국에선 1990년대 내내 복고 바람만 불면서 완전히 영국 내 자리 싸움에 몰두하고 있었지요. 1960년대 음악 분위기를 되살린 '블러(Blur)'와 '오아시스(Oasis)'가 서로 비틀스의 진정한 후계자라며 잉글랜드와 스코틀랜드 간 지역 감정을 부추기는 가운데, '라디오헤드(Radiohead)' 등 참신한 그룹들이 등장했지만, 이들 음악은 미국에서는 큰 인기를 끌지 못한 가운데 록이 아닌 영국식 팝음악이란 의미인 '브릿팝(Bit Pop)'

이란 명칭으로 불리기 일쑤였지요.

이런 가운데 정말 뜬금없이, 테크노댄스 그룹으로 출발한 영국 그룹 '프로디지(Prodigy)'가 1997년 테크노와 메탈을 결합한 3집 앨범 'Fat of The Land'를 발표했는데, 이 앨범은 미국 등 전 세계에서 가장 빨리, 가장 많이 팔린 앨범으로 기록되기에 이릅니다. 저도 당시에 돈 주고 샀지요~. 흠흠. 🐻 이들은 기존의 댄스와 록의 경계를 완전히 무너뜨리며 무대 위에서 보컬이 열창하고 밴드가 연주하는 가운데 힙합댄서들이 춤추고 점프하면서 전 관중이 미쳐 날뛰게 만들면서 이제 더 이상 장르의 구분이 필요없음을 보여주었습니다.

프로디지 3집 앨범

그 후 2000년대 들어 록음악은 과거와 달리 명확한 대표주자가 없는 가운데 다른 장르와의 통합 등 다양한 시도를 하고 있네요. 간략한 개요였지만 영화 '보헤미안 랩소디' 열풍과 함께 록음악의 흐름을 한번쯤 짚어보는 것도 좋을 것 같네요. 🐻

저도 이제 나이가 들다 보니 요즘 노래보단 청년 시절 들었던 노래에 더 애정이 많이 갑니다. 어느 세대건 다들 청소년기부터 20대 사이 감수성이 풍부했던 시기에 들었던 노래가 일생의 애청곡이 된다고 하지요.

가끔 퇴근길에 핑크 플로이드의 역작 'Dark Side of The Moon' 앨범을 듣다 보면, 계약기간이 끝나자 마자 헤어지는 요즘 아이돌 그룹의 짧은 활동이 참 아쉽기도 합니다. 핑크 플로이드는 1967년 데뷔 후 오랜 무명 기간을 거쳐 1973년 9번째 앨범에서야 비로소 뜬 은근과 끈기의 그룹으로서, 1980년대 중반 듀란듀란과 아하가 젊은 이들의 인기를 한몸에 받을 때에도 라이브 공연을 활발히 전개해 한때 연간 라이브 공연 수익 세계 1위를 달성한 바 있고, 지금도 여러 우여곡절을 겪으며 활동 중이거든요.

이 앨범의 제목인 '달의 어두운 면'은 인간 심리의 숨겨진 부분을 의미하는데, 소외된 인간의 심리를 주제로 앨범 전체에 걸쳐 다양한 노래를 담고 있지요. 단 처음 듣는 분은 한두 번 들어서는 왜 이 앨범이 15년, 741주 동안이나 빌보드 100위권에 남아 세계 기록을 남길 정도로 유명한지 알기 힘들 거예요. 여러 번 곱씹어 음미해야 그 진가를 알 수 있거든요.

그런데, 이 같은 은유로서의 달의 뒷면이 아니라 실제 달의 뒷면을 본 최초의 사람은 누군지 아세요? 실제 달의 뒷면을 본인의 눈으로 직접 본 최초의 사람은, 1969년 미국 아폴로 우주선 11호(Apolo 11)의 사령선 콜럼비아 호 조종사인 마이클 콜린스(Michel Collins)예요. 대부분 최초로 달에 발을 내디딘 닐 암스트롱(Neil Armstrong)만 기억하는데, 달에는 닐 암스트롱과 버즈 올드린(Buzz Aldrin) 두 사람만 내렸고, 콜린스는 달 착륙선이 되돌아올 때까지 홀로 사령선에 남아 달을 공전하면서 달의 앞면과 뒷면을 계속 지켜보았죠. 그런

까닭에 다른 두 우주인은 지구 귀환 후 세계 각국에 초빙되어 달 탐사 강연을 하는 동안, 그는 전혀 주목을 받지 못했습니다.

　이에 미안함을 느낀 미국항공우주국(NASA)에서 마지막 달 탐사 로켓 아폴로 17호를 발사하기 전 마이클 콜린스에게 선장 자리를 제안합니다. 아폴로 우주선 선장은 가장 먼저 달에 내릴 수 있는 위치이기에 그에게도 달에 내릴 기회를 주려고 한 것이었지요. 하지만 마이클 콜린스는 그 제안을 단번에 거절합니다. 본인 때문에 후배 1명의 소중한 기회를 뺏을 수 없으며, 본인은 '달의 뒷면을 최초로 본 사람'으로서 만족한다고요. 아아~, 감동의 눈물. 🐻

　뜬금없이 록음악의 역사를 얘기하다가 아폴로 우주선의 숨겨진 영웅을 이야기했는데, 제가 유명 그룹 중심으로 록음악의 역사를 이야기했지만, 전 세계 수많은 음악인들이 다른 그룹의 성공을 지켜보면서 묵묵히 자신의 음악 세계를 지켜왔고 지금도 현재진행형으로 이어지고 있습니다. 이 세상의 모든 '록의 뒷면' 음악인들에게도 엄지 척, 박수를 보냅니다. 짝짝짝~! 🐻

06
한국 인디음악에 찬사를!

록의 역사에 대해서도 살펴보았는데요. 미국과 영국이 중심이 되었던 록음악은 다른 나라에도 많은 영향을 끼쳤습니다. 독일의 헤비메탈 그룹 '스콜피온스(Scorpions)', '헬로윈(Helloween)' 등이 1980~90년대에 우리나라에서도 인기를 끌었고, 옆 나라 일본에서도 수많은 록그룹이 명멸했지요. 게다가 당시 공산권 국가에서도 록음악이 암암리에 퍼져나가기 시작했는데, 요절한 한국계 '빅토르 최'가 몸담았던 록그룹 '키노(Kino)'는 지금도 러시아의 국민그룹으로 추앙받고 있지요.

우리나라 역시 1950년대 어려운 여건 속에서 주한미군 무대에서 공연하던 가수들에 의해 록음악이 시작됩니다. 1955년 미8군 무대 연예단으로 데뷔한 신중현 씨는 이제 막 미국에서 엘비스 프레슬리

한국 록음악의 아버지 신중현이 만든 밴드 'Add4'의 앨범 (구글 이미지)

로 인해 유명해지기 시작한 록음악을 접하고 기타리스트로서 엄청난 실력을 선보이기 시작합니다. 이후 1964년 그룹 'ADD4'를 결성해 '빗속의 여인'으로 데뷔 앨범을 내고 활발한 활동을 전개하니, '한국 록음악의 아버지'라 불리게 됩니다. 당시 이미 '키보이스' 등 라이벌 그룹이 등장하게 되니 우리나라에서도 거의 서구와 동시대에 록음악이 태동한 것이죠. 와우~! 🐻

당시 신중현 씨가 만든 노래 중 지금도 유명한 것이 바로 '아름다운 강산'입니다. 대부분 가수 이선희의 노래로 알고 있지만, 이미 1972년 10분이 넘는 대곡으로 만든 것을 축약한 버전을 이선희 씨가 부른 거예요. 하지만 이후 포크록 가수들

산울림 1집

의 노래가 대학가에서 저항가요로 쓰이고, 대마초 파동 등으로 음악계에 찬바람이 불면서 1970년대 중반 많은 가수들의 활동이 중단되기에 이릅니다. 하지만 1977년에 대학생 그룹 산울림이 '아니 벌써'로 느닷없이 등장하면서 새로운 록음악

의 세계를 선보이게 되는데, 현재도 해외 마니아들이 한국 록음악 하면 산울림을 손꼽을 정도입니다.

당시 대학은 물론 고교 동아리에서도 록그룹 결성이 유행했었고, 1980년대 들어 조용필과 위대한 탄생, 김현식과 봄여름가을겨울, 이치현과 벗님들, 송골매, 백두산, 부활, 들국화, 시나위 등 다수의 그룹이 등장해 TV 음악 프로그램에 출연하는 등 활발한 활동을 전개하지요. 하지만 1980년대 말 여러 기획사의 스카우트 경쟁으로 그룹 보컬들이 솔로 가수로 전향하고, 심지어 백두산의 리더 유현상마저 경제적 이유로 '여자야'를 부르며 트로트 가수로 변신하는 등 갑작스런 그룹 해체가 이어집니다. 🐻

이후 국내에선 발라드와 댄스음악이 주류가 되면서 록음악은 주류에서 밀려나게 되는데, 그 와중에 1995년부터 홍대 앞 클럽에서 인디밴드들이 활약하게 됩니다. 그 중 '말달리자'를 부른 크라잉넛, '바다 사나이'를 부른 노브레인, '챠우챠우'를 부른 델리 스파이스 등이 주목받기에 이르니, 이들을 인디음악 1세대라 부릅니다.

이 중 '챠우챠우'는 "너의 목소리가 들려~ 아무리 애를 쓰고 막아보려 하는데도~"라는 가사가 반복되며 달콤한 사랑 노래로 여겨져 큰 인기를 끌었는데요, 이 노래가 러브송이란 건 가리지날입니다. 실은 이 노래는 평론가들을 디스하는 노래라네요. 🐻 노래 제목을 다시 보세요. 챠우챠우는 개 품종이에요. 즉, 들려오는 너의 목소리는 개소리라는 거~. 🐻

이들 외에도 '홍콩반점 둘째딸'을 부른 펑크 플로이드, 'Love

Letter'를 부른 ANN, '사막의 왕'을 부른 아무밴드, '큰푸른물'을 부른 레이지본, '떴다 그녀'를 부른 위치스, 불타는 화양리 쇼바를 올려라 등 록그룹이 홍대 클럽을 중심으로 활동하게 됩니다. 하지만 2005년 MBC의 음악 프로그램 〈생방송 음악캠프〉에서 인디음악을 활성화하고자 인디밴드를 출연시켰는데, 그만 '카우치 사건'이 터지면서 2009년까지는 공중파 방송에서든 라디오에서든 인디밴드의 방송 출연이 제한되는 암흑기가 도래합니다. 🐻

이 같은 어려움 속에서도 2008년에 '장기하와 얼굴들'이 다시 주목을 받으면서 2세대 인디그룹들이 등장하지요.

이들은 한번이라도 더 어필하려면 무언가 튀는 요소가 있어야 했기에 밴드명으로 재미난 이름을 짓는 경우가 많았는데, 아름다운 우리말을 사용한 경우도 많아 제가 참 좋아합니다.

일단 이 부분에선 붕가붕가 레코드 사가 앞서갑니다. 서울대 음악 동아리 '붕가붕가 중창단'과 노래패 '메아리' 출신들이 대학 졸업 후 모여 만든 붕가붕가 레코드에서 가내수공업 형태로 여러 밴드들이 앨범을 만들게 되는데, 여기서 잉태된 밴드의 이름들은 참 재미있어요. 🐻

가장 먼저 '인디계의 서태지'라 불리며 주목받은 '장기하와 얼굴들'은, 처음에는 장기하 혼자 노래하고 연주하던 1인 밴드로 3곡을 담은 '싸구려 커피'라는 데뷔앨범을 만들어 신촌에 있던 향(響)레코드 사 등에서 소규모로 팔다가 입소문이 나면서 대박난 경우입니다. 저도 대학생 때 그 레코드 사 단골이었는데요, 당시 인디음악의 성지는 역사 속으로 사라졌어요. 🐻 그땐 가내 수공업 제작방식이라 밴드 멤버들과 레코드사 직원들이 공 CD에 스티커 붙이고 PC에서 mp3 파일을 구워서 만든 탓에 가끔 불량품이 나오기도 했다는군요. 🐻

장기하의 '싸구려 커피' 앨범 (구글 이미지)

장기하의
싸구려 커피 ☕

원래 장기하는 '눈뜨고 코베인'의 드럼 연주자 겸 '청년실업' 멤버로 활동하다가 독립하게 되는데, 주로 1970년대 음악을 재해석하는 밴드를 만들 생각이었기에 '조용필과 위대한 탄생', '이치현과 벗님들'처럼 복고적인 이름을 짓기 위해 고심했대요. 이름 후보로는 장기하의 얼굴들, 장기하와 감자탕, 장기하들, 장기하즈 등이 있었다는 군요. 🐻

1집 활동 당시엔 라이브 공연 때 무표정한 두 언니가 '미미 시스터즈'로 나왔다가 독립했고, 백코러스 중창단 '목젖들'이 게스트로 출연하기도 했지요. 이후 2집부터는 보다 본격적인 록그룹으로서 독보적인 위치를 차지했지만, 결국 2018년 12월 31일 10년의 활동을 끝으로 해체를 선언했습니다. 🐻

붕가붕가 레코드 출신의 '불나방스타쏘세지클럽'은 유명한 '부에나비스타 소셜 클럽(Buena Vista Social Club)' 이름을 패러디한 그룹으로서 국내에서 거의 유일한 라틴록 음악을 선보이고 있는데요, 가장 유명한 노래는 단연코 '석봉아'입니다. 한석봉과 어머니의 암흑 속 배틀을 주제로 2009년에 발표한 이 노래는, 당시엔 거의 알려지지 않았지만 2012년 Mnet에서 방영한 국민 오디션 프로그램 〈슈퍼스타K〉에 참가한 유승우 군이 이 노래를 불렀고, 가수 백지영이 "진짜 이런 노래가 있냐?"고 물어볼 정도로 강한 인상을 주면서 얼떨결에 유명해지죠. 🐻

그런데……, 우리가 흔히 간과하는 것이 있습니다. 옛 조상님들은 이름 말고도 자(字), 호(號)를 갖고 계신 경우가 많은데, 한석봉 선생의 오리지날 이름은 한호(韓濩), 자는 '경홍(景洪)', 호가 '석봉(石峯)'이십니다.

옛 사람들은 가족이 아닌 한 상대방의 본명을 부르는 것이 실례라고 여겼기에 어릴 적 친구 사이에 서로 부르던 별명이 자(字)가 되는 것이고, 성인이 되면 그때부터는 상대방이 '석봉 선생님 계십니까?"하고 부르는 존칭이 호(號)인 것입니다. 따라서 감히 호를 사용해 "석봉아~."라고 하대해 부르는 법은 없는 것입니다.

갑자기 노래 설명하다가 역사 진지충으로 빠졌습니다그려~. 허허허. 🐻

하지만 이들에겐 숨겨진 명곡이 있으니, '알앤비'라는 노래를 들어보셔야 합니다. 리더 '조까를로스'가 당시 한 걸그룹 멤버에게 푹 빠져 "이딴 록음악이 무슨 소용이냐!"며 팀 해체를 선언하고, 앞으로 그녀에게 잘 보이기 위해 리듬앤블루스(R&B) 노래를 부르겠다며 발표한 노래였는데……. 🐻 아아~ 그녀는 다른 힙합 가수에게

가버렸으니. 🐻 이후 심기일전해서 다시 활동 중이지요. 🐻

너바나의 리드보컬이었던 '커트 코베인' 이름을 패러디한 '눈뜨고 코베인'은 원래 장기하가 드럼을 쳤지요. 장기하가 떠난 뒤, '장기하와 얼굴들'에서 드럼 치던 김현호 군이 군대 제대 후 '눈뜨고 코베인'으로 옮겨갑니다. 🐻

또 칼에 찔려 쓰러지던 카이사르가 내지른 마지막 말 "브루투스 너마저!"를 패러디한 '브로콜리 너마저'는 당시 127개의 후보 이름 가운데 고민하다가 이 이름을 최종적으로 골랐다는데, 개구쟁이 같은 밴드 이름과 달리 순수한 가사와 정감어린 멜로디의 음악을 선보이며 10여 년째 많은 사랑을 받고 있지요.

그런데 '브로콜리 너마저' 초창기에 보컬을 맡았던 '계피'는 특유의 청아한 목소리로 인기를 끌다가 어떤 이유에서인지 탈퇴하고 맙니다. 계피가 '브로콜리 너마저'에서 활동하던 시기에 어느 공연장에서 '줄리아 하트' 밴드 공연을 마치고 나오던 정바비와 처음으로 인사하면서 "나중에 백보컬 필요하시면 연락주세요~."라고 했고, 평소 계피의 목소리를 좋아하던 정바비 씨가 계피의 탈퇴 소식을 듣고는 "만들고 있던 노래를 같이 불러보자."고 제안해 프로젝트 성격으로 싱글 두 곡을 발표했는데, 첫 노래 '가을방학'을 아예 그룹명으로 정하게 되지요. '브로콜리 너마저'라는 밴드명 정할 때 엄청난 브레인스토밍을 한 것과는 정반대인 상황. 🐻

이 듀엣은 지금까지 10여 년째 활동하면서 정바비의 생활밀착형 아름다운 가사와 계피의 담담한 목소리가 어우러져 명곡들을 잇따

명반 중의 명반, 가을방학 1집
(구글 이미지)

라 발표하고 있어요. '가을방학' 노래 중에서 가장 유명한 곡이 1집에 수록된 '가끔 미치도록 네가 안고 싶어질 때가 있어'인데요. 실은 이 노래의 원곡은 '줄리아 하트' 미니앨범에 수록된, 정바비 본인이 직접 작사, 작곡하고 부르기까지 했던 노래인데, 앨범이 절판되어 잘 알려지지 않았지요. 이후 계피가 다시 부르게 되었는데, 정말 잘했단 생각이 들긴 합니다. 🐻 가수 아이유도 모 음악방송에서 이 노래를 부르기도 했지요.

그런데 이 노래를 헤어진 연인을 문득 그리워하는 사랑 노래라고 아시는데 그건 가리지날! 실제 내용은 이 노래를 작사한 정바비 씨가 스무 살일 때 요절한 형을 생각하며 만든 노래입니다. 🐻 그 사실을 알고 들으면 이 노래가 얼마나 가슴절절한 노래인지 새삼 느끼실 거예요. 셰삐노 그 노래의 의미를 몇 년 뒤에야 알고, 라이브 공연 중 이 노래를 부르다 통곡했다고 하죠.

이야기가 갑자기 슬퍼졌네요. 다시 소개를 이어갈게요.

붕가붕가 레코드의 초창기인 2006년에 결성되어 '다이어 스트레이츠(Dire Straits)'의 명곡 'Sultan of Swing'을 패러디한 그룹명을 사용하는 '술탄 오브 더 디스코' 밴드는 국내보다는 해외에서 더 유명

한 그룹이에요. 한국 인디계 최초의 댄스 아이돌이라고. 🐻

장기하가 본인 프로필에 절대 쓰지 않지만 무명시절 이 그룹에서 댄서 '장기에프'로 잠시 활동한 바 있고, '브로콜리 너마저'의 리더 덕원도 '무스타파 더거'로 활동한 바 있는 역사와 전통을 가진 그룹이죠. 처음에는 립싱크 밴드였지만 이후 멤버들이 악기 연습에 매진해 디스코 춤을 추면서 라이브 록 연주가 가능한 그룹으로 거듭난 실력파예요. 이 예사롭지 않은 그룹은 외국에서 먼저 진가를 알아봐서 2014년 영국 글래스톤베리 페스티벌(Glastonbury Festival)에 초청받은 것을 계기로 일본, 캐나다, 싱가포르, 미국 등 국제 무대에 초청되고 있답니다.

그런데 이 같은 밴드 이름 짓기 에피소드 중 압권은 아마 '아마도 이자람밴드'의 밴드명 탄생 비화일 겁니다. 🐻

이 그룹의 리드보컬이 이자람 씨인데요. 1984년에 "예솔아~, 할아버지께서 부르셔~."라고 앙증맞게 노래를 불러 일약 스타가 되었던 예솔이가 바로 이자람 씨예요. 이후 서울대학교 국악과를 나와 춘향가를 8시간 동안 완창해 기네스북에도 실리는 등 송소희 양에 앞선 원조 국악소녀였어요. 지금은 국악밴드 '타루'에 이어 인디 밴드 활동도 병행하는 중인데, 워낙 목소리가 독특해 많은 동료 음악인들이 부러워하고 있어요. 저도 참 좋아하는 목소리입니다. 🐻

이자람 씨가 2004년에 밴드를 처음으로 결성해 프린지 페스티벌(Fringe Festival)에 나갈 당시, 공연 포스터 담당자가 디자인 마감을 해야 하는데 '밴드 이름은 최종적으로 결정했냐?'고 물어왔답니다.

그래서 이자람 씨가 전화로 "글쎄요……, 아마도 '이자람 밴드' 정도?"라고 했다는데, 아뿔싸! 공연 포스터에 떡 하니 나온 이름이 '아마도이자람밴드'. 🐻 그런데 뭐, 반응이 나쁘지 않아서 그 다음부터 쭉~ 쓰고 있다고 하죠. 🐻 그런데 워낙 멤버들이 천하태평 하세월이라 정규음반은 이제 겨우 2집 정도만 나온 상황이에요. 이 밴드 노래들도 많이 좋아해주세요.

이 외에도 '좋아서 하는 밴드' 이름 역시 에피소드가 재밌지요.

애초 이름 없이 모인 아마추어 밴드였는데, 대학로 버스킹 거리 공연 중 관객 누군가가 "어머, 너무 노래가 좋아요. 밴드명이 뭐예요?"라고 물었답니다. 그래서 "저흰 그냥 좋아서 하는 밴드예요.(그래서 이름은 없어.)"라고 했는데 "어머 밴드 이름이 너무 참신해요!"라는 반응이 나와 결국 '좋아서 하는 밴드'라고 밴드명을 정했다는 이야기가 전설처럼 전해지고 있습니다. 🐻

또한 이 밴드에서 베이스기타를 치다가 솔로 가수로 독립한 박가영 씨는 예명을 '안녕하신가영'으로 짓고 활발한 활동을 전개하고 있어요. 하지만 많은 분들이 이 가수의 본명을 안가영으로 잘못 알고 있다는 거~. 🐻

그 외에도 최근 '볼빨간 사춘기'가 인기를 끌고 있는데, 이와 유사하게 '다빨간 오춘기', '볼파란 삼춘들' 등 재밌는 이름의 밴드들도 등장하고 있네요. 참 독특한 이름을 가진 인디밴드가 많지요? 공중파 방송에서 자주 소개되지는 않지만 좋은 노래가 많으니 많은 분들이 들어주었으면 좋겠습니다.

음악 감상은 일상의 스트레스를 쉽게 풀어줄 수 있는 좋은 취미입니다. 좋은 음악으로 더 윤택한 하루하루 보내길 기원하며 음악에 대한 이야기를 마치고 영상매체 이야기로 넘어가겠습니다.

19세기 말, 서유럽에서 벌어진 과학 기술 발전 경쟁은 지난《알아두면 쓸데 있는 유쾌한 상식사전》- 과학·경제 편 - '교통'에서 소개했듯이, 기차, 자동차, 비행선, 비행기 등 교통수단의 혁신과 더불어 사진, 신문, 라디오 등 새로운 매체를 만들어냈어요. 이어 프랑스 오귀스트 & 루이 뤼미에르 (Auguste & Louis Lumiére) 형제가 처음으로 영화를 제작한 후, 애니메이션과 TV 드라마에 이르기까지 새로운 영상매체가 속속 등장하게 됩니다.

이제는 젊은층에서 포털사이트 대신 유튜브(Youtube.com)에서 모든 것을 검색할 정도로 영상 콘텐츠가 대세로 자리잡아 가고 있는데요. 나날이 언어, 연극, 음악, 미술, 사진, 만화 등이 다 포함되는 종합예술로 발전 중이지요. 지금부터는 지난 100여 년간 영화나 TV 방송 등의 영상과 관련한 에피소드 중에서 재밌는 내용 위주로 소개해볼까 합니다.

4부

영상매체

01
영화의 탄생

프랑스어로 뤼미에르(lumiére)는 '빛'을 의미하는데요. 영화의 창시자로 꼽히는 이들이 바로 이 단어를 성(性) 씨로 쓰는 뤼미에르 형제였으니, 참 대단한 우연이라고 밖에 할 말이 없습니다. 🐻

뤼미에르 형제

뤼미에르 형제의 아버지 앙투안 뤼미에르(Antoine Lumiére)는 원래 초상화 전문 화가였지만 사진이 등장하면서 수입이 줄었다네요. 그러자 아예 사진사로 전

업해서 1861년 사진관을 개업했는데, 그 다음해에 첫 아들인 오귀스트 뤼미에르가 태어나고 2년 뒤 둘째인 루이 뤼미에르가 태어납니다. 이들 형제는 아버지를 따라 틈틈이 사진을 찍었고, 대학교 졸업 후 아버지와 함께 감광필름 제조 공장을 운영했다네요. 당시만 해도 사진은 한 장씩 딱딱한 대형 필름으로 찍어서 인화하는 방식이었습니다. 얼마 전까지 흔히 병원에서 사용하던 대형 X-레이용 필름 생각하시면 되겠네요.

그러던 1891년 미국에서 토머스 에디슨(Thomas Edison)이 윌리엄 딕슨(William Dickson)과 함께 개발한 키네토스코프(kinetoscope)란 활동사진 영사기가 유럽에까지 큰 유행을 일으키게 됩니다. 이 영사기는 '이스트먼 코닥 필름' 사의 창업자인 조지 이스트먼(George Eastman)이 개발한, 가장자리에 구멍이 뚫린 말랑말랑한 필름(지금도 사용되는 셀룰로이드 필름)으로 찍은 사진을 연속해서 보여주는 장치였어요. 다만 이 장치는 쌍안경처럼 눈에 대고 영사기 내의 활동사진을 보는 것이라 한 명씩만 볼 수 있어서 줄을 길게 서서 기다려야 했답니다.

키네토스코프

이 장면을 본 뤼미에르 형제는 '이 움직이는 사진을 대형 화면에 비추면 많은 사람들이 볼 수 있지 않을까?'라는 생각을 하게 됩니다. 마치 소

수를 위한 실내악에서 대중을 위한 오페라로 음악이 발전했던 것처럼요.

그래서 이들은 긴 시간 동안 볼 수 있는 긴 롤 필름, 초당 최소 16장 이상 찍을 수 있는 고속카메라, 필름을 카메라에 통과시키며 끌어내는 모터 장치, 대형 화면에 비추기 위한 렌즈와 광원이 달린 영사기를 3년여에 걸쳐 개발하기에 이릅니다. 당시 이런저런 궁리를 하던 동생 루이는 재봉틀에서 아이디어를 얻어 회전하는 바퀴에 갈고리를 달아 필름에 뚫린 구멍을 끌고 와 회전하는 방식을 채택하니, 우리가 사용하는 필름 카메라의 작동 원리가 적용된 것입니다.

이에 1895년 2월, 드디어 초당 16장의 속도로 필름을 찍고 화면에 비출 수도 있는 카메라 겸 영사기 시네마토그라프(cinematographe)가 탄생하게 되니, 영화를 뜻하는 '시네마(cinema)'가 바로 이 기계장치 이름의 앞부분을 따온 겁니다. 🐻

뤼미에르 형제가 만든 시네마토그라프

이들은 기계가 특허출원되자마자 1895년 3월 19일 세계 최초의 활동사진인 '리옹의 뤼미에르 공장을 나서는 노동자들'이란 영상을 촬영합니다. 자기네 회사 근로자들이 출연한 것이죠. 🐻 50초 분량의 이 영상에는 800장의 필름이 사용되었지요. 이후 이들은 평생에 걸쳐 1400여 편의 영화를 촬영하게 됩니다.

역사적인 첫 상영회는 1895년 12월 28일 밤 9시, 파리의 그랑 호텔 지하 '그랑 카페'에서 열립니다. 이 세상에 첫 선을 보인 그 영화는 '기차의 도착'으로 널리 알려진 '라 시오타 역으로 들어오는 기차'였지요. 상영 시간은 3분, 입장료는 1프랑, 33명의 관객이 첫 관람객이었다는데, 입소문이 나면서 3주 후에는 하루에 2000명이 몰려들었다고 합니다.

이 같은 영화 열풍은 불과 몇 년 사이 유럽과 미국을 거쳐 1896년 중국 상하이, 1897년 일본 고베에 이어 1903년 대한제국 한양에까지 이어집니다. 1899년부터 전차를 운행하던 한미합작회사 '한성전기주식회사'에서 전차 이용객을 늘리기 위해 종점인 동대문 정류장 옆 창고에서 일요일과 비오는 날을 제외하고 매일 밤8시부터 10시까지 상영한 것이 최초라고 알려져 있습니다. 당시 이 영화 상영 소문에 전차를 타고 찾아온 관람객들로 연일 인산인해를 이뤘다는데 ……. 조상님들은 뤼미에르 형제가 만든 '기차의 도착' 영화를 보면서 살아 움직이듯이

최초의 상영 영화, '라 시오타 역으로 들어오는 기차'

다가오는 기차에 비명을 질렀다네요. 아무것도 없던 벽에서 갑자기 움직이는 기차가 나타났으니 얼마나 놀랐겠습니까? 또한 스크린 속에서 움직이는 사람이 이해되지 않아 화면에 손을 내밀어 만지려 들고, 영상 속 배우들이 인사하는 장면에서는 인사를 받으려고 의자에서 일어나는 진풍경이 벌어졌다고 합니다. 🐻

하지만 이 1903년에 있었다는 우리나라 첫 영화 상영 기록은 가리지날. 다른 기록을 보면, 이미 1897년 혼마치(충무로)에 세워진 일본 상가 내에 일본인 전용극장이 존재했다는, 심훈의 〈조선일보〉 기고문(1929년 1월 1일자)이 있어요. 소설 《상록수》를 썼으며, 영화감독 겸 배우로도 활약한 바로 그 심훈 선생의 기록이에요. 그 외에도 1901년 조선을 방문했던 미국인 버튼 홈스(Burton Holmes)의 여행기에도, 경운궁(덕수궁)에서 커피, 와플, 전등, 전화에 이르기까지 국내 1호 서양 문물 얼리어답터이던 고종 황제를 비롯해 황실 가족에게 영화를 보여주자 큰 연회와 함께 많은 하사품을 내렸다는 기록이 존재하기 때문에, 1903년 첫 영화 상영 기록은 일반인을 대상으로 한 것이었을 확률이 큽니다. 마치 1895년 개원한 제중원이 우리나라 첫 서양식 병원이라고 알려져 있지만, 이미 부산 일본인 거주지역에 1877년 서구식 병원인 제생의원이 있었던 것처럼요.

초창기 영화는 흑백에 무성영화였기에 화면 사이사이에 자막 화면을 삽입해 해당 상황과 대사를 표현했고, 화면에 맞춰 대신 낭독하는 '변사'라는 직업이 탄생하게 됩니다. 이후 1927년에 이르러 소리가 동시에 나오는 유성영화가 등장하고, 1935년에는 컬러 영화가 등장하게 되지요.

우리는 흔히 프랑스는 문화와 예술의 본고장으로만 여기지만, 근세 과학 혁명기에 수많은 최초의 발명품을 만든 과학대국입니다. 1894년 세계 최초의 자동차 경주대회를 열었을 뿐 아니라, 지금도 TGV 초고속 열차, 콩코드 초음속 여객기 등 운송수단 분야에서 독자적인 기술을 갖고 있지요. 또한 미국과 함께 유이하게 원자력 추진 항공모함을 보유한 군사대국이기도 합니다. 🐻

찰리 채플린

하지만 영화 산업의 중심지는 유럽에서 미국으로 바뀌어갑니다. 유럽이 제1차 세계대전의 소용돌이에 빠져들면서 예술 산업이 주춤한 사이, 미국은 할리우드로 대표되는 캘리포니아 일대가 영화 필름 제작 및 촬영의 최적지가 되면서, 영국의 찰리 채플린(Charlie Chaplin) 등 세계 각국의 유명 배우들이 미국으로 모여들지요.

당시엔 셀룰로이드 필름을 제작하려면 고온 건조한 환경이 최적이었고, 영화 제작 시에도 비오거나 추운 날씨에는 촬영에 지장이 많았는데, 1년 내내 따뜻하고

영화의 메카, 할리우드

건조한 봄 날씨가 이어지는 캘리포니아는 최적의 영화 촬영지가 될 수밖에 없었습니다.

이후 할리우드는 특수촬영을 앞세운 새로운 기획 영화로 전 세계인의 마음을 사로잡게 됩니다. 1928년 디즈니는 미키마우스를 앞세운 애니메이션 '증기선 윌리'의 성공 이후, 1934년 '백설공주', 1940년 '피노키오' 등 디즈니 고전 애니메이션 전성시대를 엽니다.

SF 분야에서는 1933년 '킹콩' 등 고전 SF영화가 시리즈로 제작되고, 1938년에 '슈퍼맨', 1939년에 '배트맨' 등 DC코믹스에서 출간한 만화책의 여러 슈퍼히어로가 등장한 이후, 마블코믹스 출판사에서도

1933년 작 최초의 '킹콩'

'증기선 윌리'

'슈퍼히어로 시리즈'를 시작해 80여 년이 지난 지금은 거대한 세계 관으로 확장되고 있지요. 또한 1939년 '바람과 함께 사라지나' 등 블록버스터 영화의 탄생 이후, 거대 자본에 의한 대규모 영화 제작이 큰 화제를 불러일으키며 영화 산업은 급팽창합니다.

'우주 전쟁' 라디오 드라마 해프닝

이 같은 영화 제작 방식은 이후 TV, 라디오 드라마 제작에도 큰 영향을 주게 되는데요, 라디오 방송은 1920년대부터 본격화되었는데 1938년 10월 30일 저녁, 라디오 방송 사상 최대의 해프닝이 벌어집니다.

당시 미국 CBS 라디오에서 매주 일요일 밤8시에 1시간짜리 1회용 드라마 '머큐리 극장(Mercury Theater in the Air)'을 방영했는데, 주로 고전작품을 각색해 틀었다고 하네요. 그런데 마침 1938년 10월 30일 일요일이 할로윈데이인지라 담당 PD였던 오슨 웰스(Orson Welles)가 깜짝 이벤트로 1898년 영국 사회학자 허버트 조지 웰스(Herbert George Wells)가 쓴 SF소설《우주 전쟁(The War of the Worlds)》을 각색해 내보내게 됩니다. 그러고 보니 두 사람의 성이 철자는 다르지만 한글 표기는 똑같이 '웰스'네요. 🐻

소설《우주 전쟁》은, 조선 홍보대사였던 천문학자 퍼시벌 로웰의 화성 운하 발견 소식에 자극받은 허버트 조지 웰스가 만든 외계인 침공 이야기로, 문어 대가리 화성인이 영국 런던을 침공한다는 내용이에요. 이 내용을 오슨 웰스가 현실감을 살려 미국 버전으로 수정해, "지금 미국 뉴저지에 화성인이 침공해 사람들을 불태워 죽이고 있다."는 긴급 뉴스속보 스타일로 내보내게 됩니다. 분명 시작할 때 드라마라고 공지를 했다지만, 중간부터 들었던 청취자들이 진짜 화성인이 침략했다고 오해해 경찰에 신고하고, 미국 시민 100만여 명이 실제로 피난하는 등 한바탕 난리가 났다는 거지요. 그런데 이 '우주 전쟁' 라디오 드라마 에피소드는 가리지날입니다. 👹

실제 그 라디오 드라마는 인기가 낮아 청취자가 그리 많지 않았고, 일부에서 잠깐 오해를 한 정도였다고 합니다. 그런데 다음날부터 여러 신문에서 이 해프닝을 과대 포장해 '라디오는 사실 관계 검증 없이 실시간으로 정보가 노출되어 사회 혼란을 일으키는 나쁜 매체'라며, 새로운 경쟁 매체인 라디오를 비판하는 기사를 낸 겁니다.

그런데 이를 바로잡아야 할 CBS 라디오마저 이 가짜 뉴스가 훌륭한 마케팅 수단이라고 생각해 널리 홍보했기에 이후 그 라디오 드라마 청취율이 급등하게 되었고, 잘못된 신문 기사가 역사 기록으로 남으면서 이제는 진짜로 어마어마한 피난 행렬이 있었다고들 오해하는 겁니다.

당시 이 같은 해프닝을 유발한 오슨 웰스 PD는 공개 사과를 했고, 일부에서 소송을 걸었지만 분명히 라디오 드라마 시작 전후는 물론 낭독 중에도 드라마일 뿐이라고 수차례 언급한 것을 인정받아 모든 재판에서 무죄가 선고됩니다. 그러자 오슨 웰스의 깜찍한 능력을 높이 산 할리우드 영화사들이 그에게 손을 내밀게 되니, 오슨 웰스의 영화 데뷔작이자 영화사에 길이 남은 명작, '시민 케인(Citizen Kane)'이 1941년에 탄생하게 되는 거지요. 🐻

이 과장된 피난 뉴스는 이후로도 오랜 기간 널리 알려졌기에 '퀸'도 이 가짜 뉴스에 낚여 라이브 에이드 공연에서 열창한 'Radio GaGa' 노래 가사 중에 ' Through wars of worlds invaded by Mars(라디오를 통해 화성인의 침략 소식도 들었었지~)'란 가사를 넣었답니다. 🐻

영화 역사 초창기의 에피소드에 이어 이제 본격적으로 영화 등 영상매체 속 가리지날 이야기를 소개해야겠네요.

영화 '시민 케인'

오슨 웰스

02
여왕 폐하의 '007'

영화 관련 첫 이야기로는 가장 오래된 시리즈 영화 중 하나인, '007 시리즈' 이야기를 해야겠네요.

지난 2012년 런던 올림픽 개막식과 폐막식에서 영국은 자기네 역사적, 문화적 역량을 전 세계에 알리는 거대한 홍보 무대를 펼쳤습니다. 기억나실지 모르지만 런던 올림픽의 개막식 첫 장면은 '007 시리즈'의 제임스 본드 역을 맡고 있던 다니엘 크레이그(Daniel Craig)가 엘리자베스 여왕의 특별 임무를 받고 공중에서 낙하산으로 내려오면서 시작되었고, 폐막식은 전 세계를 뒤흔들던 영국 록의 출발점, 비틀스 폴 매카트니 경의 'Hey Jude' 열창으로 마쳤지요.

요샌 경제난으로 힘들지만 과거 전 세계를 주름잡던 대영제국이자 제2차 세계대전 3대 승전국 중 하나인 영국은 오랜 문화강국이기도 합니다. 우리는 흔히 제2차 세계대전 승전국으로 미국, 소련 두 나라만 생각하지만 엄연히 영국까지 3개국이 종전 후 세계 분할 작업에 참여했고, 1945년 종전 당시엔 이들 3국만이 원자폭탄 개발이나 장거리 미사일 개발, 우주 개발 시 우선권을 가질 수 있었답니다. 문제는 돈이 없어서 그 후로 영국이 빌빌댄 게 문제였지만요. 🐻

1962년 첫 영화부터 어언 60년에 가까운 기간 동안 세계적으로 엄청난 흥행을 몰고 왔던 영화 '007 시리즈'는 영국 첩보국에서 일한 경험이 있던 이언 플레밍(Ian Fleming, 1908~1964)이 만든 스파이 소설이 출발점이었어요.

흔히 007 소설이 이언 플레밍이 첩보원으로서 실제로 겪은 일을 토대로 쓴 것이라고 알고 있지만 이는 가리지날.

이언 플레밍은 영국 육군사관학교 중퇴 후 독일과 스위스에서 유학 생활을 하고 로이터통신 기자로 근무하다가 1939년 영국 대외정보부(MI6)에 들어간 뒤, 영국 해군을 위한 후방지원 정보조직원으로 근무했기 때문에 작전 계획은 수립했지만 소설 속 제임스 본드처럼 실전에 투입된 적은 없었다네요. 🐻

그런데 당시 정보국 총괄 윌리엄 스티븐슨(William Stevenson) 경이 후배들의 영혼을 탈탈 털며 일을 시키고선 퇴근 후 회식 자리에서 술만 들어가면 "왕년에 내가 말이야~."라면서 엄청난 허풍을 떠는 데 질려서 전쟁이 끝난 뒤 퇴직했다나요? 하지만 정규 기자 자리를 구하지 못해 프리랜서로 신문에 기고문을 쓰지만 돈벌이가 시원치 않아 생활고에 시달리게 되자 불현듯 옛 상사의 허풍 시리즈가 떠올랐답니다. '그래 그 인간의 허풍을 토대로 20세기 판 '돈키호테' 작품을 한번 써보자!' 그리하야 1953년 제임스 본드(James Bond)라는 가상의 영국 해군 중령의 모험을 담은 첫 번째 소설이 탄생하니, 그 작품이 바로 《카지노 로얄(Casino Royale)》입니다. 첫 작품에서 부여된 제임스 본드의 코드명인 '007'은 영국 첩보국의 살인면허 번호입니다. 즉 007은 살인을 해도 문제삼지 않는 '00' 코드를 가진 7번째 요원이란 의미입니다. 그는 이 소설을 리얼 첩보소설이 아닌 모험(어드벤처)소설이라 여겼다네요. 🐻

그런데 이 소설 속 도박 작전이 실제 첩보국에서 실행했던 작전 내용을 토대로 한 것이었고, 제임스 본드가 호텔 투숙 시 도청과 잠입을 우려해 곳곳에 표식을 남기는 등 실제 첩보원의 업무 디테일이 녹아 있다 보니 엄청난 인기를 끌게 됩니다. 이에 플레밍은 생활고 해결은 물론 소설가로 본격적으로 나설 수 있게 되어 제임스 본드를 주인공으로 한 14편의 장편과 8편의 단편소설을 발표해 큰 성공을 거두게 됩니다.

그러니……, 직장인 여러분, 마음에 안 드는 상사가 아재 개그를 하거나 회식 자리에서 허풍을 떤다고 귀를 막지 마시고 잘 들어두기 바랍니다. 잘~ 하면 여러분도 상사님의 허풍을 소재로 한 소설로 대박날지 모르는 거 아닙니까? 🐻

제임스 본드 소설이 큰 인기를 끌게 되자 영화로도 제작되기에 이르러 1962년 첫 영화 'Dr. No'부터 지금까지 24편이 만들어져 왔는데요. 우리나라에는 1965년에 제2편 '007 위기일발(From Russia

먹고 살려고 만든 소설이었죠.

이언 플레밍

with Love)'이 먼저 수입되어 큰 인기를 끌자 뒤늦게 첫 작품인 '007 살인번호(Dr. No)'를 개봉하면서 이것이 2탄이라고 잘못 광고를 했기에 1편과 2편 순서를 반대로 아는 경우도 많다고 합니다만, 그게 벌써 50년이 넘은 옛 일인지라……

재밌는 건 우리나라보다 먼저 개봉한 일본에서 1편 '007 살인번호'를 번역하면서 처음에는 '007 우리는 의사를 원하지 않는다'로 번역했다나요? 🐻 뒤늦게 그 제목의 의미가 비밀조직 스펙터의 중국인 악당 이름이 '노 박사'인 걸 알고는 '007 살인번호'라는 제목으로 바꿨다고 합니다. 이처럼 우리나라에서 뒤늦게 수입한 해외 영화 중에는 일본에서 번역한 제목을 그대로 쓴 경우가 많아요.

초창기 007 영화에선 '스펙터'라는 비밀조직과의 대결이 주류였

"내가 노박사일세만……."
근데 저게 중국인 얼굴이낫?

첫 007 영화, 'Dr.
No'. 우리는 의사를 원
하지 않는다(?) 🐻

는데, 저작권 문제가 터지면서 1970년대 로저 무어(Roger Moore)가
제임스 본드로 활약하던 시절에는 소련 KGB와의 대결로 바뀝니다.
이에 소련 KGB가 해당 영화를 들여와 자기네끼리 보면서 투덜거렸
다는데, 악당으로 묘사했다고 불평한 게 아니라 자기네 분량이 생각
보다 적어서 그랬다나요? 🐻 그러다가 최근에야 저작권 문제가 해
결되면서 24편은 제목부터 '스펙터(Spectre)'로 쓰면서 시리즈가 과
거 작품과 연결됩니다.

이처럼 007 영화가 우리나라에서도 큰 성공을 거둔 반면, 원작 소
설은 우리나라에서 정식 출간되지 않다가 2011년에 전 시리즈 완간

을 목표로 출판되었지만, 워낙 안 팔려 6편까지만 나오고 절판되고 말았어요. 난 6권 다 사고 더 나오길 기다렸는데……. 🐻

하지만 플레밍 이 아저씨는 백인 남성 우월주의자라 여성 및 유색인종을 비하하는 내용도 마구 담았고, 초기 영화에서도 그런 점이 보여 지금 시점에서 보면 많이 불편하긴 합니다.

007 제임스 본드의 소속기관인 영국 대외정보부, MI6(Military Intelligence Section 6)는 1912년에 창설되어 현재 2300여 명이 근무하는 원조 첩보기관으로서, 미국이 1947년에 CIA를 만들 때 벤치마킹했을 정도로 역사와 전통을 자랑한답니다. 또한 영국 국내정보부, MI5는 FBI의 원조격이고요. 미국은 따라쟁이~. 🐻

영국 런던의 MI6 본부 건물, "어이~, 근데 무슨 비밀정보부가 저렇게 떡~하니 건물을 짓나?"

심지어 영국 영화 '007 시리즈'가 인기를 끌자 1964년부터 1968년까지 미쿡 NBC에서 짝퉁 TV 미니시리즈 '0011 나폴레옹 솔로' 시리즈를 만들고, 내친김에 1960년대에 영화도 무려 8편이나 만든 데 이어, 2015년에 리메이크 작 '맨 프롬 엉클(Man From Uncle)'도 만들었어요. 그런데 짝퉁이라고 흉보기도 뭣한 게, 이 시리즈 아이디어도 이언 플레밍이 만들어준 거~. 플레밍 할배요~ 말년에 수고 많았슴다. 🐻

이 같은 세계적 인기 속에 007 영화를 보며 미래의 영화감독을 꿈꾸던 아이들 중 한 명이 스티븐 스필버그(Steven Spielberg)였는데, 007 영화감독이 되고자 엄청 노력했지만 결국 이뤄지지 않아 아쉬움을 해소하고자 만든 작품이 바로 '인디아나 존스(Indiana Jones) 시리즈' 라고 하죠. 🐼

어쨌거나 오리지날 영국 007 영화의 1대 제임스 본드인 숀 코네리(Sean Connery)는 007 시리즈로 벼락 출세하게 되고, 뒤이어 조지 레이젠비(George Lazenby), 로저 무어, 티모시 달튼(Timothy Dalton), 피어스 브로스넌(Pierce Brosnan)으로 이어지다가 지금은 6대 제임스 본드로 다니엘 크레이그가 이 역할을 맡고 있는데, 영국 첩보원이란 설정에 충실하게 주인공 배우는 영연방 출신이 맡는다는 전통이 있어요.

제 기억 속의 첫 007 영화는 초등학생 시절인 1978년 상영한 '007 나를 사랑한 스파이'였어요.

'007 나를 사랑한 스파이' 영화 전단지 (blog. naver.com/jantr)

어~, 1977년 작품인데 왜 1978년이라고 하냐고요? 똑똑하시네요. 하지만 그건 오타가 아니라 당시 국내 영화계 사정상 1년 늦게 수입해서 그렇답니다.

그땐 우리나라가 가난할 때라 외국영화 쿼터제가 있어서 1년에

딱 24편씩만 수입 허가를 내줬는데, 한국영화(당시엔 '방화'라고 불렀어요.)를 많이 만든 국내 영화사부터 허가권을 줬다네요. 그래서 대박난 외국영화 수입 허가권을 따내기 위해 각 영화사에서 소속 감독에게 1주일에 한 편씩 영화 제작을 강요한 경우도 있을 정도로 당시엔 한국영화는 외국영화 수입을 위한 실적쌓기인 경우가 많았대요.

그렇게 수입 쿼터를 획득한 영화사는 외국영화 중 어느 영화가 돈벌이가 될지 관찰하다가 흥행 성적도 검증되고 수입 가격도 낮아질 시점에 수입하다 보니, 'E.T.'나 '스타워즈 6'는 4년 뒤에야 수입된 경우도 있었어요. 🐻

1978년 당시 우리나라 영화계에선 1977년 작인 '스타워즈'(당시엔 '별들의 전쟁'이라는 번역 제목으로 개봉)와 '007 나를 사랑한 스파이'가 1년 뒤 나란히 수입되어 상영되었는데, 전 세계적으론 '스타워즈'가 단연 흥행에서 앞섰지만, 1960년대부터 007 고정팬이 많던 한국에서는 '007 나를 사랑한 스파이'가 더 인기였답니다. 실제로 우리나라는 유독 '스타워즈 시리즈'가 흥행 실패하는 대표적인 나라예요. SF영화는 애들이나 보는 유치한 영화라 생각해서 그렇다는 분석도 있습니다. 🐻

당시 '007 나를 사랑한 스파이'는 중학생 이상 관람 가능했지만, 당시 우리반 초딩 3학년 중 일부는 부모님 손잡고 영화관에서 보고 와선 "차가 바다 속에 들어가 잠수함으로 변신하더라~."면서 어찌나 자랑을 하던지요.

하지만, 당시 철저한 반공소년이던 저는 영국 첩보원이 감히 소

런 첩보원과 손잡고 악당을 처치한 후 둘이서 러브러브 하는 스토리란 것을 들고, "이런 불온한 영화가 한국에서 상영될 수 있느냐!" 면서 두 손을 불끈 쥐었답니다. 🐻

그 후 1983년, 3대 제임스 본드인 로저 무어의 '007 옥토퍼시'와 초대 숀 코네리의 '007 네버 세이 네버 어게인'이 동시에 상영되는 사태가 발생합니다. 저작권 문제로 야기된 원조 007과 현역 007 배우의 흥행 대결.

007 옥토퍼시

007 네버 세이 네버 어게인

지금 각종 자료를 찾아보면 '007 옥토퍼시'가 더 인기를 끌었다고 검색되지만 그건 글로벌 기준이고, 우리나라에선 '007 네버 세이 네버 어게인'이 훨씬 더 흥행했어요.

당시 중학교 3학년이던 저는 아버지께 공손히 문안 인사를 드렸습니다.

나 : "아빠마마. 밤새 평안하셨는지요?"

아버지 : "오냐, 장남. 그래 뭔 볼일인고? 아침부터 공손히 묻는 모양새가 괴이하기 그지없구나."

나 : "소자, 궁금한 게 있사옵니다. 007 배우 숀 코네리와 로저 무어 중 누가 더 낫다고 생각하시오니까?"

아버지 : "그야 당연히 숀 코네리지. 숀 코네리가 원조 아니더냐. 이 애비가 청년 시절에 즐겨 보던 영화가 바로 007이었느니."

나 : "그러면 아빠마마의 의견을 존중하여 숀 코네리가 나오는 '007 네버 세이 네버 어게인'을 같이 보러 가지 않으시렵니까?"

아버지 : "일요일 아침부터 상큼하게 한 대 맞으려 하는고? 하라는 공부는 안 하고……. 오고 가는 주먹 속에 싹트는 애정이란 말도 있느니."

그래서 당시 007 영화를 못 본 한을 풀기 위해 대학생이 된 후 몽땅 다~ 챙겨 보았다는 훈훈한 이야기로 결말을 짓네요. 🐻 저에겐 능글능글하면서 여유있게 적을 처치하던 로저 무어가 가장 이상적인 007이었는데, 제 아버지는 숀 코네리, 막내동생은 피어스 브로스 넌을 좋아하지요. 세대별로 본인이 처음 접한 배우를 좋아하나 봅니다.

여러분은 어느 제임스 본드를 좋아하세요? 🐻

03
사자가 아프리카의 킹이라고요?

앞서 장수 영화 '007 시리즈'를 소개해드렸는데요. 동일 주제의 시리즈는 아니지만 어언 90여 년 이상 한 길을 걸어온 또 하나의 믿고 보는 브랜드가 있으니, 그 이름은 바로 '디즈니' 애니메이션 시리즈입니다.

1928년 미키마우스 등장 이래 도날드 덕, 구피, 곰돌이 푸 등 다양한 동물 캐릭터로 어린이들의 마음을 사로잡고 있는데요. 아이들이 주 대상인지라 대부분 이야기는 동화를 바탕

디즈니 캐릭터들
(구글 이미지)

으로 하되 슬픈 결말은 해피엔딩으로 바꾸는 전통이 있습니다.

그러다 보니 최근 들어 여러 다른 애니메이션에서 디즈니의 지나친 해피엔딩 정책을 비꼬면서 다른 결말을 선보였는데요. '슈렉 1'의 마지막 장면에서 피오나 공주가 예쁜 공주가 아닌 못난이 공주로 변신한 결말이 당시 큰 화제가 되었는데, 이게 디즈니의 지나친 해피엔딩 전략을 비꼬았던 거지요. 🐻

디즈니 작품 중 특히 동물이 주인공인 장편 애니메이션도 많습니다. '덤보'(1941), '밤비'(1942), '101마리 달마시안'(1961), '곰돌이 푸'(1977), '생쥐 구조대'(1977), '라이온 킹'(1994), '다이너소어'(2000) 등이 있는데, 최근 '덤보'에 이어 '라이온 킹'도 실사 작품으로 다시 제작해 개봉을 준비하고 있지요. 그런데 이 애니메이션들에는 또 하나 문제점이 있습니다. 그건 바로, 동물들을 실제와는 달리 너무 친근하고 귀엽게만 묘사하고 있단 겁니다! 🐷

예전에 애니메이션 '라이온 킹'을 보러 갔을 때, 영화 앞부분에 아기 사자 심바가 태어나자 아빠 사자 무파사가 주술사 원숭이에게 아기 사자를 넘겨주고, 원숭이가 치켜들자 초원의 모든 동물들이 경배하는 장면을 보면서 '말도 안 된다!'고 생각했지요. 자기들을 잡아먹는 사자에게서 아들이 태어났는데 뭐 좋다고 축하 인사를 한단 말입니까? 나만 그렇게 생각하는 건가? 🐻

그런데 동물 중에서 사자가 가장 강하다는 생각 자체가 가리지날입니다. 1대 1로 싸우면 사자보다 힘센 동물은 많습니다. 실제로 동물계의 최강자는, 바로 코끼리입니다.

하마를 쓰러뜨리는 코끼리

일단 아프리카 코
끼리에게 밟히는 순간
사자는 압살당합니다.

우리가 동물원에서 코끼리를 보면서 참 순하다고 여기
지만 동물원의 코끼리는 죄다 인도 코끼리예요. 실제 아프리카 코
끼리는 엄청 힘이 세고 성질이 강합니다. 아프리카 동물 중 1대 1로
대결할 경우 단연 코끼리가 1위입니다. 앞서 3부 음악 편 '빵과 서커
스'에서 소개했듯이, 덤보의 엄마, 점보는 특이하다고 할 정도로 온
순한 아프리카 코끼리였어요. 그러니 일생 동안 그럴 일은 잘 없겠
지만, 아프리카 사파리 여행을 갔다가 실제로 코끼리와 만난다면,
괜히 건드려선 안 됩니다. 특히 아기 코끼리가 귀엽다고 만지거나
하면 뒤에서 부모 코끼리가 달려올 겁니다. 그것도 시속 30km 속도
로요. 🐻

게다가 사자는 숫사자가 바람잡이 노릇만 하고 실제 사냥은 암사
자들이 하는 경우가 많습니다. 즉, 바람이 불어오는 쪽에서 숫사자
가 떡 하니 나타나면 초식동물들은 사자 냄새를 맡고 쫄아서 반대
방향으로 뛰기 시작하는데, 이 순간 반대쪽 수풀에 납작 엎드려 있
던 암사자들이 달려들어 사냥하는 방식으로 살아가거든요. 그래서
숫사자는 덩치가 커서 한 방 펀치력은 있다 하더라도 속도가 느려서

빨리 치고 빠지는 다수의 맹수를 만나면 혼자 고립된 사자가 죽임을 당하는 경우가 허다합니다. 따라서 숫사자끼리의 서열 경쟁에서 밀려난 외톨이 사자나, 실수로 무리에서 떨어진 아기 사자는 하이에나 등 주변 맹수에게 죽임을 당하기 마련이에요.

또한 사자가 코뿔소나 물소(엄밀히는 가우어)와 1대 1로 붙으면, 사자가 도망가야 합니다. 우리가 다큐멘터리 프로그램에서 보는 건, 무리에서 떨어진 새끼나 늙은 한 마리를 단체로 공격하는 경우에 한해서 이기는 거예요. 심지어 착해 빠져 보이는 기린도 강력한 뒷발차기로 사자를 죽이는 것이 목격된다고 합니다. 🐻

그러고 보니 용인에 있는 에버랜드에서는 사자, 호랑이, 곰이 사는 사파리월드보다 초식동물 세계인 로스트밸리가 더 무서운 곳이었네요. 🐵

그뿐만이 아닙니다. 강가에도 사자를 이기는 동물이 있습니다. 그건 바로 하마와 악어예요. 실제로 하마는 엄청 무서운 동물입니다. 아프리카에서 사람을 가장 많이 해치는 동물이 하마라네요. 만화에서는 하마가 귀엽게 묘사되고, 동물원에서 늘어지게 자

사자와 맞장뜨는 기린

아프리카에 오면 날 조심해야 될걸!

고 있는 하마만 봐선 느려 빠진 동물처럼 보이지만, 하마가 일단 작정하고 달리기 시작하면 사람보다 빠릅니다. 괜히 이름을 '강의 말', '하마(河馬)'라고 붙인 게 아닙니다. 최고속도는 시속 45km까지 나온다고 하네요. 와우~! 게다가 엄청난 비계 덕분에 웬만한 동물에 물려서는 끄떡도 하지 않고, 그 덩치로 부딪히거나, 물어버리거나, 몸으로 눌러버리면 결투는 그걸로 끝납니다. 예전에 제가 초등학생 때 부산 동물원에서 하마에게 물려 죽은 사육사 사건도 불현듯 떠오르네요. 🐻

사람을 위협하는 하마

악어 역시 사자와 물고 물리는 관계라 악어에게 물린 사자가 물에 빠지면 그걸로 끝입니다. 괜히 중국인들이 '턱 물고기', '악어(鰐魚)'라고 했겠습니까! 🐻쓰다 보니 사자보다 센 동물이 많네요.

그런데 왜 사자가 백수의 제왕이라고 불릴까요? 그건 고대 그리스-로마인들이 직접 만나본 아프리카 맹수가 그리 많지 않아서 사자가 가장 센 동물이라고 생각했기 때문입니다. 지금은 중남부 아프리카 초원과 인도에만 주로 살지만, 과거에는 사자가 북아프리카 및 남부 유럽에까지 살았다고 합니다. 코끼리나 하마, 악어, 기린, 코뿔소는 과거에도 지금도 중남부 아프리카에만 살고요.

네메아의 사자와 헤라클레스
(프란시스코 데 수르바란 작품)

그러니 그리스 신화에서 헤라클레스가 네메아의 사자를 잡는 게 첫 번째 과제로 등장할 정도로, '맹수라면 모름지기 사자'라는 인식이 컸고, 이후 로마인들이

콜로세움에 등장한 사자 (장 레옹 제롬 작품)

콜로세움 등에서 맹수 사냥 경기를 할 때에도 사자를 자주 등장시켰기에 사자가 가장 인상적인 야수였던 것이죠.

그러니, 고대 그리스 시대에 만들어 지금도 세계 공통으로 쓰는 별자리 중 사자자리와 곰자리는 있지만, 아시아나 아프라키 지역에 주로 살던 호랑이, 코끼리, 하마자리는 없는 것이죠. 그리고 개자리는 큰개, 작은개, 사냥개자리 등 다양하게 있는 반면, 당시엔 애완동물로 인기가 없던 고양이자리는 없는 거예요. 🐻

또한 유대인들도 중동 사막에서 만난 최강의 맹수가 사자였다 보니 가장 용맹한 맹수로 생각한 겁니다. 그래서 성경에서도 '동물의 왕 사자'라 칭하며 삼손과 맞장뜨는 상대로 나올 정도였지요. 다만 이때는 사자가 삼손의 용맹함을 드러내줄 엑스트라라는 거~.

이 같은 헬레니즘과 헤브라이즘 문화를 받아들인 중세 유럽의 서유럽인들이 그리스도를 상징하는 동물로 사자를 이미지화합니다. 영국 왕 리처드 1세(Richard I)도 십자군 원정 시 스스로를 '사자의 마음을 가진 왕(사자심왕, The Lionheart)'이라 칭한 이후, 사자는 영국을 대표하는 아이콘으로 쓰이게 됩니다. 그래서 사자가 산 적이 없는 영쿡에서, 잉글랜드 축구협회 마크나 프리미어리그 마크로 사자를 사용하고 있는 겁니다.

영국 축구협회 로고, 영국 프리미어리그 로고

그리고 《반지의 제왕(The Lord of the Rings)》을 쓴 톨킨(J. R. Tolkin)의 친구로 더 잘 알려진 영국인 작가 C. S. 루이스(Lewis)가 쓴 판타지 소설 《나니아 연대기(The Chronicles of Narnia)》에서도 조직의 리더인 사자 '아슬란'의 죽음과 부활을 통해 예수의 일생을 묘사하고 있는 거지요.

그리고 소녀시대도 5집 '라이온하트(Lion Heart)' 앨범을 냈지요. 아, 이건 아닌가? 🐻

동양에서도 인도에 사자가 쬐끔 살고 있는데 호랑이에 비해 사람을 해치는 경우가 적었기에 좋은 이미지로 비쳐졌다네요. 그래서 '부처님 말씀은 악귀를 물리칠 정도이고 사자의 표효처럼 강력하다'는 의미로 '사자후(獅子吼)'라는 불경 구절도 존재하지요. 이후 불교가 우리나라에 전파되면서 비록 실체를 본 적은 없지만 영험한 동물로 여겨 신라 이사부 장군이 울릉도 우산국을 정벌하러 갈 때 모든 배 앞에 사자 조각상을 싣고 가 항복을 받아냈고, 각종 석탑에 사자 조각을 새기거나 '북청 사자놀음' 등의 예술 활동의 소재로 쓰이면서 민간에서도 친근하게 여겨져 온 겁니다.

북청 사자놀음

그러니, 실사판으로 다시 만들어진 영화 '라이온킹'을 보러 가게 되

면, 자녀들에게 꼭 알려주세요. 코끼리랑 하마, 기린, 하이에나가 절대 쩌리가 아니라는 것을요. 🐻

곰 인형 테디베어
(pixabay.com)

　그럼 이제 곰 얘길 해볼까요?

　'곰돌이 푸' 등 여러 애니메이션에서 곰이 매우 친근하게 나오고, 테디베어 등 곰 인형도 많고, 카카오톡 이모티콘에서도 곰은 친근하게 나오죠. 에버랜드 사파리월드에서도 제일 인기있는 동물이기도 합니다.

　우리말에 '미련 곰탱이'란 표현이 있지만, 실제로 곰은 굉장히 영리하다네요. 개나 늑대보다 더 영리하다지요? 게다가 판다 같은 유순한 곰은 예외적인 종류이고, 대부분의 곰은 극강의 맹수입니다. 아시아선 호랑이와 함께 투톱의 위치에 있던 맹수이고, 북극에서 북극곰은 상대할 자가 없는 동네 깡패예요. 🐼

　곰 역시 작정하고 달리면 사람보다 빠릅니다. 게다가 두 발로 서서 펀치를 날리면, 맞는 순간 사망입니다. 속설처럼 나무에 오르거나, 죽은 척하기 이런 거 소용없다고 합니다. 따라서 산에서 곰을 만나거나 하면 옆의 동료보다 더 빨리 달리는 것 외에는 방도가 없습니다. 🐻 실제 미국, 캐나다 등 국립공원에서도 가장 두려운 상황이 곰을 만나는 것이라고 하지요. 정확히 급소를 맞히지 않는 한, 총 한두 방 맞춰서는 쓰러뜨리지도 못합니다.

　우리나라 단군 신화에서 곰과 호랑이가 나타나 인간이 되고 싶다고 해, 곰이 웅녀로 거듭나는 장면이 있지요. 흔히 단군으로 대표되는 이주 집단이 곰을 숭상하는 부족과 결합한 것을 묘사한 것으로 해석하고 있는데요, 이 외에도 단군이 우리 조상들에게는 가장 무서운 존재였던 호랑이와 곰 같은 맹수도 교화시킨 능력자라는 의미를 내포하고 있다고도 합니다.

또한 유럽 북부 삼림지대에서도 곰은 늑대와 함께 최상의 포식자였습니다. 독일의 수도 베를린(Berlin), 스위스의 수도 베른(Bern)등 많은 도시가 곰을 도시의 상징 동물로 사용하고 있는데, 이 도시 이

름이 독일어 Bär(곰)에서 유래한 겁니다. 베를린영화제 트로피 이름도 황금곰상이죠.

과거 깊은 숲속에 살던 게르만인들에게는 곰이 가장 무서운 존재였기에 곰을 숭상하는 토테미즘이 남아있던 것이죠. 따라서 애니메이션과 동물원에서만 보고, 곰이나 기린이 귀엽다고 생각하시면 경기도 오산!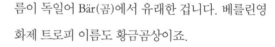

이제 사슴 이야기도 해야겠네요. 디즈니에선 아기 사슴 '밤비'를 통해, 어여쁘고 귀여운 사슴 이미지를 잘 포장했지만……, 사슴도 그다지 온순하지 않습니다. 꽤 포악해요.

아마 깜짝 놀랐을 텐데요, 일본 오사카 옆 동네 '나라' 시에 가면, 세계 최대의 목축 건물 토다이지(東大寺) 옆에 사슴공원이 있습니다. 나라

시의 마스코트 동물로서 수많은 사슴이 길가에 나와 있어요. 하지만 귀엽다고 만지려 들면, '이 닝겐아. 냉큼 먹이나 내놔라!' 하면서 '앙!' 뭅니다. 🐱 혹시 아이가 사슴에게 먹이 준다고 보채더라도 사슴 먹이로 파는 센베를 쥐어주면 안 됩니다. 손가락과 엉덩이를 물릴 수 있어요. 전 분명 경고했습니다! 사슴은 흉악한 동물이라고욧! 🐱

일본 나라 시 사슴공원, "먹이를 찾아 공원을 배회하는 사슴을 본 적이 있는가!" (구글 이미지)

그러니 앞으로 자녀에게 동물 애니메이션을 보여주실 때에는 "저건 그저 만화일 뿐, 팩트부터 체크하자." 하고 알려주셔야 해요~. 그래야 나중에 커서 원망 안 듣고, 산에서 동물을 만나면 살 확률이 높아져요. 아시겠지요? 🐱

04
'스타워즈' 신화의 시작

드디어……, 제 인생을 바꾼 영화 이야기를 시작해야 될 때가 되었습니다. 두둥!

경건한 자세로 타이핑을 시작해봅니다. 🐻

내 인생을 바꾼 영화, '스타워즈'

스타워즈 로고

때는 바야흐로 1978년, 제가 초등학교 3학년이던 어느 여름날! 우리나라 극장에

한 편의 영화가 걸립니다. 제목은 '별들의 전쟁'.

네, 조지 루카스(George Lucas) 형님이 만드신 바로 그 영화 '스타 워즈(Star Wars)'예요. 당시에는 외국영화 제목도 웬만하면 다 우리말로 번역하던 때이니까요. 아~, 당시에도 상어를 소재로 한 재난영화 '죠스(Jaws)'는 그냥 '죠스'라고 표기했어요. 번역하면 '아가리'이다 보니 그냥 영어 발음대로 승인해줬다카는 이야기가 아스라이 전해져 옵니다. 🐻

나중에 '스타워즈 에피소드 4 – 새로운 희망(New Hope)'이라고 새로이 부르게 될 그 문제의 영화가 상영된다는 신문 광고를 본 저는 어머니를 마구 졸랐습니다. 이에 "이 위험한 세상에 초등학생 혼자 영화 보러 가게 할 수는 없지." 하시며 어머니는 외삼촌을 불러 같이 보러 가도록 했어요. 이런 것도 기억하는 나의 몹쓸 기억력이란. 🐻

그날 영화를 보면서 어마어마한 감동을 느낀 저는, 우주를 구원하는 훌륭한 '어른이'가 되기로 결심합니다. 이에 열심히 공부를 한 결과, 10여 년 뒤 결국 연세대학교 천문기상학과에 합격해 처음 만나는 신입생 동기들과 함께 오리엔테이션을 떠나게 되었지요.

동기들과 즐겁게 웃고 떠들다가 왜 천문기상학과를 지망했는지 서로 물어봤는데, 알고 보니 대부분이 '스타워즈' 마니아인 거예요. 그래서 각자 캐릭터 이름을 따서 별명을 짓기로 했어요. 하지만, 시작하자마자 모든 남학생들은 죄다 스타워즈의 주인공 '루크'가 자기 자신이라며 다투기 시작하지요. 이에 결국 루크는 봉인하기로 합니다. 🐻

C3PO

R2D2

츄바카

결국, 지루한 협박과 강압 끝에 키 크고 마른 친구는 황금빛 인간형 로봇 'C3PO'로 결정. 키 작고 말 많던 난 굴러 다니는 로봇 'R2D2'. 🐻 키 크고 덩치 큰 친구에겐 '다스 베이더'를 권했더니 뛰쳐 나가려고 해서 겨우 얼르고 달래서 '츄바카'. 도대체 애네들이 누군지 모르신다면 검색 하시거나 그냥 넘어가세요. 🐻

그런데 옆을 봤더니 조금 전까 지 친하게 얘기하던 여학우들끼리 머리를 잡고 있지 않겠어요? "레 아 공주는 지난 10여 년간 내 별명 이어뜸!", "뭐래니? 그건 지적이면서 도 이쁜 내 꺼임." 하면서요. 🐻 그래 서 다투던 이들을 화해시키고 난 뒤, '레아' 캐릭터 역시 영구 제명시켰어요.

그러고 난 후, 첫 학기가 끝나고 여름방학이 지 나자 수상한 소문이 떠돌기 시작했습니다. 스타 워즈 캐릭터 별명이 없던 한 친구가 여름방학 때부터 스스로를 '루크'라고 한다는 거예요. 그래서 쓰지 말라 고 모진 박해를 했는데도 고집을 꺾지 않아 결국 '자칭 루크'로 결론지었고, 그 후 우리 캐릭터 4명은 '4인방'으로 불리며 친하게 잘 지냈답니다.

그로부터 30여 년이 지난 현재, 말이 씨가 된다고 하던가요?

C3PO이던 친구는 어둠의 세력을 찾기 위해 미국으로 유학 가서 연구를 거듭한 끝에 우주에 '암흑물질(Dark Matter)'이 실제 존재한다는 사실을 처음 규명해 NASA에서 발표했어요. 츄바카였던 친구는 그 후로 야생이 그리워졌는지 어땠는지 여름엔 북극, 겨울엔 남극, 가끔은 티벳 등 오지를 종횡무진 다니는 극지 대기학 박사가 되었지요. 자칭 루크는 하늘을 걷진 않지만, 종종 TV 뉴스를 통해 전국으로 자신의 얼굴을 알리며 활약하고 있어요. 그러면, 남은 이는 하나, R2D2. 아~, 저 말입니까? 네. 묵묵히 회사에서 굴러 다니고 있지요. 🐻 (그 네 명이 누구냐면요~, 책 서문에 힌트가 있습니다. 🐻)

어쨌거나 그러던 어느 날, 루카스 형님이 새로이 '스타워즈 프리퀄 시리즈'를 만든다는 겁니다. 그래서 강호의 의리를 지키고자 보러간 '스타워즈 에피소드 2 – 클론의 습격'. 그 영화를 보다가 전 울고 말았어요. 아 글쎄, R2D2가 하늘을 나는 거예요. 이게 웬일이래요~. 야, 너 원래 굴러 다니는 로봇이잖아~. 그런 거 아니었어? 이제 와서 하늘을 나는 변신 로봇이란 거야? 그럼 그 후로 왜 계속 굴러 다니는데? 🐻

이상 눈물 없인 들을 수 없는 제 별명 R2D2 이야기였어요. 여러분도 슬프죠? 아님 말고요~. 🐻

쓰윽~, 눈물을 닦고 이제 본격적인 이야기를 해야겠네요.

1977년, 조지 루카스라는 젊은 감독이 만든 영화 하나가 조용히 공개됩니다. 그 이름은 'Star Wars', 하지만 영화를 보고 나온 관객들의 입소문이 퍼지면서 서서히 인기가 폭발하기 시작합니다. SF영화이지만 1977년 첫 등장 이래 40여 년간 누적되어 오면서 중세 영웅 신화, 서부극, 동양철학, 거기에 출생의 비밀이라는 막장 드라마까지 온갖 종류의 문화 요소를 다 버무려 미국 양덕후 문화의 대표 콘텐츠가 되었죠. 하지만 '스타워즈'가 처음 개봉할 당시 조지 루카스는, 아직 'THX 1138'과 'American Graffiti'라는 단 2편의 작품만을 만든 풋내기 감독이었습니다.

그가 야심차게 준비한 이 SF영화는, 당시엔 후원할 제작사를 찾기가 무척 어려워 겨우겨우 '20세기폭스' 사 사장한테 인정받고 제작에 들어가게 됩니다. 하지만 만드는 중에도 끊임없이 자금 압박에 시달렸고, 본인조차 자신감이 떨어져 개봉하던 날에는 혹시나 극장에 파리 날리는 꼴을 볼까 봐 집 밖으로 나오지도 못했다고 하죠.

왜 이 멋진 SF영화가 이토록 어렵게 만들어졌냐면, 당시 SF는 이미 한물간 장르에 속했기 때문입니다. 엥? 실제로 SF소설이나 영화의 전성기는 1930~50년대였거든요. 🐻

영화 '킹콩'이 처음 만들어진 때가 1933년. 슈퍼맨(1938), 배트맨(1939) 등 슈퍼히어로물도 대부분 1930년대에 시작되는데, 당시 독일, 소련과 경쟁 상태에 있던 미국인들은 대놓고 상대 국가 욕은 못하니 SF소설, 영화, 드라마를 보면서, 나쁜 외계인은 독일이나 소련인들이고 이들을 물리치는 선량한 지구인은 미국인으로 감정이입하면서 대리 만족했습니다. 🐻

그러다가 1957년, 소련이 먼저 최초의 인공위성 '스푸트니크 1호(Sputnik 1)'를 쏘아 미국인의 자존심에 금이 가죠. 하지만 미국은 기어코 1969년에 '아폴로 11호'로 인류 역사상 최초로 달에 착륙하면서 소련과의 체제 우위 경쟁에서 승리하는 것 같았습니다. 그러나, 베트남전쟁에서 사상 첫 패전을 경험하는 굴욕을 겪는 등, 더 이상 예전처럼 SF소설이나 영화로 대리 만족하기에는 현실이 녹록치 않은 시절이었지요. 게다가 컴퓨터그래픽(CG)이 없던 시절에 조악한 모형으로 만든 SF영화는 이미 애들 오락거리로 낮춰 보던 시기였습니다.

그런던 1976년, 미국이 건국 200주년을 맞아 심기일전하여 다시금 세계 최강국이란 위상을 드높이려던 시기에

"아아~, 지금 봐도 멋진 CG 영상!"
(구글 이미지)

때맞춰, 1977년에 지금 봐도 대단한 'CG인 듯~, CG아닌~, CG 같은' 멋진 특수효과와 웅장한 스케일을 가진 문제작, '스타워즈'가 등장한 겁니다. 짜잔~!

그런데 왜 미국인들은 이 '스타워즈'에 그토록 열광하는 걸까요? 사실 우리나라는 전 세계에서 유독 '스타워즈'가 인기 없는 나라이긴 합니다. 영화 자체가 40여 년에 걸쳐 총 8편이 만들어졌는데, '오리지널 3부작(에피소드 4, 5, 6편)'이 가장 먼저 나오고, 이후 앞 세대 이야기인 '프리퀄 3부작(에피소드 1, 2, 3)'이 나온 후, 다시금 '시퀄 시리즈(에피소드 7, 8편)'가 소개되어 선뜻 구성이 복잡해 접근하기도 어렵고, '에피소드 5편'은 1980년 당시 아예 국내에서 개봉을 안 한 탓도 큽니다. 🐻

반면 미국인들이 이 영화에 열광하는 이유는, 이 영화가 미국인들에겐 자신들의 뿌리 깊은 역사 콤플렉스를 해결해주는 새로운 건국 신화로 여겨지기 때문입니다.

스타워즈 오프닝 화면

미국인들도 이제는 미국의 건국 신화인 1620년 메이플라워 호를 타고 온 청교도 이야기가 구라라는 것을 많이 알고 있어요. 한국과 일본이 중국 문화에 콤플렉스가 있듯이, 미국인들에겐 뿌리 깊은 유럽 콤플렉스가 있는 것입니다. 자신들 조상의 뿌리인 유럽의 장구한 역사와 문화를 극복하고자 끊임없이 노력했는데, '스타워즈'를 통해 이 콤플렉스를 보상받으려는 거지요. 실제로 '스타워즈 시리즈'의 첫 장면은 항상 이렇게 나옵니다.

"아주 먼 옛날 옛적, 은하계 저 멀리 어딘가에선⋯⋯"

그렇습니다. '스타워즈'는 미래 공상 영화가 아닌 대하 역사 영화인 것이었던 것이었습니다. 🐻

자~, 이렇게 문화 콤플렉스를 가진 미국인들은 건국 200주년을 맞는 영광스런 시점에 조지 루카스란 젊은 영화감독이 만든 SF영화를 보면서, 애초 조지 루카스의 의도와는 상관없이 영화 속 제다이를 주축으로 한 공화국 반란군은 미국 독립군, 사악한 은하 제국군은 당시 영국 제국군으로 감정이입함으로써 '스타워즈 시리즈'를 새로운 미국 건국 신화로 간주하게 되는 겁니다. 뭐, 제국군 복장으로 봐선 독일이나 소련군으로 대입해도 되고요.

그런데 '스타워즈 시리즈'의 첫 번째 영화인 '스타워즈 에피소드 4'는 그 한 편으로 완벽한 신화 구조를 완성하고 있습니다. 🐻

고대로부터 내려온 대부분의 영웅 신화 스토리는 '아버지가 없이 태어나 어려운 시절을 보낸 청년이 스승 혹은 동료의 도움을 받아 어려운 미션을 성공하나 결국 비극적 최후를 맞고 남은 자들이 이후에 복수를 한다'는 공통점을 갖고 있는데요, 중세시대의 3대 기사 문학도 이와 유사하죠.

먼저 독일의 영웅 서사시 〈니벨룽의 노래(Das Nibelungenleid)〉는,

지크프리트 왕자가 용을 격퇴하고 보물을 획득하면서 부르군트 왕국 크림힐트 공주와 결혼하지만, 동맹 부르군트 왕의 배신으로 지크프리트가 사망하자 아내인 크림힐트가 훈족 아틸라와 결혼해 부르군트 왕국을 멸망시키고 크림힐트도 사망하게 되는 이야기 구조입니다. 오페라 '니벨룽의 반지'의 원작이자, 유명한 환타지 소설《반지의 제왕》의 원조이죠.

프랑스 서사시 〈롤랑의 노래(La Chanson de Roland)〉는, 프랑크제국 카를루스 대제(샤를 마뉴)의 충직한 기사, 롤랑과 12기사 이야기인데요. 롤랑의 성공과 약혼을 시기한 의붓아버지의 배신으로, 지금의 에스파냐 지역을 점령한 무슬림 무어인과의 전쟁 중 이들 기사단이 전멸당하고, 이 소식에 약혼녀가 충격으로 사망하자 샤를 마뉴가 대대적으로 복수하는 이야기입니다. 제가 〈롤랑의 노래〉를 읽은 게 중학생 때인데, 위기관리 실패 사례로 인용해도 될 만큼 고지식한 마초들의 자멸 스토리라 할 수 있어요. 🐻

영국의 〈아서 왕 이야기(The Story about King Arthur)〉는, 엑스칼리버를 빼 든 아서 왕의 등극, 원탁의 기사의 활약, 그리고 성배 찾기 여정 끝에 아서 왕의 사망, 마지막으로 기사 랜슬롯의 아들에 의한 미션 완수 이야기이지요.

이들 3대 중세 기사 이야기는 중세 초기 역사적 사실에 기반해 상상력이 더해진 것인데, 중국 위(魏)·촉(蜀)·오(吳)의 삼국 분열기를 다룬, 진수의 정사《삼국지(三國志)》보다 나관중이 쓴 소설《삼국연의(三國演義)》가 더 유명한 것과 같은 이치입니다.

'스타워즈 에피소드 4' 이야기도 '타투인 행성에서 부모 없이 삼촌이 키운 청년, 루크 스카이워커(Luke Skywalker)가 농사 보조 로봇으로 쓰려고 구매한 로봇에서 비밀지도를 발견해 이를 레아(Leia) 공주에게 전달하고자 스승 오비완 캐노비(Obi-Wan Kenobi), 동료 한 솔로(Han Solo)와 힘을 합쳐 긴 여행을 떠나 악당 다스 베이더(Darth Vader)를 물리치고 공주를 구출해 영웅이 된다.'는 전형적인 영웅 스토리입니다. 이처럼 스타워즈 이야기는 〈니벨룽의 노래〉(공주를 구한 왕자), 〈롤랑의 노래〉(제다이의 활약과 배신에 의한 몰락), 〈아서 왕 이야기〉(제다이 퀘스트 수행) 등 서양 중세 영웅 문학 스토리를 잘 버무린 작품이지요.

하지만, 이 같은 유구한 신화 구조를 엮어 만든 스토리는 조지 루카스가 혼자 다 만든 것은 아닙니다. 그는 사실 짜깁기의 달인이라고 봐야 합니다. 실은 '스타워즈 에피소드 4'는 예전에 만들어진 3개의 영화 스토리를 잘 짜깁기한 거거든요. 🐻

조지 루카스의 창조경제 '스타워즈 에피소드 4'

미국인들이 왜 '스타워즈'를 신화처럼 여기며 그토록 열광하는지 앞서 그 이유를 설명했는데, 스타워즈 신화는 'legend(전설)'가 아니라 'saga(무용담, 모험담)'라고 불려요. '사가'란 북유럽 전설문학에서 유래한 단어로 '영웅 연대기'를 의미한답니다.

조지 루카스. "켄터키 치킨 할배 아니다~."

그럼 지금부턴 '스타워즈' 사가의 창조자, 조지 루카스의 창조경제 이야기를 해 드릴게요.

1944년에 태어난 조지 루카스는 고딩 시절 카레이서가 되고자 했다네요. 🐻 하지만 교통사고를 당한 이후 차선으로 택한 것이 남가주대학교(USC) 영화학과. 어릴 적부터 SF드라마와 각종 신화, 일본 B급 문화에 열광하던 문화덕후 조지 루카스는, 대학에서 그 유명한 스티븐 스필버그, 프란시스 포드 코폴라(Francis Ford Coppola) 감독(영화 '지옥의 묵시록', '대부' 감독)과 함께 수업을 받게 됩니다.

당시 새파란 청년 감독 후보에 불과하던 조지 루카스는 이미 주목받던 코폴라 선배 등과 동업해 독립영화사를 만들어 데뷔작으로 'THX 1138'이란 SF영화를 만들었는데, 이게 대실패하며 회사를 말아먹습니다. 아아~ 학생 때는 단편영화로 수상도 하고 '워너 브라더스'에서 장학금도 받는 등 스필버그보다 더 잘나갈 것이라 촉망받던 학생이었는데…… 🐻

쫓겨난 이후 '루카스 필름'이란 독자 영화사를 만들어 제작한 두 번째 영화 'American Graffiti(우리나라에선 '청춘낙서'로 번역)'가 무려 아카데미상 5개 부문 후보에 오를 정도로 흥행하면서 기사회생합니다. 이때 물주가 이후 동반자가 된 '20세기폭스'!

이에 그는 다시금 어릴 적 꿈인 SF소설 《Flash
Gordon(플래시 고든)》을 영화로 만들고자 했으
나 판권을 살 돈이 없어서 결국 새롭
게 시나리오를 쓰게 되니……, 아아
~ 그것이 바로 '스타워즈'의 시작이
었던 것이었던 것이었습니다. 🦉

지구를 지킨 영웅,
《플래시 고든 시리즈》
(구글 이미지)

아~, 근데 플래시 고든이 누구냐고
요? 이 분은 1934년 등장한 슈퍼히어
로로 슈퍼맨, 배트맨, 스파이더맨 등 요
새 잘나가는 슈퍼히어로의 선배이십니
다. 미식축구 선수였으나 외계인에게 납치된 뒤 악의 몽골(Mongol)
제국의 밍(Ming, 중국 명나라) 황제를 무찔러 지구를 구한 영웅입니
다. 하지만 요새 이런 식으로 썼다간 인종 차별
논란에다가 중국에서 가만 안 둘 걸요? 🐻

그래서 그는 자신의 덕후 지식을 총 망라하
여 '스타워즈 9부작' 시나리오를 쓰게 되는데,
그 중 4번째 시나리오가 최초의 영화 '스타워
즈 에피소드 4'로 발전하게 됩니다. 조지 루
카스는 이 영화 제작 시 3개의 옛 영화 스토
리를 이어 붙이면서 배경은 우주로 바꾸고
하이라이트에 본인이 구상한 우주 전투를
끼워 넣는 식으로 조합해 넣습니다. 실제

구로사와 아키라 감독의
1958년 작품, '숨은 요새
의 세 악인' (구글 이미지)

'스타워즈 4'에 차용된 다른 영화를 살펴볼까요?

1. 영화 인트로 / 화면 전환 : '플래시 고든' TV 드라마 연출 기법 차용
2. 주요 줄거리 : 일본 영화 '숨은 요새의 세 악인' 줄거리 그대로 차용
3. 하이라이트 : 반란군의 인공행성 '데스스타' 공격 (조지 루카스 창작)
4. 마지막 승리 퍼레이드 장면 : 독일 나치 다큐멘터리 영화 '의지의 승리' 차용
5. 일부 캐릭터 : C3PO는 1926년 독일 SF영화 '메트로폴리스', 음악과 우주선은 '2001 스페이스 오디세이'에서 영향받음

혹시나 해서 영화 '스타워즈 에피소드

'스타워즈 에피소드 4' 마지막 장면 vs. 독일 나치 다큐.

4'의 간략 줄거리도 소개해드리죠.

〈'스타워즈 에피소드 4 – 새로운 희망' 간단 줄거리〉

멀고 먼 옛날, 타투인이란 사막 행성에 일찍 부모를 여의고 삼촌 부부
네 집에서 구박받던 해리 포터, 아! 아니구나! '루크 스카이워커'란 총
각이 살았어요. 왜 먼 옛날 딴 행성에 살던 외계인이 《누가복음》을 지
은 '성 누가(St. Luke)'랑 이름이 같은지 뭐 이런 거 따지지 맙시다. 🐻
여튼, 친구들은 다 제국군에 자원해 넓은 세상으로 나아갔는데 루크
만 삼촌, 숙모의 반대로 농사나 짓고 살았대요. 🐻
그러던 어느 날, 농사에 쓸 로봇을 사러 갔는데…….
이 중 R2D2란 로봇이 느닷없이 쏘아올린 홀로그램 영상에 아리따운
공주가 나오더니 '오비완 케노비'에게 구해 달라고 요청하는 것이었습
니다. 이에 루크가 동네에서 노시던 영감님 '오비완 케노비'를 찾아가
니, 이 노친네 갑자기 자기랑 같이 공주를 구하러 가자며 루크에게 출
생의 비밀을 읊습니다. (아놔~. 왜 그걸 이제사! 🐻)
"니 아버지는 원래 제다이 기사였단다. 과거 '클론 전쟁' 시절에 무수
한 공을 세웠으나 다스 베이더란 악당에게 살해당하셨지. 지금 레아
공주를 잡고 있는 다스 베이더가 니 애비의 원수이니라!" (우리말 자막
에선 그저 '과거 전투에서 큰 공을 세웠지'라고 나오지만, 분명 영어로는 '클론
전쟁'이라고 나오고, 이후 20여 년 뒤 에피소드 2와 2.5로 영화화됩니다.)
이에 둘은 시장에 가서 용한 총알택시 아니, 총알 우주선 기사를 찾게
되지요.

루크 : "안녕하세요, 루크 스카이워커예요. "

한솔로 : "반가워요, 한 솔로예요."

루크 : "아~, 청주 한(韓) 씨세요?"

한솔로 : "그게 아니고, 나이 40이 되도록 연애 한번 못 하고 빚에 쪼
들린 '한(恨) 많은 솔로(Solo)'라 그래요. 🐻

(이상 한솔로 이름 유래에 대한 제 나름의 개드립이었습니다. 🐻)

그래서 한솔로가 갖고 있는 '은하계 최고의 총알택시' 밀레니엄 팰콘
을 타고 제국군이 만든 최종병기 '데스스타'로 들어가 레아 공주를 구
해내나 오비완 할배는 탈출 시간을 확보해주기 위해 다스 베이더에게
일부러 죽게 됩니다.

이에 탈출에 성공한 루크와 한솔로 등은 반란군 동지들과 함께 X윙
전투기를 몰고 가 오비완의 영(靈)이 알려준 '포스(force, 氣)'의 힘으로
제국군 데스스타 기지를 박살내고 승리의 행진을 벌입니다.

글로 쓰니 영~ 재미없네요. 안 보신 분은 꼭 보시길 강추합니다.

이처럼 조지 루카스는 기존 영웅 신화의 뼈대에 유머를 가미한
구로사와 아키라(黑擇明) 감독의 영화를 주축으로 각종 영화의 주요
장면을 짜깁기하여 새로운 영화를 창조해냅니다. 혹자는 이를 두고
"결국 짜깁기 표절작 아니냐!"라고 하지만, 화가 피카소의 말처럼
"위대한 예술은 훔치는 것"이죠. 🐻

조지 루카스는 기존 영웅 신화와 선배들의 우수한 콘텐츠를 흡수

하고 독특한 시각효과와 각종 무기 및 캐릭터 디자인 등에서 독창성을 발휘해, 모두가 좋아할 만한 작품을 만들어내어 영화 '타이타닉'이 기록을 갱신하기 전까지 사상 최대의 수익을 낸 영화를 만든 것입니다.

하지만, 조지 루카스의 사업성은 영화 수익에서 나온 게 아니었습니다. 그는 감독연출 비용은 대폭 낮추는 대신, 각종 기타 수익은 본인이 갖는다는 계약서를 먼저 제안해 서명합니다. 영화사 입장에선 '사장과 기획실장이 괜히 망할 영화에 투자해 큰일났다'고 걱정하던 차에 감독이 스스로 본인 수입을 적게 가져간다고 하니 '이게 웬 횡재냐~.' 하고 덩실덩실 춤추며 서명을 했지만……, 영화가 대박나면서 각종 캐릭터 완구부터, VTR, DVD 등 각종 추가 사업 수익을 고스란히 조지 루카스가 독식하면서 영화사보다 수십 배 넘는 엄청난 부가가치를 창출해냅니다. 🐯

이때 '스타워즈 에피소드 4'가 얼마나 인기가 많았던지, 1977년 크리스마스 시즌 때는 완구회사가 미처 완구를 다 만들지 못해 선물 상자 안에 '나중에 배송해주겠다'는 쪽지만 넣어서 팔았을 정도였다 죠?

이 때 번 돈을 기반으로 이후에 나온 '스타워즈' 영화는 오로지 본인 돈으로 자체 제작했고, 최근 디즈니에 4조 원을 받고 판권을 팔았으니, SF 덕후의 경쟁력이 언젠가 빛을 발할 것이란 아이디어에서 출발해 그의 계약서 도박이 만들어낸 진정한 '창조경제'라 할 수 있지요. 🐨

스타워즈 상품들
(구글 이미지)

아, 하지만 디즈니는 한술 더 떠, '에피소
드 7편'을 시작으로 각종 장난감 등 브랜드
권리 재판매로 이미 2년만에 10조 원에 이르
는 수익을 거두었을 뿐만 아니라 이제는 디즈니랜드에 이어 스타워
즈랜드도 준비한다고 하네요. 🐻

무언가를 '창조한다'는 것에 대해 많

디즈니가 만드는
스타워즈랜드 (구글 이미지)

은 이들이 '세상에 전혀 없던 새로운 것을 만든다'라고 여기지만, 실제로 '창조'는 다수가 흔히 무심코 지나가던 것에서 새로운 의미를 찾고 이를 다수와 공감하는 것으로 승화시킬 때 이루어지는 경우가 대부분입니다. 이제부터라도 그동안 무심코 지나치던 일상에서 새로운 도전거리를 찾아보시는 게 어떨까요?

'스타워즈 에피소드 5' 막장 가족사의 시작

앞서 조지 루카스가 이런저런 예전 영화를 참고해 만든 첫 '스타워즈' 영화가 대박났고, 각종 캐릭터로 떼돈을 번 창조경제 이야기를 해드렸는데요. 뒤이어 스타워즈 시리즈 중 최고의 작품으로 꼽히는 두 번째 작품 '에피소드 5 – 제국의 역습(The Empire Strikes Back)' 비하인드 스토리를 들려드리고자 합니다.

1977년 첫 '스타워즈' 영화가 대박난 이후, 1978년에 영화를 재개봉하게 되는데, 첫 개봉 당시엔 그저 'STAR WARS'로 올라오던 첫 스크롤 화면이 재개봉 시에는 'STAR WARS – Episode 4 New Hope'라고 떡~하니 뜹니다. 사람들은 의아했지요. "으잉? 4번째 이야기라고? 앞에 3편은 어디 가고?" (그 앞 3편은 20여 년 뒤에야 등장. 헐~, 뭔 떡밥이⋯⋯ 🐻) 그리고는 누군가에 의해 소문이 퍼집니다. 다음 편 촬영 중이라고. 만쉐이~! 🐻

드디어 1980년, 스타워즈 두 번째 작품 '에피소드 5 – 제국의 역

'스타워즈 에피소드 5
-제국의 역습' 포스터

습'이 공개됩니다. 많은 미쿡인들은 기대에 부풀어 영화관에 갑니다. "이번엔 루크가 또 어떻게 다스 베이더를 혼낼까? 그리고 루크와 레아 공주는 사랑에 빠지게 될까?" 아~, 하지만 영화관에서 그들이 본 것은 기대를 완전 벗어난 충격과 경악이 가득한 이야기였으니……. 😈

간략 줄거리 소개 들어갑니다.

〈'스타워즈 에피소드 5 - 제국의 역습' 간단 줄거리〉

반란군이 루크와 한솔로의 활약으로 제국군 데스스타 행성을 박살내지만 제국군에 밀려 저 은하계 외곽 호스 행성에 숨어 있고, 제국군은 반란군을 최종적으로 박살내기 위해 조여 오는 상황.

결국 반란군은 다시 만나자고 서로 약속하고 나뉘어 도망치게 되는데, '포스'의 부름을 받은 루크는 X윙을 타고 다고바 행성으로 도망갑니다. 거기서 루크는 요상한 할배, 요다를 만나 제다이 기사 수련을 받게 됩니다.

"하거나 안 하거나 둘 중 하나야. 해보겠다는 없어."

한편, 레아 공주는 한솔로가 모는 우주 총알택시 밀레니엄 팰콘으로 탈출해 한솔로 친구가 있는 행성으로 가지만 그곳은 이미 다스 베이더가 장악한 상황, 레아 공주는 다스 베이더의 포로가 되고, 한솔로는 그에게 돈을 뜯긴 '자바 더 헛'에게 다시 끌려가 얼려지게 됩니다.

레아 공주가 마지막으로 한솔로에게 이렇게 말하죠.
"I love You.(사랑해요.)"
그런데, 한솔로의 대답이 걸작입니다.
"I know.(알고 있었쩌.)"

그리하여 한솔로가 산송장으로 얼려지고 있던 차, 제다이 수련을 마치고 빛나는 졸업장을 받으라는 요다의 만류를 뿌리치고 달려온 루크가 다스 베이더에게 도전합니다. 그런데 루크의 팔 하나를 자른 다스 베이더가 어마무시한, 지금도 역대 최고의 명대사로 꼽히는 발언을 합니다.

"I am…… Your Father. (내가…… 니 애비다.)"

다스 베이더가 아버지를 죽인 원수라 알고 있던 루크는 "No!!!"라고 외치며 떨어지지만, 반란군 우주선이 그를 구출해 같이 도망가면서 끄읕~. 디 엔드.

첫 '스타워즈' 영화를 보면서 신났던 관객들은 기대했던 속편에서 완전히 예상을 빗나간 스토리를 보게 된 겁니다.

멋진 반격도 없이 우리 편은 끝까지 도망만 다니고 레아 공주가 루크가 아닌 한솔로랑 러브러브하는 것도 어처구니 없는데, 천하의 몹쓸 악당 다스 베이더는 뜬금없이 루크의 아버지라고 하더니 느닷없는 엔딩!

그리고 다음에 계속이라니……. 이 무슨 막장 드라마냐는 복잡한 심정으로 극장 문을 나서며 사람들은 말했죠.

"조지~, 이 나쁜 시키! 왜 영화가 이따위야!!!" 🎭

하지만, 집에 와 곰곰히 생각해 보니, '과연 다스 베이더가 한 말은 사실일까, 구라일까?', '냉동인간이 된 한솔로는 살 수 있을까?', '근데 왜 레아는 루크랑 연인이 안 되고 사기꾼 한솔로랑 연인이 된 거지?' 등등. "아 궁금해~. 빨리 3편 만들어주세요. 현기증 난단 말이에요~." 이런 상태를 만들어낸 것이죠. 그리하여 '에피소드 5 - 제국의 역습'은 시간이 지난 후, 시리즈 중 최고였다고 칭송받게 됩니다. 🐻

하지만 조지 루카스가 처음 속편을 구상할 당시엔 이렇게 만들 생각이 전혀 없었지 말입니다. 첫 시나리오에선 루크와 레아가 사랑에 빠지게 되지만 레아가 다스 베이더에게 잡히게 되고, 공주를 살리려면 투항하라는 말에 루크가 이를 거부하고 뛰어내리는 걸로 만들 셈이었다고 해요.

그런데, 어떤 한 인간 때문에 스토리가 확~ 바뀌게 됩니다.

그 인간이 누구냐. 바로 주인공, 루크 스카이워커 역을 맡은 마크

해밀(Mark Hamill)이 대형 사고를 친 겁니다! 🐻

'스타워즈 에피소드 4' 제작 당시 조지 루카스는 배우들을 완전 신인들로 구성할 생각이었습니다. 즉, 배우가 그 역할을 연기하고 있다는 생각이 들지 않도록 생판 모르는 배우들을 투입해 관객들에게 마치 현장 다큐를 보는 듯한 생생한 몰입감을 주길 원했던 거지요. (실제는 배우들에게 줄 돈이 없어서 그랬다 카더라는 썰도 존재해요. 🐻)

그리하여 뽑힌 꽃미남 '마크 해밀'은 한 편의 영화로 완전히 벼락스타로 거듭난 것까진 좋았는데, 너무 붕 뜬 나머지 오토바이를 타다가 사고가 나서 얼굴에 큰 흉터가 남게 됩니다. 이에 조지 루카스는 머리를 쥐어 뜯게 되지요. "저노무 시키가 사고를 쳤네, 아놔~!"

그래서 '에피소드 5' 맨 앞 장면에 루크가 정찰 나갔다가 설인 괴물에게 공격당하는 장면을 집어넣어, 루크 얼굴에 왜 흉이 생기는지를 설명하고, 마크 해밀이 자주 화면에 나오지 않도록 비중을 줄이기로 합니다. 더불어 'American Graffiti'에서 조연으로 나왔다가 '스타워즈' 캐스팅에 겨우 승차했던 해리슨 포드(Harrison Ford)의 비중을 늘려 한솔로가 레아 공주와 연인이 되는 걸로 스토리를 바꾸게 됩니다.(그 결정적 선택이 현재 이야기 전개에까지 큰 영향을 주게 되지요.)

그리하여 한솔로가 냉동되는 순간 레아가 고백하는 장면을 촬영하게 되는데…….

원래는 레아가 "I love you."하면 한솔로는 "I see." 하면서 감격하는 걸로 시나리오가 되어 있었지만, 해리슨 포드는 필름이 돌아가자

거만한 표정으로 "I know."하고 맞받아치는 애드립을 해버립니다. 그 순간 레아 역을 맡은 캐리 피셔(Carrie Fisher)는 너무나 기분이 나빠져 그 후 며칠간 해리슨 포드에게 말도 안 했다고 해요. 🐻

하지만 조지 루카스는 완전 만족, 바로 "OK!" 사인을 냅니다. "허 고놈, 대단한데? 양아치 분위기를 완벽히 살렸어!"

해리슨 포드의 이 같은 재치는, 이후 '인디아나 존스 시리즈'의 주인공으로 선택받는 결정적 계기가 됩니다.

그리고, 원래는 루크의 아버지는 다른 사람이었고 다스 베이더는 그저 나쁜 놈이었는데, 조지 루카스는 그가 선택한 감독, 작가와 오랜 상의 끝에 다스 베이더가 루크의 아빠라는 대형 떡밥을 만들기로 합니다. 하지만 모든 배우들에겐 비밀로 했다지요. 그래서 촬영 당시엔 다스 베이더에게 "레아와 같이 있고 싶지? 나에게 와!"라는 유치 찬란한 대사를 하게 했대요. 어차피 마스크를 써서 입 모양이 안 나오니까요. 🐻

그리곤 마지막 녹음에서 드디어 명대사 "I am Your Father."를 입혀 뉴욕에서 열린 성대한 시사회에서 처음 공개합니다. 그래서 당시 극장 안에 있던 관객들은 물론, 배우들도 멘붕에 빠졌다능! 🐻 그때 초청되어 온 SF소설의 거장 아이작 아시모프(Issac Asimov)는 영화관 불이 켜지자마자 조지 루카스에게 "빨리 다음 작품 만들어! 궁금해 미치겠어."라고 외쳤다는 일화는 잘 알려져 있지요.

그래서 실제로 3년 뒤 '에피소드 6 – 제다이의 귀환'이 상영될 때까지 사람들은 내내 다스 베이더가 진짜 아빠인지, 아니면 구라인지

열심히 토론하면서 후속작을 기다리게 되지요.

우리는 대부분 철두철미하게 사전 계획을 세우고 실행에 옮기지만 그 계획대로 되는 경우는 그리 많지 않습니다.

그 위기를 어떻게 극복하느냐가 성패를 좌우한다고 볼 수 있는데, 조지 루카스는 '스타워즈' 속편을 준비하면서 닥쳤던 주인공 얼굴의 흉터 등 크고 작은 사건에 슬기롭게 대처하면서 더 발전된 스토리로 거듭나게 함으로써, '스타워즈'가 1회성 히트작이 아닌 시리즈물로 40여 년을 지탱할 수 있도록 한 것입니다.

이런 비하인드 스토리를 알고 다시 '스타워즈 에피소드 5'를 보면 더 재밌을 겁니다. 🐻

아, 그리고……, 원래 조지 루카스가 '플래시 고든'을 만들려다가 판권을 못 사 '스타워즈'를 만들게 되었다고 했었죠?

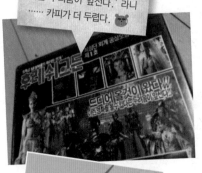

국내 비디오테이프에 새겨진 문구. '이런 영화를 볼 수 있다는 두려움이 앞선다.' 라니 …… 카피가 더 두렵다. 🐻

그래서 사람들이 옛날의 명작 SF소설 《Flash Gordon》을 되돌아보게 되는데, 실제로 1980년 '에피소드 5' 발표 당시 다른 영화사에서 드디어 오리지날 'Flash Gordon' 영화를 만들어 공개합니다. 그런데, 본 기억이 없으시죠? 네, 완전 쫄딱 망했습니다. 심지어 당시 최고의 인기를 구가하던 록그룹 퀸에게 사운드트랙까지 맡기는 등 엄청난 비용을 동원했건만…… 🐻

이미 조지 루카스는 '스타워즈'를 통해 더 멀리 나아간 뒤였습니다.

이런 걸 우리는 이렇게 말하지요. Back Drum. 뒷북. 둥둥둥!

오리지날 3부작의 종결, '에피소드 6' 제국이 망했쩌염!

최고의 작품으로 손꼽히는 두 번째 작품 '에피소드 5 – 제국의 역습' 비하인드 스토리를 얘기해드렸는데요.

1회성 히트작이 아닌 시리즈물로서 40여 년을 지탱할 수 있게 한

멋진 후속 작품이라고 평론가들은 칭찬했지만……, '조지 루카스 필름' 대표, 조 사장님(조지 루카스)은 고민에 빠지게 됩니다.

왜 조 사장이 고민했느냐 하면 내용이 너무 어둡다 보니 흥행 성적은 첫 작품보다 영~ 시원치 않았기 때문입니다. 최고 걸작이라 칭찬을 받게 되지만 정작 시리즈 중 가장 장사가 안 됐어요. 🐻

첫 작품은, 당시 20세기폭스의 자금을 빌려서 만들었는데, 어찌나 폭스 사 재무 관리자들이 구박을 했던지 조 사장님이 열받아 "앞으론 내 돈으로 만들꺼야!!!"라며 강호의 의리상 배급만 20세기폭스에 맡기고 장난감 팔아 챙긴 본인 돈으로 직접 만든 독립영화였기에 이익이 꽉꽉! 나야 새 작품을 만들 수 있었기 때문이었다죠. (네~, 스타워즈 5, 6, 1, 2, 3편은 세상에서 가장 비싼 독립영화들이죠.)

결국, 세 번째 작품 '에피소드 6 - 제다이의 귀환(Return of the Jedi)'은 두 번째 작품에서 뿌려놨던 떡밥들(다스 베이더가 진짜 아빠인가? 한솔로는 부활할 건가? 루크와 레아 공주가 러브러브할 건가?)을 수습하면서 시리즈를 일단 끝내야 하는 숙제 외에도, '어떻게 코묻은 애들 돈을 긁어모아 장난감을 잘 팔 것인가?' 하는 고민까지 넘치게 되어, 결국 곰돌이 외계인(이워크)이 제국군대를 무찌르는 스토리로 종결됩니다. 뭐 흥행은 잘 되었지만요. 🐻

혹시나 해서 6편 줄거리도 소개드리자면요~.

〈'스타워즈 에피소드 6 - 제다이의 귀환' 간단 줄거리〉

탄소냉동 상태로 얼려져 '자바 더 헛'의 벽 장식품으로 있는 한솔로

를 구하러 간 레아 공주마저 붙잡혀 '자바 더 헛'의 노리갯감이 되는데
……. 루크가 그 소식을 접하고는 한솔로와 레아를 구하러 갔다가 역
시 붙잡히지만 제다이의 염력으로 어찌어찌 다 구출해내요.

그러곤 다시 제다이 수련을 받으러 다고바 행성으로 가지만, 요다가
900세 고령으로 사망하면서(90세가 아니라), "다스 베이더가 니 애비,
아나킨 스카이워커 맞다. 오비완이 구라친 게야!"라고 유언을 남기자
오비완의 영도 쓰윽 나타나 "암 쏘 쏘리! 레아 공주는 니 쌍둥이 누이
임."하고 사라집니다. 그래서 루크가 울면서 말하죠. "이 영감아, 누난
지 여동생인지는 명확히 알려주셔야죠. 아놔~." 🐻

그런데 그 사이 은하제국 측에서 '에피소드 4'에서 부숴진 '데스스타'
보다 더 큰 규모로 2호기를 만들고 있다는 정보를 접하고, 반란군은
이를 다시 부수러 가는데…….

반란군 본진이 데스스타 2호기를 공격하기 전 루크 일행은 보호막 레
이더 기지가 있는 엔도 행성에 선발대로 갑니다. 하지만 그것은 제국
의 팰퍼틴 황제가 루크를 끌어들이기 위한 함정이었으니…….

루크는 황제와 다스 베이더를 처치하기 위해 일부러 투항을 하고 나
머지 친구들은 위기에 빠지려던 순간, 귀여운 테디베어 아니, 이워크
라는 현지 외계인들이 돌을 내리쳐 제국군 스톰트루퍼를 궤멸시켜 데
스스타 2호기 방어막이 뚫립니다. 🐻

한편 같은 시간, 루크는 다스 베이더와 정겨운 부자 상봉은 개뿔~,
한판 진검 승부를 벌여 아버지 손을 자르고 결정적 승리를 거두려는
순간, 황제가 루크에게 스카우트 제의를 하게 됩니다. "얼마면 돼? 얼

마면 되겠어? 엉?"

하지만 루크가 이를 거부하자 황제가 포스 라이트닝으로 죽이려고 하는데……, 광선에 지져지던 루크가 "아버지 살려주이소~!"라고 외치자 그제야 비로소 철이 든 아버지 다스 베이더가 아들을 구하기 위해 황제를 집어던져 죽이고 본인도 큰 부상을 입고 사망하게 됩니다.

루크는 아버지의 극락왕생을 빌며 정중히 불에 태우고, 레아 공주에게 "너랑 나랑 쌍둥이, 울 아빠가 조홍석, 아, 아니구나! 다스 베이더~."라고 밝힙니다. 그러거나 말거나 반란군은 황제의 사망과 데스스타의 파괴를 기뻐하며, 외계 곰돌이들과 함께 축하파티를 열며 은하계에 평화가 온 것을 자축합니다.

하지만, 30년 뒤 제국은 다시 '퍼스트 오더(First Order)'란 이름으로 부활하니……, 그렇게 다시금 '에피소드 7'이 시작된 거죠.

이 '에피소드 6'은 '오리지널 또는 클래식 3부작'을 마감하는 작품으로서, '에피소드 4'처럼 유쾌하게 우리 편이 승리하는 쾌감을 선사해 또다시 조 사장을 돈방석에 올려 놓았고, 이후 조 사장은 10여 년에 걸친 영화 작업을 마친 홀가분한 기분에 1999년 '에피소드 1'부터 루크의 아버지, 아나킨 스카이워커가 어쩌다 다스 베이더가 되었는지를 소개하는 프리퀄 3부작을 만들 때까지 15년 동안, '스타워즈' 후속작은 안 만들고 절친 스티븐 스필버그랑 손잡고 해리슨 포드를 주연으로 한 '인디아나 존스 시리즈'를 만들면서 잘 지내게 됩니다. 🐻

애초 조지 루카스는 청년 시절 12부작으로 스케치했다가 나중에 축소해 9부작 시리즈로 만들려고 했다지요. 그래서 7, 8, 9편 후속 3부작은 또 하나의 충격적 반전을 준비했었는데, 아~, 그 얘기도 하고 싶지만……

주인공 역을 맡은 마크 해밀이 급격히 노화하는 바람에 포기했고, 디즈니로 판권이 넘어간 뒤 나온 '에피소드 7'부터는 아예 조지 루카스의 의도와는 전혀 다른 스토리로 가버렸지요. 결국 이 클래식 3부작은 루크 스카이워커라고 하는 한 청년의 영웅 스토리이자 동시에 은하제국의 멸망이라는 거대한 시대 변화를 묘사한 작품으로 종결되었어요. 그래서 그런지 조지 루카스는 '에피소드 6'에 로마제국의 멸망에서 영감을 얻은 내용을 집어넣었습니다.

즉, 앞서 소개한 곰돌이 외계인 이워크가 레이저총을 가진 제국군을 숲에서 돌로 내리쳐 물리친 '엔도 전투'는 AD 9년 로마군 3개 군단이 게르만족에게 궤멸당한 '토이토부르크(Teutoburg) 숲 전투'에서 영감을 받았다고 하죠. 그 전투를 승리로 이끈 게르만족 추장 이름이 헤르만(Hermann, 전사)입니다. 로마식 명칭으로는 '아르미니우스(Arminius, 푸른 눈)'로 당시 25세에 불과한 청년이었다죠. 뭐, 로마로부터의 독립을 외친 그 영웅의 끝은 전혀 아름답지 못했지만요. 또한 다스 베이더 화장식 장면은 1964년 영화 '로마제국의 멸망' 마지막 장면의 오마주입니다.

이때 조 사장님은 또 하나의 결단을 내립니다. 루크 역의 마크 해밀이 사고치는 덕에 애초 조연에 머물던 한솔로의 비중이 본의 아니

영화 '로마제국의 멸망'
포스터 (구글 이미지)

게 커져 레아 공
주와 러브러브
하는 관계로까
지 발전했는데, 해리슨

포드가 6편에서 한솔로를 죽여 달라고 했답니다. 이미 5편에서 애드
리브 연기로 스토리의 흐름을 바꾸는 등 큰 도움을 주던 배우가 스
토리의 극적 요소로서 한솔로가 죽는 게 어떠냐고 했지만, 조 사장
님이 이번에는 생까고 그대로 살려두는 해피엔딩으로 마무리했는
데, 이때의 결정이 '에피소드 7' 등 이후 스토리 전개에 엄청난 영향
을 끼치게 됩니다.(보시면 압니다!)

그나저나 왜 은하제국은 결성 30여 년 만에 멸망했을까요? ('에피
소드 7'에서 '퍼스트 오더'란 명칭으로 제국군이 부활합니다만…….) 뭐,
루크와 한솔로 등이 대활약했다곤 하지만, '스타워즈' 마니아들은
제국은 스스로 붕괴 중이었다고 평가합니다. 🐻 경영학도로서 조직
설계학 입장에서 보면 다음과 같은 이유 때문에 그렇다는 거죠. 🐻

1. 사격 훈련도 제대로 안 된 군대 (하부구조 망)

제국군 중 가장 유능해 황제 친위부대로 운영된 스톰트루퍼들에게 총
맞아 죽은 주요 인물이 한 명도 없습니다. 얼마나 사격 연습을 안 했

는지 이들만 나오면 그저 안심. 🐻 심지어 6편에선 곰돌이 외계인이 던진 돌에 맞아 사망. 긴장감 제로! 오죽하면 악당인데 지금도 가장 사랑받는 개그 캐릭터가 되었겠습니까!

2. 진급 안 되는 제국군 장교 (중간구조 망)

하지만, 이들 스톰트루퍼만 욕할 수도 없는 게 황제 친위함대 함장이 20년간 대령에 머물러 있었다는 충격적 사실. 어느 눈 밝은 덕후가 찾은 건데 '에피소드 3편' 함대장 니다 대령이 '에피소드 5편'에서도 여전히 대령이더라네요. 진급을 못한 만년 대령이 친위부대를 지휘하는데 무슨 의욕이 있겠습니까? 🐻

3. 실패에서 교훈을 배우지 못한 조직 (기획력 망)

과거 제2차 세계대전 시 거포거함주의에 빠진 일본군이 최대의 전함 '야마토', '무사시'를 막 찍어냈다가 비행기 폭격으로 한 방에 가라앉았듯이, '에피소드 4편'에서 제국군이 만든 '데스스타'가 허무하게 박살났는데도 미련을 못 버리고 '에피소드 6편'에서 그것보다 더 큰 '데스스타 2'를 만드는 삽질을 하고 었있습니다. 심지어 다 만들지도 못한 상태에서 폭발, 이쯤 되면 답이 없는 겁니다.

4. 느닷없는 낙하산 인사 (상위구조 망)

황제의 오른팔인 다스 베이더는 원래 반대파 제다이 기사입니다. 그런데 황제가 능력이 출중하다며 다 죽어가던 애를 데려와 살려주고 입혀주고 먹여주죠.('에피소드 3편') 그러더니 아예 제2인자로까지 올려주었더니만, 다스 베이더가 열받아 죽인 장교가 반란군에게 죽는 경우보다 더 많고, 그 아들이 더 능력이 높다며 스카우트하려고 유인

하기 위해 수많은 제국 병사를 희생시킵니다. 이러니 다들 의지가 실종될 수밖에요. 🐼

톨스토이(Lev Tolstoy)의 명작 《안나 카레니나(Anna Karenina)》의 첫 문장은 이렇게 시작하죠.

"모든 행복한 가정은 서로 비슷하지만, 불행한 가정은 저마다 다르다."

우리는 경영학 책자 등을 통해 많은 성공 사례를 봅니다만, 실패 사례가 더 무궁무진하게 많고 실제 교훈도 더 많습니다.

그저 웃고 즐기자고 본 SF영화에도 교훈이 숨어 있네요. '스타워즈' 이야기가 너무 길어지는 것 같으니 오리지날 3부작 분석을 마치고 이만 줄일게요. 🐻

05
이제는 말해도 될까?
한국 만화 주제가의 흑역사

이제 마지막으로 달려가네요. 조금 민감한 얘기를 하나 할까 합니다.

벌써 25년도 더 전인 1993년. '도하의 기적'이라 불리는 1994년 월드컵 축구 아시아 최종 예선전이 카타르 도하에서 펼쳐졌습니다.

당시엔 아직 '붉은악마'가 없던 시절, 운명의 한일전이 펼쳐진 운동장 관중석에 3000여 명의 일본 응원단이 압도적인 응원을 보내고 있었답니다. 당시 우리나라 응원단 100여 명이 수적 열세 속에 목이 터져라 응원하고 있었습니다. 한창 게임이 열기를 더해가던 시점, 우리 응원단이 부르는 '마징가Z'에 멈칫하던 일본 응원단이 똑같은 노래를 부르기 시작했습니다.

"기운 센 천하장사~, 무쇠로 만든 사람~, 인조인간 로보트~, 마징가 젯~."

"空にそびえる 소라니 소비에루~　くろがねの城 쿠로가네 노시로~

スーパーロボット 스-빠- 로봇토~　マジンガ-Z 마징가 제토~"

아아~, 한일전 축구시합 현장에서 함께 불리던 친선 화합곡은 개뿔, 우리가 아는 '마징가Z' 주제가는 사실 일본 노래였던 것이었던 것이었습니다. 🐻 아아~, UHF 안테나로 일본 방송을 본방 사수했던 저 같은 얼리어답터 부산 출신들에게 좀 물어볼 것이지.

국내 TV에서 방영할 당시, MBC는 '마징가Z' 주제가를 원곡 그대로, TBC(지금의 KBS2)는 '그레이트 마징가' 주제가의 원곡을 축소, 변형해서, '그랜다이저' 주제가는 국내 자작곡으로 불렀어요. 제가 유치원, 초등학교 때 소풍을 가면 이 마징가 3부작 노래를 친구들이 다들 일본 원곡으로 불렀습니다.

당시 '마징가Z'를 국내에 방영하면서 일본 애니메이션이라고 알리지 않은 것은 물론, 심지어 미국 '아메리칸 픽처'가 제작해 지난 수년간 미국과 구라파(유럽)에서 인기를 얻은 작품이라고

미국에서 만든 거라고 구라친 40년 전 '마징가Z' 방영 예고 기사 (구글 이미지)

신문 기사가 나올 정도였지요. 그러면서 '로보트 태권브이'도 만들어지고요. 🐻

우리가 잘 아는 예전 만화영화 주제가 대다수가 일본 주제가를 그대로 사용한 것이란 사실이 이제는 많이 알려졌지요. 일본 문화가 개방되기 전, 문화 콘텐츠는 죄다 막았지만 어린이용 만화는 일본 것이라는 것을 숨긴 채 방영했던 겁니다. 여기에는 사정이 있었는데, 일본에서 자국 문화를 널리 알리기 위해 애니메이션을 아주 헐값에 전 세계에 판매했기에 싼 값에 방송시간을 채울 수 있으니 애들 거라서 뭐 별일 없을 것이라고 생각해 방영했던 거지요.

일본 국영방송 NHK에서 매년 12월 31일이면 한 해를 보내는 의미로 〈홍백가합전(紅白歌合戰)〉이란 특집 음악프로그램을 하는데, 1990년 방송 시에는 중간 특별무대로 어린이 합창단의 애니메이션 주제곡 메들리를 했어요. 당시 한 30여 분 정도 한 것 같은데, 저도 아는 노래가 절반 가까이더군요. 충격적이었습니다. 🐼

〈홍백가합전〉에서 보듯이 우리나라 운동회 청백전은 사실 일제시대 홍백전이 원조예요. 해방 이후 빨간색 대신 파란색으로 대체한 겁니다.

우리가 잘 아는 '우주소년 아톰', '캔디♡캔디'의 주제가도 일본 노래 그대로입니다. 1980년대 이전 우리나라에서 따로 만든 노래는, '미래소년 코난' 정도? 이 노래가 일본 원곡보다 더 잘 만들어졌어요. 문제는 이런 사실이 잘 안 알려져 있다 보니까 실수가 반복해서 이어져왔던 겁니다.

프로축구 초창기 시절 포항제철은 축구단을 '포항제철 아톰즈'라고 이름 짓고 아톰이 축구공을 차는 마스코트를 만들었어요. 아톰이 일본 캐릭터라는 걸 몰랐던 거지요. 🐻

1998년 박세리 선수가 US오픈에서 우승하고 귀국하자 당시 모 방송 뉴스에서 공항 입국 장면 배경음악으로 '요술공주 세리' 주제가를 틀기도 했어요. 같은 '세리'라고 이 노래를 틀었다는데요. 🐻 이제 싸한 감이 오죠? 이 노래도 일본 노래입니다.

그런데 원래 이 소녀 이름은 '세리'가 아니에요. 원작 애니메이션 이름은 '魔法使いサリー(마법사 사리)'였거든요.

요즘 젊은이는 이 노래를 모를 수도 있겠네요. 코미디언 최양락 씨가 한창 불렀던 CF송 "페리카나 치킨이 찾아왔어요. 페리페리~ 페리카나~"가 바로 이 노래를 개사한 거예요. 🐻

일본 원 제목은 '마법사 사리', 우리나라에선 '요술공주 세리'
(구글 이미지)

그리고, 수영 영웅 박태환 선수는 '마린보이'를 주제곡으로 많이 소개했는데요. "바다의 왕자, 마린 보이, 푸른 바다 밑에서 잘도 싸우는~" 이 노래 역시 일본 노래입니다. 🐻

일본 애들이 알았으면 가루가 되도록 씹었을 텐데요. "간고쿠 애들이 코미디하고 있으므니다. 우리 니뽄노 노래를 박태환이노 주제가로 쓰고 앉았으므니다. 코미디 작가 하기 참 힘든 나라이므니다." 하면서요.

하지만 그들이 조용했던 이유는 일본에서 상영 당시 주제곡은 이 노래가 아니었거든요. 우리가 아는 '마린보이' 주제가는 1969년 해외 수출용으로 새로 만든 영어 노래였기에 일본인들은 잘 모릅니다. 50여 년 전에 이미 수출용 버전으로 노래도 별도로 만들어 제공하다니 대단해요.

이처럼 알고 보면 낯뜨거운 경우가 많습니다.

당시 우리나라에선 어린이용 콘텐츠는 부족하고, 일본 꺼라는 거 알리긴 싫고……. 그러다 나중에 진실을 알게 되면 저처럼 '차칸 어린이'들이 비뚤어지는 거 아닙니까! 🕹️과거에야 인터넷 등이 없던 시절이라 그냥 넘어갔지만, 이제는 숨길수록 나중에 배신감에 더 큰 부메랑이 되어 돌아오는 세상입니다.

최근에도 표절 논란이 많이 일고 있고, 이제는 중국 등에서 우리 콘텐츠를 무단으로 사용하는 경우도 많이 발생하고 있지요. 그들도 언젠가는 자기네 흑역사를 부끄러워하겠지요?

모쪼록 이제라도 우리나라가 당당한 문화대국으로 더욱 성장하길 간절히 소원해봅니다.

06

캔디는 우울증?

.

마지막으로 만화에서 얻은 중요한 교훈 한 가지만 짧게 얘기하고 이번 책을 마무리지을까 합니다.

우리나라가 OECD 국가 중 자살률 1위라는 현실은 참 씁쓸한데요. 스트레스를 해소할 수 있는 취미활동을 제대로 할 줄 몰랐던 사회 여건과 함께 감정 표현에 서툰 것이 큰 원인이라 여겨집니다. 🐻

제가 근무하는 병원의 정신건강의학과 전홍진 교수님과 미국 하버드의대 연구진이 2014년 공동으로 연구한 내용을 보면, 한국인 우울증 환자는 미국인에 비해 감정을 억누르고 속으로 삭이기 때문에 평균 우울증 척도는 미국인들에 비해 30%나 낮음에도 불구하고 자살 시도가 2배 많다고 합니다. 즉 감정을 억누르는 우리 문화가 큰 원인인 것이 확실한 거죠.

캔디 캔디
(구글 이미지)

그러면서 문득 어릴 적 감명 깊게 보았던 한 만화가 생각났습니다. 그 만화는 바로 《캔디♡캔디》.

원작은, 일본 소설가 미즈키 쿄코(水木 杏子)와 그림 담당 이가라시 유미코(いがらし ゆみこ) 공동 작품으로, 이 만화는 우리나라와 동남아는 물론 서구에까지 널리 알려졌지요. 그 인기에 힘입어 일본에서 1976년부터 115회 대작 애니메이션으로도 제작해 우리나라에서도 MBC에서 1977년에 1차 방영한 후 1983년 재방영할 때는 '들장미소녀 캔디'라는 제목을 붙이기도 했어요. 하지만 오리지날은 '캔디♡캔디'.

요즘 젊은 친구들은 전혀 모르는 캐릭터이지만 제가 어릴 때는 이 순정만화가 엄청난 인기였습니다. 심지어 저도 사촌누나들이 보던 이 만화에 푹 빠졌지요. 🐻

줄거리를 요약하면, 배경은 1900년대 초 미국, 고아 소녀 캔디가 우여곡절 끝에 명문가 아드레이 가문의 양녀가 되어 미국과 영국을 오가며 미소년들과 러브러브하지만, 사랑하던 남정네가 죽거나(5명 남정네 중 무려 둘이나) 무대공연 중 떨어지는 조명장치에 다른 여성이 대신 사고를 당하자 남친이 '으리'를 위해 캔디와 헤어지거나 등등의 각종 사건사고로 끝내 사랑이 이루어지지 않고 아련한 슬픔을 간직한 채 '새드엔딩'으로 끝나지요.

이 만화에서 캔디를 사랑하던 긴 머리 미남소년, 테리우스가 인기를 끌자 가수 신성우, 축구선수 안정환 등, 머리 긴 미남의 별명은 죄다 '테리우스'가 됩니다.

이 만화는 애니메이션 주제가 역시 엄청 유명했는데, 일본에서 애니메이션 음악이 별도 장르로 인정받는 계기가 바로 이 노래 때문이었다고 합니다.

1970년대 꽃미남 대표주자, 테리우스 (구글 이미지)

당시 '캔디♡캔디' OST가 120만 장이나 팔렸다네요. 그 주제가를 부른 여가수 호리에 미츠코(堀江 美都子)는 이후 어떤 노래를 불러도 '캔디♡캔디' 주제가만큼의 인기를 얻지 못하자 평생 "왜 내가 그 노랠 불렀나!" 저주하며 살았는데, 아니 이게 웬걸? 요새는 소위 7080무대에 단골로 초대되어 짭짤한 수익으로 편안한 노후를 즐기고 있다고 합니다. 아차차!!! 이야기가 잠시 샛길로.

자~, 이 책의 최종 주제 들어갑니다.

'캔디♡캔디' 주제가 가사는 매우 문제가 있습니다. 그 문제의 가사를 보시죠.

외로워도 슬퍼도 나는 안 울어~

참고 참고 또 참지 울긴 왜 울어

웃으면서 달려보자 푸른 들을~

푸른 하늘 바라보며 노래하자

내 이름은 내 이름은 내 이름은 캔디

나 혼자 있으면 어쩐지 쓸쓸해지지만

그럴 땐 얘기를 나누자 거울 속의 나하고

웃어라 웃어라 웃어라 캔디야~

울면은 바보다 캔디 캔디야

(재방영 시에는 마지막 문장이 '울면은 바보다 들장미 소녀야'로 변경)

아아~ 여러분! 우리는 어릴 적 이 노래를 따라 부르며 '울면 바
보다, 항상 웃어라' 이렇게 나도 모르게 학습하게 된 겁니다. 실제로
감정을 억제하던 캔디가 이상 증세를 보이는 것이 가사 속에 이미
나옵니다. 혼자 있으면 쓸쓸해지고, 거울 속의 나하고 얘기를 나누
고, 억지로 웃으면서 들판을 달리고 있습니다. 헐~. 🐻

그렇습니다! 너무나 큰 슬픔을 억지로 삭이며 살아온 캔디는 그
만……, '광녀'가 된 것입니다. 🐻

자~, 아시겠지요? 이제는 적당히 감정을 표현하고 살자고요.

이상 진짜 끝~!

1부. 언어

《미국은 드라마다》, 강준만 지음, 인물과 사상사 (2014)

《미국인의 역사》, 폴 존슨 지음, 살림출판사 (2016)

〈한겨레신문〉 기사 - '유럽인들의 아메리카인 대학살이 기후변화 초래'
(2019년 2월 3일자) (http://www.hani.co.kr/arti/international/europe/880987.html)

《죽기전에 꼭 알아야 할 세계 역사 1001 장면》, 마이클 우드, 피터 퍼타도
지음, 마로니에북스 (2009)

《우리말의 수수께끼》, 박영준 지음, 김영사 (2014)

〈중앙일보〉 '바로 잡습니다.' 코너 (2008년 7월 30일자)

《뜻도 모르고 자주 쓰는 우리말 어원 500가지》, 이재운 지음, 위즈덤하우스
(2008)

《우리가 정말 알아야 할 우리말 바로 쓰기》, 이수열 지음, 현암사 (2004)

〈조선일보〉 칼럼 – '근대의학을 받아들이는 자세, 일본과 조선의 차이는?'
(신상목 외교관) (https://pub.chosun.com/client/news/viw.asp?cate=C03&mcate=M
1004&nNewsNumb=20170324011&nidx=24012)

《세계사의 전설, 거짓말, 날조된 신화들》, 리처드 셍크먼 지음, 미래 M&B
(2001)

〈역사와 현실〉 58호, 이영호 지음, '국호영문표기 Corea에서 Korea로의 전
환과 의미' (2005)

《인물과학사》, 송성수 지음, 북스힐 (2015)

2부. 미술

《메이지 유신이 조선에 묻다》, 조용준 지음, 도도 (2018)

《그곳은 소, 와인, 바다가 모두 빨갛다》, 기 도이처 지음, 21세기북스 (2011)

《뉴스를 말씀드리겠습니다. 딸꾹》, 이계진 지음, 조선앤북 (2010)

《난생 처음 공부하는 미술이야기 1,2》, 양정무 지음, 사회평론 (2016)

《잊혀진 이집트를 찾아서》, 장 베르쿠테 지음, 시공사 (1999)

《KBS 명작 스캔들》, 한지원 지음, 페이퍼스토리 (2012)

《두 시간만에 읽는 명화의 수수께끼》, 긴 시로 지음, 현암사 (2006)

3부. 음악

《박종호에게 오페라를 묻다》, 박종호 지음, 시공사 (2007)

《금난새의 오페라 여행》, 금난새 지음, 아트북스 (2016)

《빵과 서커스》, 나카가와 요시타가 지음, 예문아카이브 (2019)

《퀸의 리드 싱어 프레디 머큐리, 낯선 세상에서 보헤미안 랩소디를 노래하다》, 문신원 엮음, 뮤진트리 (2009)

《QUEEN 보헤미안에서 천국으로》, 정유석 지음, 북피엔스 (2018)

《비틀스》, 고영탁 지음, 살림출판사 (2006)

《비틀즈 신화》, 한경식 지음, 모노폴리 (2017)

《팝음악의 결정적 순간들》, 조정아 지음, 돋을새김 (2004)

《붕가붕가 레코드의 지속가능한 딴따라질》, 붕가붕가 레코드 지음, 푸른숲 (2009)

4부. 영상매체

《영화평론: 007 제임스 본드》, 강철린 지음, JDA Forum (2016)

끝까지 재밌게 읽으셨나요?
4권 역사·인물 편에서 또 만나요!